國運與天涯

我與父親胡宗南、母親葉霞翟的生命紀事

胡為真——講述
汪士淳——撰寫

《推薦序一》

前行政院院長
郝柏村

為眞出版口述歷史，我先睹為快，時値民粹風暴籠罩臺灣，這本回憶錄自有特殊的價値。一九七一年，中華民國退出聯合國。次年，為眞進入外交部工作，至一九九〇年代，轉赴國安局和國安會，先後服務近四十年，足跡遍及非洲、歐洲、亞洲和美國，經歷為他人少有，本書的內容也就以獨到取勝。

我在行政院長任內，與為眞時有接觸，深感一如其名，為人眞誠，做事認眞，不愧將門之後。他的尊翁宗南先生，是黃埔一期中武德最完整者，畢業即投身東征，後歷北伐、剿共、抗日、戡亂、保臺，無役不與，為保衛中華民國，奮戰近四十年，名垂青史。政府遷台初期，我有幸在實踐學社，與宗南先生同學一年，過從甚密，景仰益深。為眞傳承公而忘私的精神，與其弟妹皆受父母人格的影響，因此各有所成。近年來，他以不盡的孝思，出齊「胡宗南先生四書」，包括《一代名將胡宗南》、《胡宗南上將年譜》、《胡宗南先生文存》、《令人懷念的胡宗南將軍》，俱見傳主的兵學修養，以及光風霽月，而忠良有後，最足以告慰世人。

為眞在本書中，訴說成長至今的生命故事，主題有二，一為父母之愛，一為報國之切，合為家國情懷，感人至深。為眞素來謙遜，但有其底線，即保衛中華民國，絕不相讓，所以一股浩然之氣，躍然紙上，讀來振奮人心，而文優辭美，猶其餘事。這一點，筆錄的汪士淳先生亦有功焉。

本書有許多獨到之處，在在顯示為眞的風格與風骨。每一章的開始，都出現宗南先生的一段話，然後鋪陳罕為人知的親歷，見證他繼志述事，無忝所生。以第四章為例，宗南先生有言在先：「忠心、勇敢、奮鬥、犧牲，都是熱情的發揮；沒有熱情，就是衰老，就是腐朽，就是冷血。」這段話正是兩代的寫照，無礙其君子之風，這是知者的同感。

一九四九年後，中華民國外交工作之艱，堪稱世界之最，為眞置身其中，猶如宗南先生置身戰場，折衝樽俎的辛勞，幸有本書披露若干。一九七九年，他將赴南非任職，尊堂霞翟夫人正在病中，告訴他：「你當然要去！外交人員不外派，就好像軍人不上戰場，怎麼可以？至於我的健康，已經開過刀了，你不要掛慮。」霞翟夫人如此深明大義，為眞也就投入「文戰場」，先後在南非、美國、德國、新加坡一展長才，不讓「武戰場」的宗南先生專美於前，同為忠勇愛國的典型。

為眞後來返國，擔任國家安全會議祕書長，表現可圈可點，尤其在兩岸關係上，襄助馬英九總統，創造六十年來最佳的局面，臺灣受惠尤深。誠如本書所說，兩岸關係是臺灣通往世界的關鍵，兩岸和諧方為臺灣之福。如今情勢逆轉，對比強烈，如何喚起民眾，為眞直指兩個方向，即改善媒體和教育，確為不刊之論。

本書令我想起霞翟夫人的《天地悠悠》，同為傳記文學的力作，當可長留讀者心間，用以教忠教孝，重現白日青天。我與為眞兩代相善，喜見本書傳世，敢為之序。

《推薦序二》

中央研究院院士
許倬雲

在一九一一年，國民革命成功以後，中華民國繼承了滿清帝國的疆土和人民，基於十七世紀以來的nation-state這個觀念，「中華民族」於焉在全球化的浪潮之下占了一席之地。北伐之後，蔣氏毋寧取得國族正統的大位；以此號召，遂一肩擔起領導抗戰的大任。中華俊傑服務國族無不投效蔣氏。一九四九年，中國共產黨以戰爭取得大陸江山，偏處臺灣一隅的中華民國，原本有很好的機緣在文化方面領導中華民族乃至於東亞；然而在兩蔣時代之後的二十年之內，這樣的機會似乎已被放棄。蔣氏部屬的個人命運，也必然同其休戚。

收到爲眞老弟的來信，吩咐我爲他的自傳作序。他和他的父親胡宗南將軍，恰好以不同的方式見證了中華民國百年歷史，胡宗南將軍領軍作戰了一輩子，而爲眞則在外交戰場上繼續爲中華民國的存在而奮鬥，其實均值一書。

我想到三十年前，與爲眞在華府見面的場景。那次在華府，我們幾個朋友，爲了八年抗戰四十週年，自己組織了一個討論會，陳述八年抗戰的事蹟。由於有與會者在會中質疑胡將軍在抗戰時的角色，爲眞坐在聽衆席中，立刻舉手發言，侃侃道出他父親在抗戰期間對戰局的貢獻。

當時我也回應，根據日本防衛廳出版的中國戰場戰史，胡將軍率領第一軍，在淞滬會戰中，防守主戰場，始終鏖戰；淞滬戰後，胡將軍重整部隊，補充新兵，投入武漢保衛戰，他轉戰大別、小別山區，纏鬥三個月，敵我傷亡相當，爭取時間將長江流域的工業設備，內遷四川；然後胡將軍長期戍守關中，保衛入川門戶，這支部隊實際上是全國戰場上的總預備隊，中原會戰，雲南遠征緬甸、以及在貴州獨山攔截日軍的「一號作戰」，都是胡將軍的部隊，兼程趕到，堵截日軍。凡此戰績，我們在抗戰中長大，也有所聞。

從第一次與為真建交，我得到的感想，他對於其父親一生的遭遇，深感委屈。我後來從曾在王曲服務的余紀忠先生談話，才更了解胡將軍當時的處境。胡將軍承老蔣總統知遇，乃是最親信的大將，胡將軍感激知己，終身忠誠不二；可是，惟上命是從，他也失去充分開展才能的機會。余先生以為，最令胡將軍痛苦者，乃是在內戰的晚期，國軍頹勢已難挽回，胡將軍在關中的大軍，幾乎是唯一可用的剩餘力量。據余先生說，胡將軍的上策，應是移師江漢，會合白崇禧將軍的部隊，打通從長江到廣東的道路，努力維持中部和西南半壁。可是，老蔣總統打算，還是以四川為基地，徐圖再起，發現四川也不可守，他最後命令胡將軍入西康領軍作戰。那片崎嶇的山地，是戰略上的絕地，胡將軍成為最後撤離大陸的高階將領。

老蔣總統的性格，有長處，也有短處。他的短處之一，以忠誠為用人的主要條件。他的親信部將，有一大半除了忠誠以外，其實不能稱為人才。眞正堪稱人才者，也就不過胡將軍等，寥寥數人而已。士為知己者死，胡將軍一生，因此斷送於能識千里馬、卻不知善用千里馬的半個伯樂手上。這種悲劇，歷史不止一次；我輩讀史，能不為之長嘆息！

回到為眞自己的生平，他聰明過人，行事能幹，兼有父母的長處。他英年早發，外任使節，內參機要，在旁人看來，乃是得到父蔭的庇護。實際上，論到他的能力，惕勵內外，綽綽有餘。可是，臺灣偏促一隅，在國際場合，代表臺灣，注定吃力不討好。他在政府擔任機要，參與密勿，他的長官中，有的是言行不一，心存非非之想；有的是膠柱鼓瑟，不食人間煙火。兩個極端，過猶不及。

我的猜想，本書父子合傳的體例，乃是處處與父親對話，重新領會，並兼解答了胡將軍生前最在意，卻又未能達成的為中華民國、為領袖獻出一己生命的「死節」。胡將軍的以上行誼，有年譜可稽，因此，懂得讀書的人，自能領略每章前言，是以胡將軍心中對死節、對忠、對孝、對部屬、對廉潔之所思，解讀父子連心的鑰匙。

這本傳記裡，為眞自述他目擊兩蔣時代之後國家政策方針的改變，也改變了臺灣乃至於中華民國的命運。我早在三十年前即已提出，自中國共產黨主政以來，原本是中國文化主要基地的中國大陸，其文化的調適過程不僅迂迴曲折，而且有進退失據的窘態；相對的，臺灣仍保有中國文化的若干體質，且又有整合日本與西方兩個文化的機會，此後東亞文化圈中，臺灣以中國文化繼承者與異質文化整合者的雙重身體，極有可能擔起東亞文化發展主導角色、從而改變世界性新文化體質的機緣。然而機緣在手邊，並不等於機會的體現，遷來臺灣的中華民國全力保存中華文化，並接受了西方文化，已經擁有兩岸之間文化上的優勢；可是，有部分臺灣人民及領導者，又全心全力投入鑄造「本土化」，卻又不知道這一「本土」意識，除了情緒之外，又何所附麗？會成爲新的「臺灣民族」，而自外於中華民族嗎？在這方面，爲眞可以說直接見證了。

縱然胡氏父子的經歷，並不相同，可是遭遇的艱困，卻是可以對照。對國家、對公衆，難得的人才，不幸生於亂世，往往消耗於無形。「生不我予」這四個字，有多少的痛苦！寄語爲眞，將來歷史記載者，還是會有人懂得生命的無可奈何。天下仍會有明知不可爲而爲之的苦杯，還是必須要有人接受：因爲我們是人，人不能單單貪圖順境，也要能夠熬得住逆境。

許倬雲序於匹城

二〇一八年三月十二日

楔子

一次穿越國運的旅行

那場轟轟烈烈、可歌可泣的戰爭，在我稚齡之時已然停歇，身處戰火核心的父親，從來不提究竟經歷了什麼事，雲淡風清地彷彿一切未曾發生。

我安然地在臺灣成長和接受教育，但從長輩們尤其母親的談話中，意識到臺海對面和中華民國是敵對的。金門八二三砲戰讓我十分激動，因為戰事爆發，臺灣會不會有什麼出人意表的發展？中共會不會轟炸臺灣？當年身處這座島嶼的軍民包括我母親也會擔憂，她還想到要躲到哪個防空洞。我才十歲出頭，每天聽廣播看新聞，即使不很懂，還是希望知道最新的戰情。

父親是將領，我也想效法他從軍，父親卻藹然地引導我考慮其他行業，以成就「大丈夫」之志——除了軍人以外。他沒把自己持守一輩子的身分列為兒子的未來，母親該是知道許多事的，但她也不講，她就是全職的母親、家庭主婦，只關心如何讓我們全家飽暖，直到父親突然去世，她才以留美博士身分重新出來工作，進入學術界。她協助創辦了中國文化學院，又成為臺北師專校長。

也是直到父親逝世，我才知道父親至深的、恨自己為何未能獻出生命給國家的傷痛，當年以生命保國的激情往事逐漸印入我的腦海，母親跟我談起父親，眼神裡總是閃耀著光輝，她把父親愛國家、愛民族、對領袖忠貞之情向我傾訴，並且要我也效法父親，忠黨愛國。

中華民國在上世紀建國，即以力求中華民族對內求統一、對外爭平等自由與尊嚴為目標，歷經千辛萬苦，雖然目標逐漸達成，卻因戰火始終不能停歇，人民國家無法休養生息、恢復元氣，最終竟然失去整個大陸。

父親參與了所有的戰事，他不畏危險地指揮作戰、衝鋒陷陣，抗戰時並曾確保中國大西北不被日軍侵占，抗戰勝利後在國共內戰時攻陷中共大本營延安，這是國軍重要的勝利；然而整體作戰逐漸失利，他到最後關頭之時飛入大陸最後的據點西昌，以求為中華民國在大陸保存那最後的希望，但終究形勢比人強，還是無法守住。

母親與父親在憂患中以生死相許的愛情，我也是在父親辭世後，才有機會從母親談話和她撰寫的書裡得知。父母親在一九三七年於杭州相識、互許終身，卻因對日抗戰和接續的國共內戰使得婚約一拖十年；他們終於在戰亂中結婚，但並未從此過幸福快樂的日子，甚且必須論及生死。國共戰役失敗致使大陸山河變色，使得父親在最後關頭一度準備以身殉國，小他十九歲的母親設法以親情、愛情呼喚他珍惜生命，我最近這幾年才得知讓父親續命的關鍵。

政府遷來臺灣之後，逐漸站穩腳跟，戰火並未波及這座島嶼，在兩蔣的治理下，臺灣終能豐衣足食；但外交又成中華民國必須面對的戰場，父親已遠，我參與了這場長期鬥爭。

我於中華民國外交逐漸失利之際，走入外交報國之途，看盡只講利益、不顧道義的各國與我方斷交，其中長久以來與中華民國併肩作戰的美國，更令我遺憾。但美國終究是民主法治國家，我還是有許多關係以及朋友在此。

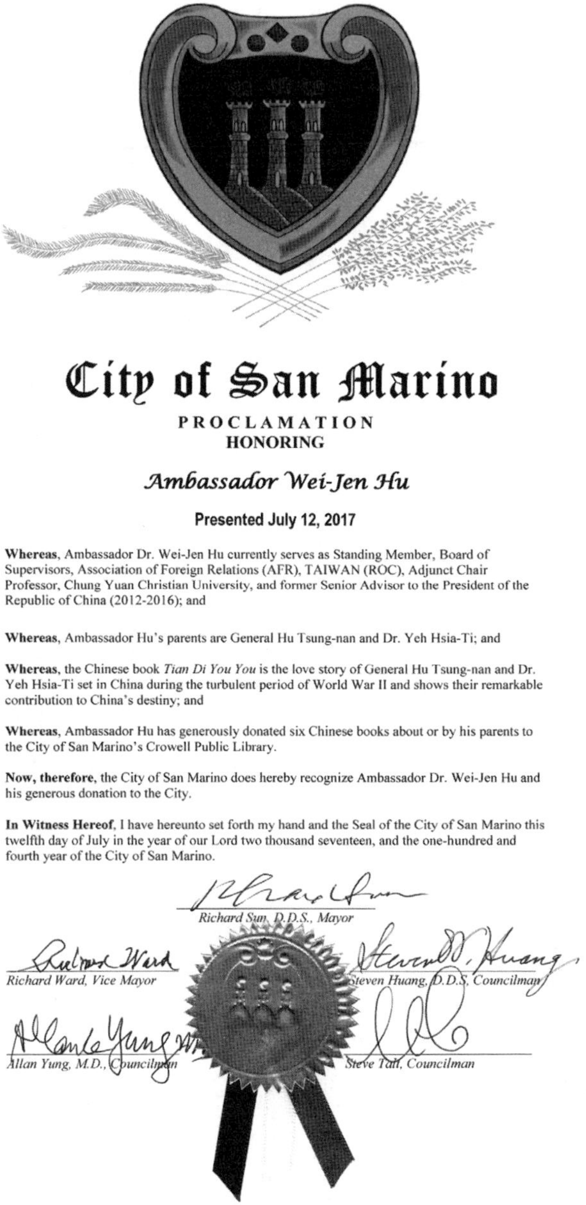

City of San Marino

PROCLAMATION
HONORING

Ambassador Wei-Jen Hu

Presented July 12, 2017

Whereas, Ambassador Dr. Wei-Jen Hu currently serves as Standing Member, Board of Supervisors, Association of Foreign Relations (AFR), TAIWAN (ROC), Adjunct Chair Professor, Chung Yuan Christian University, and former Senior Advisor to the President of the Republic of China (2012-2016); and

Whereas, Ambassador Hu's parents are General Hu Tsung-nan and Dr. Yeh Hsia-Ti; and

Whereas, the Chinese book *Tian Di You You* is the love story of General Hu Tsung-nan and Dr. Yeh Hsia-Ti set in China during the turbulent period of World War II and shows their remarkable contribution to China's destiny; and

Whereas, Ambassador Hu has generously donated six Chinese books about or by his parents to the City of San Marino's Crowell Public Library.

Now, therefore, the City of San Marino does hereby recognize Ambassador Dr. Wei-Jen Hu and his generous donation to the City.

In Witness Hereof, I have hereunto set forth my hand and the Seal of the City of San Marino this twelfth day of July in the year of our Lord two thousand seventeen, and the one-hundred and fourth year of the City of San Marino.

Richard Sun, D.D.S., Mayor

Richard Ward, Vice Mayor

Steven Huang, D.D.S, Councilman

Allan Yung, M.D., Councilman

Steve Talt, Councilman

▶ 美國加州聖馬利諾市為我致贈送父母相關書籍《天地悠悠》等正式致感謝狀（二〇一七年）。

二〇一七年七月，我應美國加州洛杉磯鄰近的聖瑪利諾市（San Marino）華裔市長孫國泰之邀，到市政廳贈書。我把近年來出版關於父親的「宗南四書」、父親的圖文傳《百戰忠魂》及母親所寫的《天地悠悠》贈送給市立圖書館，然後以英文演講，市政廳擠得爆滿。

我介紹了所贈送的書，由此講了父母親的生平和際遇。能夠在美國、在這個時刻講述父母親於亂世中，所散發生命光輝與持守，令我感到欣慰。隔了兩天，我又到洛城的奧尼昂塔公理會教堂（Oneonta Congregational Church），參觀中華民國國父孫中山先生在南加的行誼。

一九一〇年，孫中山先生爲了救國大業，曾來到洛杉磯募款，在南帕薩迪納市市長查理士畢（Charles Beach Boothe）的宅邸暫居，並獲得友人和華僑對革命的贊助，以後住宅改建爲教堂，這教堂裡其實另有個小教堂，是市長住宅原來就有的，孫中山先生在裡面祈禱過。孫中山在駐留的三個禮拜期間，親手種下兩棵樹，一棵木蓮樹命名爲「推翻滿清」，一棵楓樹命名爲「中國共和」。不同於中華民國多災多難的國運，兩樹在沒有侵擾的環境下，現在都已經長成參天大樹，使我立即想到教育是百年樹人的事，所以我們要不斷地把國父的心志和事蹟教育民族的下一代。

百年後，奧尼昂塔教堂公開這段國父史跡，引來各地華僑蜂擁而至，可以見得孫中山先生依然具有凝聚中華民族向心力的號召。我參觀了古蹟，並在木蓮樹的綠蔭下享受片刻蔭涼，內心裡感慨不已，我向導覽的女士敘述了國父的基督信仰，以及倫敦蒙難時祈禱悔改因而獲救的見證。

此刻，以臺獨爲信念的民主進步黨在臺完全執政已一年，主要措施之一是要清算由國父創建的中華民國與中國國民黨，以強調所謂「白色恐怖」爲角度，把蔣中正前總統汙名化，試圖掩蓋他以及國民黨執政時對臺灣的貢獻。而孫中山先生爲了革命而赴美募款，如今受到中華民族的景仰，他這兩棵親手植下的「推翻滿清」、「中國共和」百年老樹卻正欣欣向榮！我感慨之際，期待同逾百歲的中華民國和中國國民黨，也與兩樹一樣，面對帶有政治目的、不公義的扭曲歷史，展現堅韌的生命力。

我離開公職的這幾年，除了整理父親的各書之外，並展讀了母親寫給父親的衆多書信。母親書信內容極爲豐富，而且往往一寫好幾頁，把她的思念、眞摯的感情滿溢於字裡行間，爲的都是讓父親能夠在嚴肅的軍旅中，有愛情、家庭感情融入其間。

從深情的字裡行間，正可見證父母在他們那個年代，如何把生命與國運相繫。我思考後，公開她寫給父親的四信及寫給我舅舅一信，母親從未想過她的私信有朝一日會被兒子公諸於世，但我情願讓這些眞情文字，親自訴說我們的國史與那個苦難年代，進而珍惜中華民國，和臺灣當前的生活與歲月。

父親生於十九世紀末，在二十世紀親身經歷中華民國的創建與苦難，他追隨過國父孫中山先生，更長期在蔣中正先生的領導下，爲國家爲民族貢獻一己之力，他成爲參與協助中華民族站穩世界的一員。如今中華民國內外挑戰依然不斷，歷史的軌跡往往是許多偶然與必然串連起來的，對於國家與個人而言有幸也有不幸，我有機會親身參與百年國運，希望能藉著一己的見證，訴說我們的歷史，不容別有用心的政客以政治目的或偏見，讓青史成灰燼。

CONTENTS

目錄

推薦序一／前行政院院長　郝柏村……3

推薦序二／中央研究院院士　許倬雲……5

楔子　一次穿越國運的旅行……9

第一部・與父親相處歲月

第一章　父親與我的人生交會……18

第二章　中秋夜長嘯……34

第二部・邁入外交領域

第三章　母親的帶領與我的抉擇……46

第四章　指南山下……61

第五章　喬治城……70

第六章　在沈昌煥部長身邊……84

第七章　中美斷交……97

第八章 南非邦誼……107
第九章 來去美國……121
第十章 忍耐一生永不屈服的母親……138
第十一章 禮賓任務……151

第三部・國安與臺灣方向

第十二章 李登輝總統的本土新方向……166
第十三章 文人參與國安領域……182
第十四章 父親的光輝……193
第十五章 斯慧的畢業禮物……209
第十六章 國安會與兩國論危機……218
第十七章 陳水扁政府……227
第十八章 拓展對德外交……240
第十九章 意外的變局……255
第二十章 盡心盡力出使新加坡……269
第二十一章 以白色恐怖之名……285

CONTENTS

目錄

第四部・民族與民國

第二十二章　進入馬團隊……300

第二十三章　兩岸關係與國安……315

第二十四章　馬政府的遺憾……328

第二十五章　母親的生死勸諫……343

後記　期許——我內心裡的中華之愛／胡爲眞……352

致謝……359

第一部

與父親相處歲月

第一章

父親與我的人生交會

余家居浙江省孝豐縣之鶴溪村，離城十里許，世務農為業，少失恃，父際清公勤儉持家，為鄉里善人，薄田數畝，差能自給，二十六年十二月病歿，時正日寇憑陵，京滬陷落，余適隨第一軍轉進安徽之壽州，未能奔喪，遺憾迄今。三十六年余在西安，與葉霞翟女士結婚，生二子二女，皆幼小。

——一九五九年初，父親進入國防研究院第一期進修前所撰之自傳。

如果以民國三十八年，也就是西元一九四九年為分野，則中華民國剛剛歷經空前的衝擊，她失掉了廣袤的大陸，正在面積僅為三萬六千平方公里的臺灣奮鬥，希望能確保這幾乎已是僅存的土地不被赤化。父親半生戎馬為國盡忠，他的任務已然到了最後階段；我方出生，正待開展未來的生涯。

我對幼時周遭之事的了解及認知，許多都來自我的母親，從她的口中，她的書。母親寫的文章，總是圍繞在周遭發生的大大小小事情，在她寫的幾本書裡，我可以看到自己生命裡不可能有記憶之下的點點滴滴，最近這幾年又從她寫給父親的信裡讀到。

我的出生與來臺

我是隆冬之際在南京鼓樓醫院降生的，那時是一九四七年十二月，中華民國政府於二次世界大戰後未得喘息，正與共產黨作戰，而且局勢逐漸嚴峻。仍在西安的父親不在身邊，母親沒為我正式取名，卻先為我取了英文名字 Victor（勝利），以紀念父親攻克延安；至於我的中文名，順口叫成胡小廣，因為父親字廣德，這名字一直用到我即將上小學之前。我的弟弟以後出生就叫小德。

生產對於女性而言是生命裡的大事，有如一場大手術，不僅要忍受椎心的苦楚，甚至有喪命的風險，從現代的觀點來看，丈夫理所當然、甚至說有義務該陪伴在旁，多少可以撫慰妻子為天職所受的折磨，然而父親顯然沒有及時照顧到遠在幾千里之外的妻子。

在聖誕節前夕，父親終於因公回南京，晚上回家時，我那正在中央大學念書的小舅舅在房裡陪母親，聽到汽車的聲音連忙跑出去看，才走到樓梯頭就看到父親上樓來了。獨自生產的母親完全沒有哀怨之情，她全然是團圓的喜悅。

父親一上樓，就大踏步地走進房裡，口裡嚷著：「我們

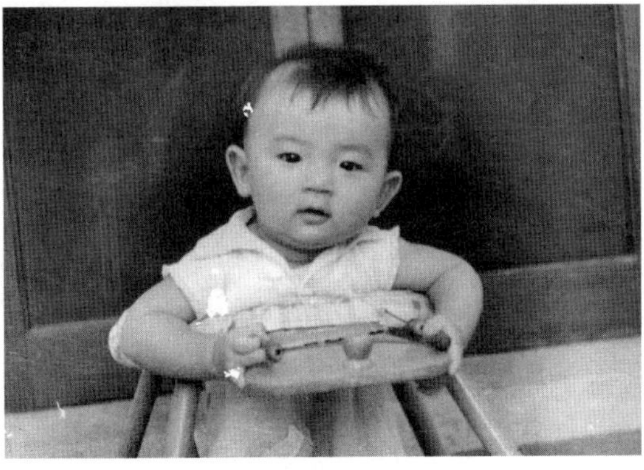

▶ 幼時照片，攝於南京。

的新媽媽身體可好？」母親笑著指指旁邊的小床說：「我很好，快來看看你的兒子吧！」父親走近一看，很得意地笑著說：「這小傢伙滿漂亮的嘛，我看倒有點像我呢！」聽他這麼一說，房裡的人都笑了。

當年父親五十二歲，過了半百方得子的歡愉是短暫的，他在南京待了三天就回西北去了。不論是他或是中華民國政府，正面對愈來愈艱鉅的局勢，接下來這一年的國共戰爭，國軍節節敗退，父親完全無暇照顧到家庭。國軍作戰失利，首都南京一般百姓並不清楚真實情況，母親在一九四八年十一月二日寫給父親的信，很能反映當時社會景況以及我的家庭情形，她特別提起不到一歲的我，賦予好宏大的意義。

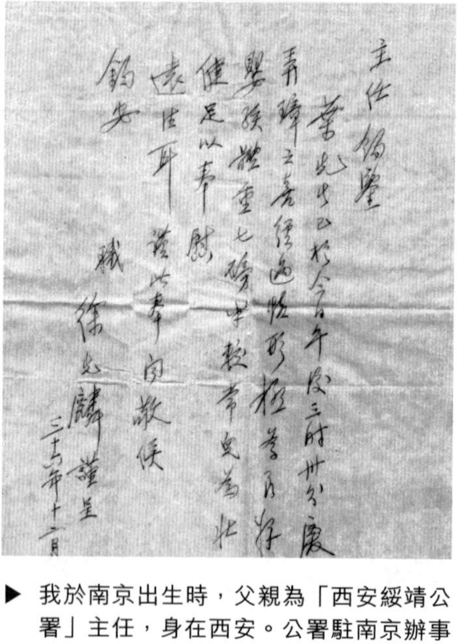

▶ 我於南京出生時，父親為「西安綏靖公署」主任，身在西安。公署駐南京辦事處徐先麟主任函呈父親。

親愛的夫：

南京這幾天都還安定，只是對於國事的謠言很多，我是儘量不去聽它。

你好嗎？無時無刻不在掛念著你，十分的想你，願你安好健康，願上帝永遠地保護著你！我們大家都很好，Baby 非常健康而可愛，現在我請你給我一個指示，萬一南京情況很亂時，我們該怎麼辦？我身邊一個錢都沒有，你能不能給我寄一點錢來讓我作必要時之用？我知道你很忙，但請無論如何給我一個回信。親愛的，你的片言隻字帶給的安慰是無限的，何況又是這樣的兵荒馬亂的時候，而你又是處於這樣的一個艱難危險的環境中呢！孩子一個人在方床中玩，口裡喃喃自語地叫著爸爸、爸爸。親愛的，如果你現在能夠看見他的話，眞不知能得到多少的安慰呵！他簡直是你的縮影，他使你的工作更有價值，他使我們大家的努力都更有意義。他現在又跳又叫地引我的注意呢！爲了他，爲了中國的下一代，我們都非拚命爲國家爭生存不可。親愛的，讓我們來祈禱上帝保佑我們的小寶貝吧！

吻你，祝你安好。

你的愛妻　十一月二日

再過一個月，我才滿週歲，京滬情勢已惡化到必須撤離的地步。父親請湯恩伯將軍代爲照料妻兒，所以湯將軍也就在最緊急時，要湯夫人把母親和我帶到臺灣。母親以後爲文回憶，當時她帶著稚子匆匆就道，除了攜帶一點隨身用品外，什麼都沒帶出來，一切生活所需只好仰賴湯夫人，她極感孤單無助。

一九四九年十月二十六日，母親把不到兩歲的我暫留臺灣，飛到重慶探視父親，父親給了她很大的安慰，不再有寄人籬下的感覺，也令她對戰事樂觀，認爲最後的勝利終必屬於我們這邊。

她在重慶寫了一封信給我在加拿大的二舅葉霆、二舅母玉連和小舅葉雹，幾年前小舅把信拍成照片傳給我，讓我得以讀信。母親在信裡說：「今天你姊夫繼續奮鬥一天我就在國內一天，將來萬一不能奮鬥了我也就跟著他走，個人的生命是沒什麼的，只是他的工作、他的責任、他的正直使他產生意義，我絕不想單獨逃生，那是最愚蠢和卑鄙的想頭，我感到很安定。我現在只要小廣強健活潑，你姊夫精神健旺鬥志堅定，就非常快樂了……」

她在信裡說要與父親共生死，還想跟父親商量把我也接到重慶團聚。然而，父親不願母親留在戰區，這是他一輩子的持守——把爲國盡忠和家庭親情分開，國是國、家是家，母親又飛回臺北。至於戰事，在兩個月之內急轉直下，四川重慶、成都接連不守，國民政府遷臺，大陸已接近全面赤化，這對父母親那一輩而言，是極爲沉痛的，因爲他們都參與了中華民國肇建，抵禦過外侮，雖然撐過對日抗戰，卻在體質猶虛之際，遭共產國際協助中共侵害了中華民族。

臺灣遭割讓前，父親在浙江出生

一八九六年，也就是清朝光緒二十二年（民前十六年），父親在浙江鎮海縣陳華埔朱家塘老家出生。那年，臺灣與澎湖正因清廷因前一年甲午戰爭的失敗，被日本指定割讓以作爲南進基地，剛開始接受異族的統治；日本這個外來政權抵達後，掀起了臺灣人民五十年的抗日運動，數以萬計的漢人與原住民遇害。另方面，清廷的積弱不振，遭受列強欺凌，使得革命的火焰也從此時開始燃起。

國父孫中山先生已經和至友陸皓東[1]在香港一同受洗為基督徒，他於甲午戰爭之年的十一月在檀香山創立興中會，尋求推翻滿清，一九一一年十月十日革命軍武昌起義終於成功，一九一二年元旦他於南京就任臨時大總統，建立了中華民國。論者認為，人的力量有限，而宗教所能產生的力量無窮。國父之所以以天下為己任，這樣極神聖極莊嚴的使命感，不但具備了革命家的精神，也充滿了宗教家的情操。因此可以肯定地說，中山先生革命思想和動力的起源之一是他的信仰之故。

父親幼年時期，隨我祖父際清公前往孝豐縣鶴溪村定居。宣統三年（一九一一年）是滿清政權的最後一年，父親十六歲，陰曆八月十九日（陽曆十月十日），革命軍武昌起義成功，革命之火隨即延燒到孝豐，九月二十二日縣內的同盟會員王立三運動駐軍反正，父親也響應。革命成功，縣城光復，原有秩序崩潰，新秩序未能即時接續；學校為求學生安全而提前考試，父親以第二名的優秀成績畢業。一九一二年為中華民國元年，父親於年初考入湖州公立吳興中學校，校長沈毓麟是前清舉人，也是同盟會會員，他把全校學生組成愛山同學會，設文藝、游藝、體育三股，體育股尤其重視每日課餘學兵式體操一小時，入體育股以孝豐、長興、安吉三縣學生為多，父親加入體育股，並且被同學推為股長達兩年半之久，因為他的體能極佳，並且尤其擅長器械體操，也只有他能做單槓大車輪，成績為全校五百多個學生之冠。在我幼年時，父親曾提到他「力氣很大」，以勉勵我要鍛鍊身體。而現在的湖州中學不但是湖州重點學校，校史館更懸掛父親照片，以父親是校友爲榮。

在中學讀了三年，父親於一九一六年以第一名畢業，那年他二十歲，中華民國仍處於困頓之中，內憂外患不止。父親畢業之後，在家鄉小學任教八年，極受肯定；一九二一年父親趁著暑假，獨自到津沽山海關觀察形勢，那時日本人侵略中國，不論在東北、華北、東南沿海以及臺灣，皆展現其野心，他感受到日本對中華民族的威脅，以身許國的心志更爲強烈。

由文轉武，考入黃埔一期

一九二三年十一月中國國民黨決議成立軍官學校，次年春開始招生，父親也前往投考。黃埔軍校初時全名是「中國國民黨陸軍軍官學校」，位於廣州四十四里外的黃埔島上，一千二百名考生在廣州複試後，僅取錄了三百五十位優秀學生，備取一百二十位學生，加上保舉共四百九十九人，於五月五日正式入學，父親編入第二大隊第四隊。

多年以後，我收到一份簡體字的黃埔軍校第一期同學錄，這顯然是中共在大陸主政、又歷經鄧小平的改革開放之後，依據原始資料重新排印出來的。在教職員的通訊錄上，以總理孫文爲首，接下來是校長蔣中正，依序黨代表廖仲愷、汪精衛、胡漢民，教練部主任李濟深，總教官胡漢民，教授部主任王柏齡，政治部主任戴季陶、邵元冲、周恩來……，國共幹部都有。父親進黃埔軍校那年二十九歲，年齡卻少報三歲，在通訊錄裡寫成二十六歲，通訊處爲「浙江孝豐縣鶴溪」。

這也是父親首度與影響他一輩子的蔣中正委員長、蔣總統——當時是蔣校長，聯結在一起；蔣校長在五月八日以「軍校的使命與革命的人生」為題，第一次對學生講話，除了談黃埔軍校的使命，也強調了死節：「我們的生命，究竟是什麼東西呢？在此說明生命意義之先，有一句要緊話，請各位聽著：就是我們軍人的職分，是只有一個生死的『死』字；我們軍人的目的，亦只有一個死字；除了死字之外，反面說，就是偷生怕死，如果偷生怕死，不單是不能做軍人，而且是沒有人格，就不能算是人。……所以古人說：『死有重於泰山，有輕於鴻毛。』如果我們的死，有如泰山的價值，死得其所，如為主義而死，為救國、救黨而死，那麼死又何足惜呢？……」[2]

六月十六日清晨，孫中山抵達黃埔，以軍校總理身分在禮堂向黃埔一期五百多名師生發表演說。他也勉勵學生要為中國、為革命奉獻，犧牲生命在所不惜：「當革命軍的資格，要用什麼人做標準呢？簡單的說，就是要用先烈做標準。要學先烈的行為，像他們一樣捨身成仁，犧牲一切權利專心去救國。像這個樣子，才能夠變成不怕死的革命軍人。革命黨的資格，就是要不怕死。」那時中國內有軍閥割據、外有列強欺凌，國家確實已到危急存亡之秋，孫中山先生成立軍校，是要先從消滅與外國帝國主義勾結的軍閥做起。

當孫總理與蔣校長均倡言要為革命犧牲生命時，父親就在當場。父親願意為國犧牲奉獻，「死節」也成為他身為軍人對生命的最終期盼，也影響了他的人生態度乃至於生活與家庭，特別是一九四九年年底之際。

母親寫信給剛赴西昌的父親

從一九四九年年底到五〇年初，中華民國經歷了驚心動魄的大變局，未來如何難以預知。國家如此，覆巢之下的個人命運更處於風雨飄搖之中；父親飛赴形同孤島的西昌，留在臺灣的母親，心情也好不到哪裡去。

新的一年，她又提筆寫信給父親：

親愛的夫：

今天是民國三十九年的元旦，我給你拜年，並祝你健康、祝戡亂的最後勝利！

昨天晚上孩子睡熟了，我一個人靜靜地坐在客廳裡打毛線，打開無線電聽委座（蔣中正總裁）的除夕廣播，情詞懇切而沉痛，歷述吾中華民國開國以來的種種經過，真使人感慨萬千、熱淚盈眶。今天國家到了這種田地，中華民族沉淪到這步田地，叫人怎不痛心。聽完廣播之後，我仍然繼續地坐在那裡，深覺得這國家歷史上最黑暗、最苦痛的一年真不容易過去，恨不得趕快捱過那最後的兩個鐘頭。

在那時候我就想著你，不知道你在哪裡——昨天早晨聽說你還是去西昌了——是不是也在聽廣播？是不是也在同樣的心境度著這歲末的幾個殘餘的時辰？天涯海角，天各一方，此情此境怎不使人黯然欲泣。

親愛的，過去幾個陽曆年我們雖也不在一起，但我從來沒有像這次這樣的難過，但願一九五〇年的除夕能夠有點比較使人安慰的回憶。昨夜我在十一時左右上床，可是一直到三點鐘還沒睡著，後來睡去了也睡得非常不安寧。今早起來有點頭痛，心情也似很沉重。親愛的，假使我們在一起，日子就不會這樣的難過的。現在你在做什麼？希望你的心境能比我的舒暢點。寶貝，上帝總會保佑你的。

剛才報紙來了，其中有一則你和顧總長署名發出的告西南將士、民眾通電，閱後心裡比較安慰得多，因為這表明你仍然在一個大陸據點指揮著，而這個據點在目前仍是安全的。

……陳長官（陳誠）夫婦來了，坐了一會和小廣玩得很高興。親愛的，你不在家孩子替你招呼客人，大家都很稱讚你的兒子呢！你高興嗎？

那時，我才剛滿兩歲，這些情節在我的記憶裡是沒有的。

最危難時刻，我在臺灣見到蔣中正總裁、蔣經國

一月二日，我家忽然來了料想不到的客人。母親以後為文：「……記得是年初二[3]的下午，廣兒午睡剛醒，我在為他穿衣，忽然門鈴大響，我連忙跑去開門，站在門外的竟是蔣先生，我剛

要請他到裡面坐，他卻急著問：『小弟弟在哪裡？』我告訴他在屋子裡，他說：『總統在隔壁居老先生[4]那裡，他想看看他，請就帶他去好嗎？』我立刻跑進去給孩子換了一件好一點的衣服，並告訴他說：『廣廣，媽帶你去見一位老公公，你要乖乖的，見面時要說公公好。』他對我點點頭，我就牽著他和蔣先生一同去了。到了那裡，看見總統正和居老先生談天，我們走進去時，兩位老人都向我們微笑點頭。蔣先生把廣兒牽到總統跟前，他居然知道向總統鞠躬，清清楚楚的說一聲『公公好』，老人家高興得不得了，伸手摸著孩子的頭連連說：『好，好。』我站在旁邊看見這情景，心裡感動得眼淚都要流下來了。事後我把孩子見總統的情形寫信告訴他的父親，他父親非常高興，回信說：『廣兒初見領袖，態度大方，應對得體，殊爲欣慰。』我看了那封信不禁好笑，兩歲的兒子知道什麼應對啊，人家都說兒子是自己的好，這位作爸爸的看來也不例外。」[5]

蔣先生就是經國先生，雖然蔣總裁探視了母親及我，半個月之後，經國先生赴西昌，卻傳達蔣總裁要父親死守西昌並且成仁之意，難道是蔣總裁在經歷大陸內戰失敗、大批將領叛離，在看了我之後，認爲胡宗南已經「有後」，所以可以放心地爲國犧牲，希望他以上將之尊爲來臺軍民樹立典範嗎？將近三個月後，父親突然回到臺北，而大陸也完全淪陷。

在臺灣最初幾年，父親一如過去難得回家，弟弟和兩個妹妹接連出生，都是母親一手帶大的，因爲見到父親的機會實在不多。

我和弟弟的正式名字，一直到大妹出生，而我也該上小學之時，才由母親帶著父親跪下禱告，然後同時取名爲眞、爲善、爲美，以後小妹出生，取名爲明。

我對父親的最初印象是兩三歲時父親把我抱起來，親親我，我很不喜歡，因爲他的鬍子很扎，但還是忍耐地接受了，他則笑呵呵。那時，我對父親很陌生，感覺像個客人；父親可以說不怒而威，我和弟妹對他是敬畏的，很自然地就保持了距離。他一回來，母親的關注完全到他的身上，噓寒問暖，端盆水來爲他洗腳，父親也很自然地讓她洗。

稚齡時受教

母親總是設法讓父親開心，最有效的就是我們這幾個孩子表演節目。我從單人表演開始，乃至於四人團隊當隊長，這方面我做得很好，不但自己手舞足蹈，還要把弟弟妹妹組成歌唱隊，很認眞地在父親面前表演一番。

兩張籐椅併排擺在客廳，父親一坐下來，母親就坐到旁邊，然後招呼說：「小孩來唱幾條歌——小廣，你們不是要唱歌嗎？」我趕忙跑到房間裡去，和弟弟妹妹講好先唱什麼歌，再唱什麼歌，安排一番；因爲母親早就交代要練歌，這些歌平常都準備好了。

接著我們列隊到父親面前，一面唱歌一面踏步，父親最喜歡聽的是〈甜蜜的家庭〉（我的家庭眞可愛，整潔美滿又安康，姊妹兄弟很和氣，父母都慈祥……），我們還唱〈我的家〉（我家門前有小河，後面有山坡……）、〈哥哥爸爸眞偉大〉等等兒歌，後來連幼稚園教的〈剪指甲歌〉也拿來唱，反正是會什麼歌就唱什麼歌，父親都很喜歡。如此的表演剛開始還會緊張，唱完後的標準動作就是跑上前去，接受父親擁抱，親親我們。

父親是沒法子顧家的，母親把全副心力照顧我們和這個家。我身為哥哥，總想幫媽媽做些事，為她分憂，但也有幫倒忙之時。舉個我講話不當挨管教的例子。

以前有位副官常來我們家幫忙照顧，副官會講粗話，我才八九歲，不懂得那是什麼意思，但聽起來知道是罵人話。有天母親斥責弟弟，我想幫母親的忙，於是用副官常講的粗話在旁幫腔罵弟弟，母親聽了回過頭問：「你說什麼？」「ＸＸＸ。」母親不教訓弟弟了，反過來對我沒頭沒腦地狠打，把我打趴。

「你知道那是什麼意思？」

「不知道。」

「以後不准說。」

算算我小時候講了三個詞被母親修理，一是混蛋，二是倒楣，三是帶了顏色的ＸＸＸ，這三句裡最嚴重的就是那句副官講的粗話。其實我小時候一向很單純，從上幼稚園開始就循規蹈矩。

我到了入學年齡，私立再興小學剛在臺北市和平東路成立，校長朱秀榮遊說媽媽把我送到再興就讀，母親答應了。我入再興小學後，從二年級開始當班長，直到六年級畢業。我的功課一向不需母親操心，還能幫老師的忙改其他同學作業，教教算術。

那時候，效忠主義、國家、領袖的教育是很徹底的，身爲第一屆學生的班長，我每天早上要從教室帶全班到操場，喊口令、帶頭做國民健康操。再興小學初創，雖然班級不多，但顯得生氣蓬勃，全校運動會辦得有聲有色，如騎腳踏車比賽、跑步等等，冠軍往往是我的同班好朋友應秉德，他家離我家不遠，就在巷子口，在我的心目中，他是最好的朋友，最不自私。

升上六年級，我迷上了章回小說，在課餘之暇偷偷看《三國演義》，也想效法書裡的「桃園三結義」，於是和另外三個要好同學，來個「再興四結義」，依年齡大小分別是老大宋以立、老二應秉德、老三胡爲眞、老四張光主。從老大到老三學業成績都不錯；老么張光主是朱校長的兒子，很調皮，成績也不怎麼樣，然而他日後赴美留學，不僅獲得學位且經商成功，返臺接下再興校董，成爲籃球運動推手，一些知名的籃球國手因爲他的發掘調教而成爲主力。

刻苦度日

父親出生農家，一向克勤克儉，不單自己如此，我們全家生活也這樣，不求享受，我家的物質方面一直是低水準的，炎炎夏日只有一架轉起來有聲音的電風扇，可父親甘之如飴，母親也不講話；父親辦公室主任程開椿先生家裡有個木頭外殼的冰箱，冰箱上層擺冰塊，下層存放飯菜、西瓜等，到程伯伯家裡吃冰西瓜，是我莫大享受，至今難忘。

有天我放學回家，見到家裡搬來一個舊冰箱，品牌名稱 PHILCO，雖然不是新的，我還是很開心。我正高興時，父親回來了，一看冰箱，臉色一沉，正色問母親哪來的冰箱？母親說是羅列先生叫人送來的，父親疾言厲色大聲喝道：「不可以！給退回去！」但母親知道家裡需要冰箱，設法拖延，後來終把冰箱留了下來。

父親不僅對提升生活水準沒想法，金錢在他的心目中，更是毫無分量，認為夠用就好——他完全搞不懂要維持一個家，需要多少用度。我們這個家庭，嚴格說來可以說是母親一手操持出來的，父親不太管家計細節，甚至連家庭開銷都不甚了解，然而這對一個家庭而言是絕對必要的；父親不讓母親工作，母親卻要張羅有四個子女的家庭，而且還必須不失父親的體面。弟弟為善回憶，小時他曾為母親謄寫家庭帳簿，看到入不敷出的紅字，他問母親該怎麼辦？母親回以聖經裡耶穌的話：「天上的飛鳥，也不種也不收，天父尚且養活牠。我們不比飛鳥貴重多嗎？」

家裡開銷捉襟見肘，我至今記憶猶新，母親老是為錢發愁，她百般無奈之下，想到寫稿賺錢，這是可以在家裡做的事。

母親寫的是散文，我還記得她費心寫了文章，抱著極大的期待第一次投稿到《中央日報》副刊，沒想到卻被退稿，當她接到退稿時，我正好就在旁邊，看著她突然不講話，然後走進臥房掩上門，久久不出來。我有些擔心，於是推門進去，結果看到母親正在落淚，那退稿對她來講是何等的失望啊。但為了家庭，母親又不得不再接再厲地寫，到第三次投稿終於見報了，當稿費寄到時，母親臉龐浮現欣慰的笑容，我們當晚立即享受到加菜，帶到學校的飯盒菜色也馬上豐富起來，至今仍歷歷在目。

慈愛的天父果然垂聽母親的禱告，讓母親以「葉蘋」爲筆名，不斷地寫稿賺稿費，逐漸成爲國內知名作家。

這就是我的童年，那時有誰會想得到，一個曾經被稱爲西北王、指揮幾十萬大軍的上將，家裡過得卻是如此清苦？有趣的是，二〇一七年我訪美探親，親人請一位大陸來的中醫爲我檢查經絡後，中醫居然說：「你十歲以前的生活非常辛苦，不像是高幹子弟，簡直是『貧下中農』、『勞動人民』！」

1　陸皓東設計了中華民國青天白日旗，但於次年因臺灣割讓予日本而激發的第一次革命——廣州起義失敗而遇害。

2　《先總統蔣公全集》第一冊，張其昀主編，中國文化大學、中華學術院編印，頁四二五至四二六。

3　母親於《天地悠悠》敘述這段經歷時，已是十五年以後，她誤爲農曆新年，經查應是陽曆新年初二。

4　居正（一八七六年十一月八日—一九五一年十一月二十三日），湖北省人。中國民主革命家，中華民國政治家、法學家，曾任最高法院院長、司法院院長。

5　葉霞翟著，《天地悠悠》頁一二四，幼獅文化二〇一三年三版。

第二章

中秋夜長嘯

消滅割據，求中國之統一；實行主義，求中國之獨立、自由、平等、建設。這是領袖交代我們的任務，時代所要求我們的使命，而四萬萬老百姓所希望我們的工作。[6]

——一九四七年一月十日，父親在洛陽檢閱青年軍二〇六師後，對青年軍講話。

父親於國共戰爭全面展開之際對青年軍講的這段話，正是自己從軍以來一生奮鬥的目標，當時中華民國正處於興或衰的關鍵時間點；直到他的職務離開了大陳前線，他才有重新審視家庭的餘力。

拿我來說，父親只有在澎湖之時，因爲我去信向他報告近況，因而在一九五八年親筆寫了唯一的一封信給我，要我多運動，而且比讀書還重要——這信我十分珍惜，一直保存至今。

小廣兒：

七月十五日信收到了，立意很好，文字亦尚通順，我很高興！

本來我想接你來學習游泳，今天知道你要補習，只好作罷；等到明年再說！有空希望多多運動，運動比讀書還重要哩！最後希望你進步！

你的父 七月廿六日

一九五九年我十一歲，從再興小學畢業，那時兩個班級爲了聯考合併爲一班，前三名各有兩人，我和吳怡芳獲得第一名的市長獎；第二名教育局長獎宋以立、許月嫣；第三名校長獎是應秉德和省主席黃杰的女兒黃文如。參加初中聯招，宋以立、應秉德和我都以第一志願考上師大附中，這麼塡志願是因爲附中有可以直升高中的實驗班，不需三年後再受一次聯招煎熬。

我順利考上第一志願，父親挺高興，以後我從他的日記看到還特別記上一筆，五〇年代最後幾年，父親在臺灣終於有較多屬於自己和家庭的時間，父親不是只有嚴肅的一面，也以各種方式表達對小孩的關切。比方說，我很喜歡吃一種點心——普一西點麵包廠的豆沙餅，他見我喜歡，就經常買回來。他的確很疼孩子，我對他的畏懼也逐漸轉爲孺慕之情。

平常我有什麼要求，只要是正當的，父親一定盡力設法。如我喜歡看書，看完《水滸傳》後意猶未盡，就向父親說：「爸爸，聽說《水滸傳》還有『水滸後傳』，能不能幫我找找看？」

單單兒子這樣想看書的請求，他就全臺北各個書店搜尋，但找不到。其實所謂「水滸後傳」，是另一個作者寫的《蕩寇誌》，內容是《水滸傳》主人翁宋江等角色後來如何如何，直到最後一家也找不到了，他才告訴我沒法子找到這本書，日後我發現他在日記裡也提及這事。

雖然不求物質享受，父親卻是非常惜物，有次他進門後，我不慎關門聲很大，他說：「你跟門有仇啊，罰站。」我的衣服往往是父親的舊衣服重新裁製的，有破洞就補，父親自己的衣服如此，我的衣服當然也如此。

記得我十三歲念初二時，有天汗衫破了被父親看到，不但沒有責備，反而哈哈大笑，做了一首打油詩來調侃：「行年一十三，常穿破布衫；縫補又縫補，難看眞難看！」我的日記裡記載書包老舊到帶子斷了，父親晚上買個新的給我，我高興得不得了。長久以來，父親雖然不常在我們的身邊，但在有限的相處時間裡，他還是及時給了我言教和身教。

言教與身教──大丈夫

父親儀表堂堂，連坐都坐得端端正正的，威嚴自然流露，他不僅自己如此，也這麼要求我，他跟我講話本來就少，一談話往往就是有意義的。有次我跟他講話時肩膀靠著牆，他一看根本不回答我的話，先糾正我：「小廣，站正！不准靠牆！」我馬上立正。他常要我保持笑容：「小廣，微笑。」他即使在家，穿著絕對不馬虎，在小孩面前一定衣冠整齊。

身爲軍人，父親對我的教導圍繞在「大丈夫」的概念裡。從兩三歲起我被灌輸這個概念──要做大丈夫就不能哭，只要一提我馬上止住哭泣。五歲時我騎三輪車跌傷膝蓋血流不止，一路哭了回來，母親很心疼，父親見了卻哈哈大笑說：「怎麼搞的？大丈夫這點傷用得著哭嗎？」我立即停住不哭，父親更得意了：「這才乖，這才是有出息的孩子！」從此，我不管遇上什麼不如意的事，想到父親對我的管教，一定堅持不哭。有次父親下象棋輸給我，我講爸爸好可憐啊，他馬上說：「記住，大丈夫向不受人憐！」

有個週末，父母親帶三個孩子去臺北市立兒童樂園，小妹爲明太小沒去。準備回家時，大妹爲美說要吃冰淇淋，母親拿出十塊錢要我陪爲美買三塊冰磚帶回車上吃，但冰磚從三塊錢漲到三塊半，十塊錢不夠，賣冰磚的小販說少算五角好了，我和妹妹喜滋滋地回來，把這好事告訴父母親，我話還沒講完，父親就從口袋裡摸出一塊錢，等我話聲一落，就把錢塞到我的手裡說：「趕快把五角錢補給他，大丈夫怎麼可以貪小便宜？」

父親不輕易承諾，一旦許諾絕對守信，對五歲的小妹也是如此。

一九六〇年春天，爲明因眼疾在臺大醫院開刀，小妹起初不肯住院，父親答應每晚會去看她，她才勉強說好，由母親陪著住院。小妹住院將近半個月，父親果然天天吃過晚飯就到醫院探視，因爲小妹的眼睛是綳帶包紮的，什麼都看不見，父親總會拉著她的手，餵她吃東西，給她講故事，直到九點她想睡了才走。有天晚上，父親因爲臨時有事，過了九點還沒去，小妹就不肯睡覺，母親說爸爸一定有事，不會來了，先睡吧。但小妹很有信心，說爸爸一定會來，她要等；果然半個小時後，父親眞的到了。

到了我年紀大些，大丈夫的內涵深化了，要做大丈夫就要貢獻一己之力爲國奮鬥。

父親在我十歲第一次訓話講到大丈夫。他叫住我，以嚴肅的方式，很正式的問：「你將來要做什麼？」

我回答：「我想像您一樣，做軍人！」

他笑了，沒顯出同意的表情，卻是和藹而堅定地講：「你要做大丈夫！」

我這回懂得問了：「什麼是大丈夫？」我知道什麼是丈夫，可不知道什麼是大丈夫。

「眞正對人們有貢獻的人就是大丈夫，比如大科學家、大工程師、大醫生！這些人就是大丈夫！」他沒提軍人。這樣的對話，我當時覺得非常奇怪，父親自己不就是軍人嗎？怎麼他樹立了一個標竿，我要追隨，他卻不鼓勵？我沒有追問。打回大陸、建設國家，是父母人生最高目標，母親常把如此的期望掛在嘴邊，父親不講，是因爲他憑著自己的軍事長才深知這是不容易的願望嗎？答案我永遠沒法知道。

我初二時，父親在客廳裡，愼重地找我講話。這次父子談話，其實是訓話，我站著，他坐著。父親說：「你現在十三歲，你知道有句成語，『一日之計在於晨，一年之計在於春』，我現在告訴你，『一生之計在於青年』，青年是什麼時候？十歲到二十歲之間，所以你要在青年期間好好的努力，你現在所奠定的基礎，對你的一生很重要！一般人年輕時不努力，就把自己的生命糟蹋了，到了老時才歎時光虛度。」這是父親給我的第一次正式教導，我點頭說是，心裡對父親說：「敬受教，謹受教。」這些話，我全記在日記裡。

中秋夜的長嘯

父親對我而言，就是個會關心我的嚴父，我無從得知他的一生究竟是怎麼過的，又有什麼心緒；年紀稍大之後，我對父親的地位有較多的感受，從到家裡川流不息的客人皆對父親恭敬有加，可以見得他是深受愛戴的。我問過他，想知道他的軍旅生涯，可他哈哈一笑帶過，從來沒對我講述自己的過去。他是認爲我年紀太輕講了也不懂呢？還是自覺那些事屬於只能做不能說的祕密？我無從知曉。直到一個中秋節夜裡，我才感受到，我對父親其實了解不深。

中秋節，一向是全家團圓賞月過節的日子，我家也不例外，父親在世的最後幾年每逢佳節總能跟我們團聚。然而，一九六〇年的中秋夜，有件事深深刻劃在我的腦海裡，至今記憶猶新。

那夜天空無雲，月是皎潔的，我才剛上附中初一，心情特別愉快。父親偕同母親帶著我和弟妹，到家附近的臺灣大學校園賞月，臺大校園滿是賞月的人們，處處是歡笑或嗡嗡閒話聲。我家並沒坐下來，只是走路散步，父親走在前面，忽然間有個突兀、調高氣長的聲音發出來：「哦——」

我不需尋聲，一聽就知道那是父親的聲音，他趁著暗夜，沒人弄得清楚誰是誰之際，來個仰天長嘯！我沒想到父親會發出這麼宏亮、高亢的聲音，四周一下子萬籟俱寂，想來人人都嚇了一跳。我有些難爲情，因爲這樣子與賞月歡愉心情不協調的狀況是來自我們家，我自己的父親。包括母親在內，沒人問父親爲什麼，但我以後慢慢知曉，父親內心裡深刻鬱結的痛苦，就是他有多年戰勝共軍的經驗，最後卻失敗了，身爲以身許國的軍人，竟未能在大陸西昌戰場上成仁！

父親怎麼會離開大陸西昌？他的部屬兼知交趙龍文伯伯回憶，當一九五〇年三月二十六日凌晨，南路共軍離西昌只有一天行程之際——

半夜一點鐘，參謀長羅列打電話給我。

「睡了沒有？」

「睡了，有事嗎？」

「有事。請過來談談。」羅參謀長永遠是那麼從容不迫的。

我到參謀長室去。冷梅（羅列的字）正在寫遺書，看到了我，把一張電報遞過來，說：「剛到的。」

「總裁的電報，要我們轉進到海口，把部隊交給高級將領。」我把電報念了出來。「把部隊交給誰呢？」

「問題就在這兒。胡兵團司令長青要三天以後才可以到瀘沽[7]，別的人不能交。部隊不能交，胡先生就不能脱離這個險境，爲了要解這個結，只有我來擔任這個任務。」

「冷梅兄！」我站起來緊緊握住他的手，「這是忠義凜然之舉，我深深地感佩！」

「這是一封信，一兩金子，一枝自來水筆，請你到臺灣時，交給我的內人！」

「胡先生的性格，你是知道的。還得多幾個人去，作説明的工作。」

「好。去請蔡棨、裴世禺一起去。」

我們坐吉普車到邛海，已經是清晨二時，胡先生寓所卻是燈光明亮。我們進入門口會客室，只見胡先生左手挾了一包文件，右手拿了兩個玻璃杯，先銜著我笑笑，讓傳令兵倒了兩杯酒，對我說：「龍文兄，你是不應該留在此地的，早上就要走。這是我十年來的日記，請你帶到臺灣，有空整理一下。」

「胡先生，這酒請慢點喝，總裁的命令，不能不服從。請多拿幾只杯子，大家坐下來談一談。」

大家坐下來，茶几上擺著五只杯子。

「服從命令，是今天大義所在。此其一。共匪八路進兵，要活捉胡宗南，我們不能上當。此其二。反共不是一天完成，眞正的鬥爭要從今天開始。此其三。」我們作了幾句開場白。

接著大家發言，這一場談話，一直發展到清晨四時。羅參謀長最後發言，他用低沉的語氣，一句一句地說道：「當年漢高祖滎陽被圍，假若沒有紀信代死，以後的歷史，可能全變了。我們犧牲了多少人，對於歷史，沒有絲毫影響，胡先生犧牲了，將來七萬多的學生，三萬多的幹部，誰能號召起來，領導起來，再與共匪作殊死戰呢？所以我籌思至再，決定我來作一個紀信！」

這句話，感動了我們大家，一致站起來，請求胡先生採納羅參謀長的主張。這幕可歌可泣的歷史，完成了「終於道義」的信條。[8]

此刻天尚未亮，父親被部屬擁上飛機，離開西昌。父親因此返回臺灣，也走入我的記憶裡。寫了遺書自願留在西昌指揮的羅列參謀長，率領僅存的五百餘人與追兵火拚，至四月一日彈盡援絕，羅列率衛士突圍身受重傷昏厥，後爲忠義漢人所掩護離開西康，傷癒後於一九五一年三月逃離大陸輾轉來臺，父親驚喜不已，他也馬上獲得蔣中正總統的重用。

我記得，在我稍長之際，已留意到報紙時而出現關於父母親的報導，我開始感覺父母的身分非比尋常，也時時惕勵自己要發憤圖強，不要丟了他們的臉；一九六二年年初當我正感到在心靈上與父親逐漸契合時，父親卻住院了。

父親辭世

二月十四日凌晨，我因發燒而臥病在床，半夜母親急如星火般衝了出去，直到黎明將至，才在多位伯母阿姨的陪伴下哭著回來，我們全家完全沒有心理準備的事發生了——親愛的父親已經過世。

父母親最親近的親朋好友都到家裡來探視，設法安慰母親，但母親只是哭泣，陷入深度的悲傷裡，無法自拔；我則無淚，還因發燒而昏沉沉，心裡只想著：「不要哭不要哭。」

程開椿伯伯見到我的「反常」，反倒擔心起來，問：「小廣，你怎麼不哭？盡情哭罷，哭出來就好！」

我倔強地回答：「爸爸說的，大丈夫是不哭的，流血不流淚。」

腦子裡一片空白，多麼希望什麼事都沒有發生啊，但我知道父親永遠地走了。後來應秉德直接到我的床前，他是來探病的，卻因為看到我家怎麼突然有很多人進進出出，問我怎麼回事，我面朝裡躺著，沒理他。他離開，隔了一陣子又來了，這回他拍著我，說他聽到廣播知道是怎麼回事了，我聽著，眼淚這才不聽使喚地流了下來。

父親逝世時，我十四歲、弟弟為善十一歲、大妹為美九歲、小妹為明七歲，四個孩子一下子失去家裡最重要的支柱，母親悲痛逾恆。我那時既要安慰母親，支持她，希望她能夠有活下去的心情，繼續教養我們；我也要讓弟妹知道，雖然沒有父親，但還有母親、大哥可以帶領他們，也就是要擔當「長兄如父」。我向上帝仰望，求祂賜力量給我。

父親突然走了，我開始有了追尋父親腳蹤的期待，他的眞實面貌也在我的內心裡，逐漸揭露。依他的年齡，他從中華民國創立起，就以全副心思意念與這個苦難的國家相伴，一起走過半世紀。

6　《胡宗南先生日記》（下）一九四七年一月十一日。國史館二〇一五年出版。

7　瀘沽位於西昌北一百二十華里，此爲步行行軍預估時程。

8　趙龍文：〈此心光明亦復何言〉《令人懷念的胡宗南將軍》頁一二三至一二四。臺灣商務印書館二〇一四年出版。

第二部
邁入外交領域

第三章

母親的帶領與我的抉擇

「渝電奉悉，職以第一軍為黨國歷史命運之所寄，全軍數十萬官兵精神維繫之重心，其使用效果如何，當即審慎考慮，若以此等精銳有用部隊，毫無計劃，分散割裂，投置於無用毀滅之途，如此用兵實為戰略上之大忌，職以全軍安危所繫，故未敢緘默，鈞座既固執己見，除飭第一軍遵於明晉日自廣元趕運來渝外，務請再飭加汽車八百輛，趕運第三軍以便協力第一軍作戰，並請轉飭新津第一師緩運西昌，鞏固成都。謹復。戌皓十一時三十分參列。」[9]

——一九四九年十一月底，重慶危急。父親在力爭無效之後，揮淚致電蔣總裁，決定遵從指示，令原準備前往四川西南方成都的第一軍改趕赴東南方的重慶。他並電軍長陳鞠旅：「勤王之師，義無反顧」。

以後我從父親日記看到他感嘆地寫：「吾人之一切計劃，皆以第一軍之調重慶，而貽誤，而全局失敗，可慨也！」[10]因爲這一著錯，導致他的部隊在從陝西趕到四川後無法立定腳跟，而不得不匆忙迎戰蜂擁來襲的優勢共軍，從而造成大陸作戰的最後失利。此一關鍵調動，我在父親過世後，就聽到母親談過。

父親葬於陽明山

父親走了，我彷彿忽然離開他寬闊的羽翼，卻一夕成長。那年我才十四歲，從懵懂少年轉而思考起對家庭、對社會，乃至於對中華民國的責任來。這一切，都起於父親的啓發，因爲他的遠去。

父親去世一個月之後，我隨母親在羅列將軍、劉安祺將軍陪同下，到草山看墓地。三月下旬，山上仍有寒意，那裡地勢高峻雄奇、風景優美，遙望淡水河在遠方入海。草山現在稱爲陽明山，這地原本是菜圃，軍方以兩百元一坪向當地居民買了了七百多坪做爲父親的墓地，二十五日由陸軍總司令劉安祺主持破土典禮，我也拿著鏟子鏟了三下。六月九日，父親葬於陽明山。

擺在眼前的是，父親雖然貴爲上將，生前卻沒有積蓄，我家生計馬上陷入困境。父親的儉樸，與他往來的朋友皆知；在公祭時，許多前來祭悼的長官、將領，這才發現胡宗南的四個孩子，竟然如此年幼。

父親在世時，母親家用上的困窘，當然多次向父親反應過，甚至有些生氣；但她從來不曾在兒女面前顯露這方面的問題，該給我和弟妹的總是不缺，我帶的飯盒永遠是飯菜皆佳，因爲她認爲這也是父親對外尊嚴的一部分，不能顯得寒傖，也因此我沒有爲家庭經濟擔過心。

不過，父親生前清廉愛國，贏得了愛戴和眞摯友誼，很快地轉化爲對他身後遺孤與家庭的支援——父親的喪葬費用，全由政府負擔；家裡破舊，劉安祺總司令派員整修一番。羅列將軍要兒子羅大楨正式下跪磕頭拜母親爲乾媽，他和夫人則認小妹爲明做乾女兒，他原本是陸軍總司令，一年前才改任國防部聯合作戰研究督察委員會主委。留美經濟學博士、國防研究院講座何浩若以及父親好友黃埔一期的蔣伏生、賀衷寒伯伯也分別認大妹為美、小妹為明做乾女兒，其實賀伯伯的孫子年齡已和我差不多了。這幾位父親生前摯友所以這麼做，完全是基於安慰母親，他們知道，母親在至為悲傷時刻，需要這樣的心理支持。

陳誠副總統也注意到這點，在日記上記載了「胡宗南去世後其家屬生活無法維持」。父親安葬那天，陳副總統前來致祭，「並送其家屬子女教育費二萬元」。11 同樣有撫卹想法的，還有蔣總統和蔣夫人宋美齡女士。

蔣夫人的安排

父親仍停靈在殯儀館時，有個星期天，母親帶我去士林凱歌堂參加主日崇拜。那是蔣中正總統伉儷做禮拜的教堂，我們每年聖誕夜都會去那裡，我還在蔣總統面前演過話劇。那天，母親事先已接到蔣總統侍衛室的通知，要她禮拜後別急著走，總統伉儷想和她一起吃午餐。母親和我在凱歌堂坐定，沒多久蔣總統和夫人就到了，蔣夫人一進教堂四處一看，找到母親就過來說：「胡太太，做完禮拜後到我們那裡去吃飯。」母親點點頭，崇拜結束後，母親就帶著我到士林官邸。

中餐時，周聯華牧師及經國先生的三子蔣孝勇也在，孝勇的年齡約小我兩歲。桌上的菜色非常簡單，做為國家元首就吃這麼幾道小菜，令我很驚訝。用餐時，主要是蔣夫人跟母親談話，她說：「胡太太，妳先生去世了，心裡面一定非常難過。我看，妳要不要帶孩子換個環境，到美國去？」這時只見蔣總統也在旁邊微笑，頻頻頷首，這表示他倆已商量過了。但是，母親沒有接受這善意、看來不錯的安排。她回答說：「非常謝謝夫人的好意，但我想要讓我的孩子都在國內接受完整的中華文化教育，等到大學畢業再出國。」母親對美國並不陌生，也知道那裡生活安適，但她寧願留在中華民國的土地上，讓她的孩子們成為徹底的中國人。

蔣夫人沉默了，然後說：「好吧，那妳不要客氣，需要我幫助時，隨時告訴我。」後來蔣夫人又要母親做她的英文祕書，因為她知道我家經濟上有困難，且母親是留美博士，英文很好。但母親還是婉謝，她私下告訴我，依她的個性，不擅長做別人的祕書。

父親去世，母親在公領域的發展上鬆綁了，再也不需要留在家裡當個單純的家庭主婦。她擁有當時中國女性絕無僅有的美國政治學博士學位，婚前也是大學教授，沒多久她就應父親幾十年交情的摯

▶ 母親留學期間的美籍摯友艾德娜女士，將此張母親抱著我的合影照片，懸掛於其華盛頓家中臥室。當時我不到一歲。

▶ 我二十歲時與母親葉霞翟教授合影。

友、曾任教育部長的張其昀先生之邀，協助籌辦中國文化學院，並聘爲家政研究所主任兼訓導長，中國文化學院在父親去世那年創辦，母親從此重回教育界。

我的基督信仰

我的基督信仰，源自母親。母親早年在上海光華大學讀書時接觸到信仰；她赴美深造，應友人之邀過第一個美國聖誕節，了解到聖誕節的意義不在於歡樂和舞會。以後來臺，蔣夫人發起的「中華基督教婦女祈禱會」，於一九四九年十一月九日成立，母親成爲第一屆董事之一。經蔣夫人的帶領，母親於一九五二年四月六日在凱歌堂參加主日崇拜時，在蔣總統、蔣夫人面前受洗成爲基督徒，首先向她握手祝賀的，就是蔣總統和蔣夫人。當日，父親遠在大陳。

母親從我幼年起就把「耶穌是主」這四個字教導我，要我記下來。她有鄉音，講成「ㄧㄝˇ穌是主」，我問是什麼意思？她回答，耶穌是上帝的兒子，就是神。以後我隨母親上凱歌堂做禮拜，華興中學那些身分特殊的學生如一江山戰役遺族、孤兒所組成的詩班會來獻詩。

一九五九年我剛考上初中，那年在中原理工學院張靜愚先生小兒子、附中高我一屆的張光正邀請下，參加了臺北市許昌街青年團契中學組。許昌街青年團契是地方教會，以國語向渡海來臺的年輕人傳福音，由吳勇長老主持，他的講道很有從上帝來的恩賜與能力，我第一次去聚會就被整個會場的氣氛以及大家的熱切聽道吸引了，我強烈感受到上帝的愛，非常喜樂，契友們勇於做見證，此起彼落，令人感動萬分。我對信仰逐漸有了體會，知道要凡事信靠神、以禱告尋求上帝的旨意，並且在日記上寫下了我對信仰的感受。

父親辭世後那年年底，我到剛建成不久的南京東路禮拜堂受洗成為基督徒，逐漸能從傷痛裡走了出來。次年，我成為許昌街青年團契高中組主席，接著六月一個晚上，我在家裡接到附中青年團契輔導李秀全的電話，他說，經過與幾位團契幹部禱告後，「我們決定下學期主席由你來當。這當然很困難，但求神幫助……。」我愣住了，心想團契裡很多弟兄的屬靈生命都比我強啊，為什麼不是他們？但李哥他們禱告了，我只有憑信心倚靠神，接受這個任命。所以，從高二開始，我不僅是附中實驗十九班的班長，也是許昌街青年團契高中組主席和附中團契主席，這些職務使得我非常忙碌，我的功課也很重，真的必須求主賜力量，才能面面俱到。

我在附中實驗十九班原本是副班長，父親過世後，同學選我當班長，這是同情我突然喪父嗎？我不知道，但以後我就一直被同學選為班長，直到高三堅辭，才改由其他同學擔任。

所有師大附中學生所穿的夾克，上面有個校徽，是我們那屆設計的。實驗二十班的班長謝文斌也是基督徒，以後進入臺大醫學院，是知名的胸腔內科權威，我和他一起去爲全年級做夾克。帶我們去的教官告訴被服廠老闆：「這個學生叫胡爲眞，他的父親就是胡宗南！」老闆馬上肅然起敬：「啊，是胡宗南的兒子！」如此的表情，讓我印象非常深刻。我以父親爲榮，也深怕自己的表現不夠好，有辱他的聲名。一九六二年，正是軍方鴨子划水、動員反攻大陸時期，所有的部隊都在備戰中。由於教育部的通令，我們實驗十九班也從十一月開始上軍訓課，我很認眞學習。

期待走父親的路

我因爲是班長，成爲附中的勞軍代表之一，在教官帶隊下，攜慰問品到陸軍幾個軍醫院慰問傷兵，又帶了十簍橘子和附中籃球校隊，坐大卡車到桃園楊梅的陸軍五十一師、陸軍八十一師勞軍，我們和部隊球隊賽球，也一起用晚餐，教官特別介紹我是已故胡宗南將軍之子，那些軍官馬上就熱絡起來，因爲部隊裡有許多父親的學生或部屬。

一九六三年三月，父親逝世一週年過後沒多久，母親帶著我和大妹看好萊塢電影《最長的一日》（*The Longest Day*）。這部長達三個多小時的電影，主要是敘述二次世界大戰歐洲戰場，盟軍自法國諾曼地登陸。我們看的是晚場，一直到十點一刻才散場。我對片中德軍裝甲師團未能迅速前往諾曼地截擊登陸的盟軍部隊，竟然是因爲希特勒（Adolf Hitler）爲了睡個好覺而服了安眠藥，部屬不敢叫醒他因而延誤了戰情，印象深刻。母親顯然知道許多父親的事蹟，她感慨地告訴我：「你爸爸當年也是這樣，民國三十八年（一九四九）重慶已經被圍，總統不肯出來，指示你爸爸運第一軍去增援，要在那裡背水一戰，你爸爸認為那會把最好的部隊犧牲掉，勸總統應該放棄那裡，直接規劃經營西南，但力爭無效，只好流淚改變原先機動作戰計畫，把最精銳的部隊開到重慶『勤王』，結果整個部隊就這麼被犧牲了，大陸最後也斷送掉。」母親又說，國人不瞭解整個情況，有些人罵父親，父親一句辯白的話也不說！我聽了心情沉重，覺得自己責任重大。

父親生前因為十分威嚴，我對他是畏懼大於敬愛，而他又什麼都不講，使得我在他逝世之後才知道他是怎樣的報效國家、忠於領袖，如今我視父親為典範，想的全是要怎樣效法父親，把自己貢獻給國家社會，時時自我惕勵，以不辱父親之名。我慢慢知曉父親在大陸時期的英勇作為，讀高一和高二時也滿腔熱血，也想從軍，申請保送陸軍軍官學校。說實在話，這樣的想法違背了父親的期待，父親要我做大丈夫、選擇未來的身分時，就是沒有提到軍人；而保送軍校在附中也不多見，在猶豫不決的關鍵時刻，我收到羅大楨一封信，改變了我從軍的念頭。

羅大楨原本讀成功中學，大我七歲左右。他自願保送陸軍官校三十一期，不僅是那期第一名、最優秀的學生，也是實習團長，很有領導能力，以後更獲得軍方以公費送到美國軍校深造。我把想繼承父親遺志進入軍校之事請教羅大楨，他回信了，卻是勸我不要從軍：「你的父親已經走了，母親一個人要撐起這個家是很困難的，你是長子，家裡需要你，怎能投身軍旅不顧家呢？」我收到信之後，仔細思考羅大楨的話和家裡情形後，終於打消此意。

從理工到文科，將一生主權交給神

在我那個年代，初中聯考進入師大附中就讀後，首先要接受智力測驗，然後依據測驗成績分班，十二個班裡有六班是實驗班、六班普通班，我被分到實驗十九班，六年都在這班。實驗十九班基本上就是念甲組也就是理工，我也不例外，除了數學成績不突出之外，高一生物、高二化學、高三物理和英文、國文成績都不錯，全年級十一個甲組班級成績總排名約在三十多名。打消保送軍校的想法後，我看準了清華大學剛成立的核子工程系，想以核工系為大學聯招的第一志願首選，那時正是冷戰時期，核武成為東西方兩大陣營武器競賽恐怖平衡的首要武力，中共已在發展核武，清華的核子反應爐才剛運轉，該是最尖端科學的系了。雖然對功課應付裕如，為了聯考，我在理化數學上下苦功。

邁入一九六五年，我高三了。這年我十七歲，在日記的開頭一筆一劃地以鋼筆工整地寫了不知在哪看到、心有所感的對聯：「拔亂扶危，挽狂瀾於既倒。夷艱濟變，立砥柱於中流。」這對聯的內涵取自《三國演義》諸葛亮輔佐劉氏父子以及文天祥《正氣歌》，以明我志。

也在這一年，教會在南京東路禮拜堂舉行特會，請陳炎新牧師講「將身體獻上，當作活祭」的道理，然後呼召大家把一生的主權交給神。他強調說：「這並不一定是要你們擔任牧師！」我起先對這個想法十分抗拒，但在全場受感的強烈氣氛下，最後也上前與其他許多年輕人一起跪著向神祈禱，願把一生主權交給神，讓祂帶領，沒想到接下來就在生涯抉擇上，有了重大的轉折。

公立大學保送優秀學生入學作業展開，我在甲組的成績並非頂尖，全心準備聯考之際，上帝卻爲我開了一扇意外的門。政治大學有三個文科保送名額給附中，但附中的乙組只有一班，達到平均學業成績八十分保送標準只有一人；四月中旬，校方決定向甲組班級所有平均成績達標的學生徵詢意願，以免浪費另外兩個名額。

校方總共發出了六十多張通知，十九班有十多個同學收到，我的三年平均成績是八十三點多，也接到通知。我對轉文組是有興趣的，於是仔細地考慮並且禱告，因爲這可能是我人生的轉捩點，雖然不一定錄取，但能夠獲得保送也是福氣。我擔心母親會因爲我沒有繼續攻讀理工而失望，所以決定回家徵詢母親的意見，並請母親同我一起禱告，沒想到她聽到我有免試保送升學的機會，卻是喜出望外，回答說：「只要你自己願意，媽媽是不會反對的，也許這是上帝的安排！」母親和我一起禱告，我便決定一試，不再猶豫。

第二天到學校，得知受到徵詢的六十多人裡，共有五人有意願，我是其中之一，這樣就要比較分數高低，同學們得知我的決定，紛紛開我玩笑問長問短十分關心。上午課上到一半，我被叫出去——我已被政治大學錄取了，而且要馬上填表、選系，把志願表送到政大。

導師堅持改選外交系，母親為此作見證

我才剛接觸乙組，對文科的系並不是那麼清楚，於是選擇政治系，理由有二：一是既然是「政

治」大學，當然要念政治系，且政治系的領域可涵蓋其他系；二是受母親的影響，母親是美國威斯康辛大學政治學博士，可以指導我。然而，教務處甘子良主任不認爲這是好選擇，因爲從往年政大的錄取分數來看，外交、國際貿易、財稅或者新聞，才是熱門「好系」，錄取分數高得多。

回到教室，我的女導師陳愚清老師知道我選了政治系，馬上勸我改系：「胡爲眞啊，你選政治系不是很好呢，爲什麼不選外交系？」

我回答：「老師，因爲我不喜歡交際，也不喜歡應酬。」接下來我又把先前在教務處的兩點想法告訴她。

陳老師是湖北武漢大學畢業，對學生十分熱誠。顯然我的理由並沒有說服她，她勸我：「爲眞啊，我查過唷，去年聯考政大外交系最後一名的成績都比政治系第一名的成績還要高，念外交和做外交是兩回事，你進外交系，可以和那些素質比較好的同學彼此砥礪，就會更進步，以後想做什麼都可以。」

但我沒有因此改變讀政治系的初衷，選系的志願表也就這麼交了。回到家，母親支持我的一切決定，保送政大政治系似乎就此定案。

沒想到，陳老師是認眞的，她不因此罷休，知道如今可以挽回的，只有我母親，因爲我會服從。她打電話給母親，分析得失給母親聽，極力主張我應該念外交，母親被她說動了。

隔了一天，母親啓動她的動員補救工作。早上她跟我講，一定要把先前塡的政治系改成外交系，我力爭之後心中百般不願，但只好順服。接著，母親找到了陸軍總司令劉安祺的夫人，請劉夫人協助——因爲當時的附中校長是劉總司令的弟弟劉安愚，才上任沒多久，劉校長發了公文給政大，追回我先前塡的志願表，改塡外交系。回顧我的生涯，我爲此感謝陳愚清老師，是她認眞地看待包括我在內、班上每個學生的發展，眞誠地付出心力，協助學生選擇最適當的未來；她實在是我此生選擇報效國家方式的關鍵。

十九班共有六個學生獲得保送大學資格，分別是臺灣大學龔行健、蕭世榮、王偉一，成功大學黃模春、李山，以及政治大學的胡爲眞。他們都是我的好友，非常優秀，其中龔行健保送到臺大化學系，以後赴美留學取得博士學位後成爲世界著名的癌症問題專家，也是中央研究院院士，擔任過國家衛生研究院院長。他也是我結婚時的伴郎，有趣的是，他的夫人名字與我的名字同音——胡維貞。她是美國哥倫比亞大學化學博士，其優秀不亞於行健。

畢業典禮那天，所有保送同學都站到司令臺上接受頒獎，母親和錦翟阿姨都來觀禮。我受獎之後，阿姨找個機會告訴我，母親看到我在臺上領獎就哭了，她也跟著哭，淚水都止不住。我知道母親爲何落淚，她實在是百感交集啊。

這年五月的母親節，母親在中華婦女祈禱會作見證。她以喜樂的心，引述聖經〈撒母耳記上〉等經文[12]所敘，以我的成長、求學爲例，訴說上帝的恩典：「我要向各位說的，只是我自己教養子女的見證。上面讀的撒母耳記上的經文，就是告訴我們，撒母耳的母親怎樣從上帝那裡求得兒子，又怎樣照她的諾言把兒子送去侍奉神，結果終於得到上帝大大的祝福。箴言也說得很清楚，第二十二章第六節：『教養孩童，使他走當行的道，就是到老他也不偏離。』感謝主，我的小孩從小就知道神，我們的大孩子從兩歲起，我就抱著他在膝蓋上查經、禱告。現在他是一個非常愛主的孩子，也是神所祝福的孩子；其他的三個孩子也都從小就受到基督的愛澆灌，所以他們都是愛主的孩子。」

母親接下來敘述爲四個孩子取名爲眞、爲善、爲美、爲明的經過，再講我怎麼受洗以及做了中學生團契主席，起初還怕我的功課因此受影響，結果沒有；她又講述我這次獲得保送政大的經過。最後她說：「做母親最大的責任，就是使子女認識神。如果做到這點，那麼就可以把一切都交託給主，不必再爲他們擔憂。如果能做到這點，妳自己也會得到上帝的祝福！願主賜恩典給今日到會的各位母親和你們的子女。」

軍事反攻緲茫，外交成為新戰場

在六〇年代，軍事訓練與教育都遙遙指向一個遠大的國策與目標——軍事反攻大陸。那個時候，臺灣在蔣中正總統領導下，除了讓中華民國站穩在世界之外，最重要的國策就是反攻大陸、解救大陸同胞。特別是中國大陸爲追求共產天堂而推行的三面紅旗政策[13]失敗，導致一九五九至六二年間發生大饑荒之後，這是吸引大陸人心最好的時機，臺灣的軍事上準備與動員，不論軍民更是可以感受得到。我了解過去父親軍事長才是公認的，身爲他的長子，在接觸軍事的有限日子，當然不能讓他丟臉。

一九六五年秋天政大外交系開學之前，首先有兩個月的臺中成功嶺軍事訓練，也就是入伍教育，這是我第一次離家這麼久。我被分到第一團第二營第七連，我全力以赴，術科的操槍、實彈射擊都很到位，先是全連一二六名學生互選獲得九月份的忠誠模範，接著又得到演講比賽第三名、學業含術科總成績全連第二，感謝神的賜福。母親可高興了，說：「看不出來你是優秀的二等兵呢。」

我進入政大外交系就讀，決定了我一生不同於父親的報國方向。父親生於戰亂，要報效中華民國必須以從軍參戰以求全國統一、力抗外侮以免於覆滅；到了我這一代，中華民國則處於冷戰時期，不僅兩岸長期對峙，外交更是逐漸面臨挑戰終至於失利，對國家而言，這是截然不同的戰場。中華民國的生存空間再受挑戰，特別是外交。而我因緣際會讀了外交，從此走上以外交報國之路。

五十五年度大專學生暑期集訓班　忠誠模範紀念
查學生胡為真
當選本班第一團
第二營第七連忠誠
模範特頒此證以資
紀念
兼班主任陸軍中將　王潔
中華民國五十四年九月二十三日

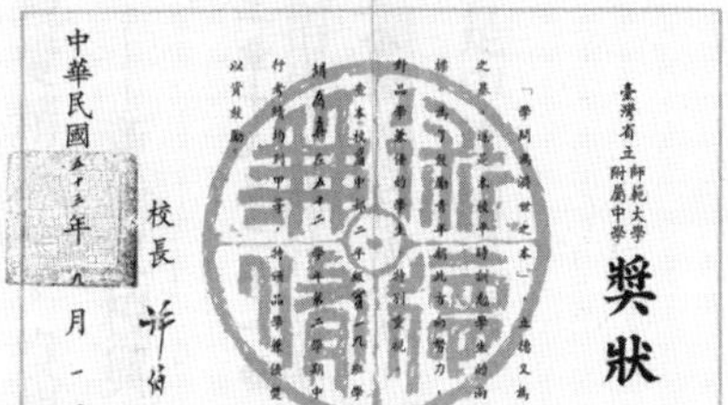
臺灣省立師範大學附屬中學
獎狀
校長　許△△
中華民國五十五年九月一日

新五三獎字第　　號
中央日報代辦嘉新水泥公司　五十三年獎學金入選證書
查胡為真申請五十三年
第二次中軍人遺屬類獎
學金業經本委員會評定成
績優良准予入選除發給獎
金外特頒發證書藉資激勵
此證
獎學金委員會主任委員
中央日報社社長
中華民國五十三年十二月　日

四十一年後成爲政治大學學生，我以極大的熱情進入政大，而且兢兢業業，把心力都置於課業之上。

母親的教誨——忠黨愛國

在講求獨立思考、開放的大學校園裡，各種思維紛至沓來。母親與父親一樣，對國家、對黨忠誠，一向是她堅定不移的信念。她身爲省立臺北師專校長，可能在學校看到或聽聞到什麼，有天她回家，突然把我叫到她的房間，要我規規矩矩地站在她面前，然後很愼重地、很嚴肅地說：「不管外面如何變化，你要知道，忠黨愛國，我們家庭絕對是立場鮮明！」

我知道母親這話的內涵，立刻立正回答說：「當然知道，媽，您放心！我完全會遵照您講的話！」

那時，社會上出現各種不一樣的思潮，多半和國家的方向有關，我終於邁入青年階段，經常和母親討論；她在政治方面明確的教導，就這麼簡單——愛中華民國，愛那個因與共產黨作戰失利而從大陸遷來臺灣、爲延續中華民族命脈而努力的中華民國，以及建設臺灣、忠於與護衛這個國家、命運與國運相連的中國國民黨。至於爲什麼講「黨國」，是因爲這個有功於民族、統一中國抵抗外侮的中華民國，其實是先有黨再有國，是中國國民黨的黨魂創建、帶領了這個國家，進而有了抗日救亡、反共的國魂。

讀政大，我從家裡坐公路局班車到木柵，會經過父親在大陸時期的侍從參謀夏新華的家，我也常到他家坐坐。夏先生是留美工程碩士，抗戰期間很難得的理工人才，被父親留用爲侍從參謀，和我家親如家人；他教我攝影，會和我聊些父親過去的往事，他感佩父親的爲人，也談父親在大陸即將淪陷時，爲國犧牲奉獻的經過。他勉勵我：「你父親不要錢、不要名、不要利，只知爲國家奉獻自己，所以他怎麼樣，你也要怎麼樣！」至於他自己，由於他追隨父親，曾有八年未拿餉！

在政大附近的新光路上有個小吃店，店主是程開椿伯伯的侍衛張壽洪，他一聽說我是誰就拒絕收錢，並且要我到校上課時，一定到他那裡用餐。我很爲難，曾經吃完後把錢丟了就跑，他要兒子追上來，硬是把錢塞回我的口袋。以後我常在他那裡

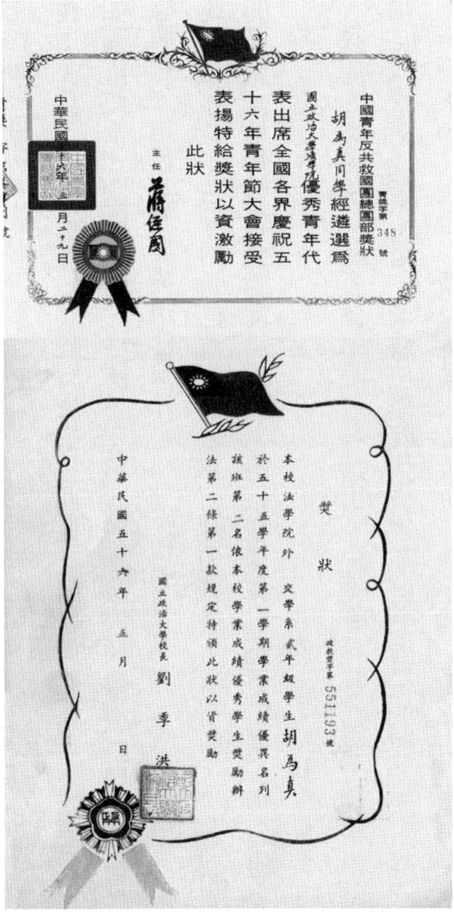
青獎字第348號

中國青年反共救國團總團部獎狀

胡爲真同學經遴選爲國立政治大學法學院優秀青年代表出席全國各界慶祝五十六年青年節大會接受表揚特給獎狀以資激勵

此狀

主任　蔣經國

中華民國五十六年三月二十九日

政教獎字第551193號

獎狀

本校法學院外交學系貳年級學生胡爲真於五十五學年度第一學期學業成績優異名列該班第二名依本校學業成績優秀學生獎勵辦法第二條第一款規定特頒此狀以資獎勵

國立政治大學校長　劉季洪

中華民國五十六年五月　日

吃中飯，都是叫個炒飯，吃完就回去用功。

教民法概要的徐直民教授不多話，教得很好，年輕時曾去過西北，出任過父親主持的七分校政治教官。我對系上開的課如國際政治、國際公法、中國外交史、各國政府與政治、西洋政治思想史等等基本外交科目都很感興趣，也很認真，成績都很好。

我和其他同學最大不同是，週末一定去家附近的政大公企中心埋頭苦讀，看電影、旅行或者舞會等娛樂極少。我有求知的渴望，也知道自己的責任重大，所以在學業上絕不鬆懈，但在班上又當選了班代。

一九六七年我二年級時，政大的文、法、商三個學院要各選出一位優秀青年代表，到中山堂出席全國青年節大會接受表揚；我學業成績不錯，成為法學院代表，在接受表揚的前一天，經國先生以救國團主任身分輪流和全體青年代表攝影留念，輪到政大時，他定睛一看認出是我，笑意也就浮現在臉上。這次頒獎，卻是經國先生和長大後的我重逢，以後我的公職生涯，也與經國先生關係密切。

遇見惠英

讀政大時，基督信仰也是我生活裡很主要的部分。我在高中連續被選為班長，也是兩個團契的主席，做主席就有很多事要做，除了請講員、帶領小組之外，一到禮拜天，我身為許昌街團契中學組主席要提早到，先整理聚會場地，把窗子打開、排好座位。那時我最好的同工就是擔任團契靈修的應秉德，他是附中實驗二十三班，後來大學考上文化學院建築系；另外還從高中起的信仰同伴沈正，他是浙江吳興人，我的小同鄉，曾祖父沈毓麟是我父親年輕時在吳興中學讀書時的校長。我們三人常常相聚，在信仰上彼此扶持勉勵。應秉德在信仰上十分虔誠，大學畢業後繼續讀神學院，以後成爲頌主堂牧師，在三十二歲因病去世，回歸天家；沈正則成爲信友堂牧師，我們心意相通，直到現在。

在政大團契，我遇見了未來相知一輩子的伴侶。

原本在團契裡，我根本沒有在團契裡交女朋友的想法。周神助牧師那時是政大團契的輔導，我大四快畢業時，他找我談話，問：「團契裡的林惠英姊妹你有沒有注意到？」

我說當然認得，但是不熟。

他誠懇地說：「我們都覺得，你們兩個很配，你已經大四馬上要畢業了，當然可以交往看看。」

林惠英讀教育系，和我同齡又同屆，成績十分優秀，一直拿書卷獎。她在信仰上同樣扎根很深，帶小組查經，很敢言，大家都覺得她講得有道理，很尊敬她；既然團契輔導周哥說了，我就鼓起勇氣試著約她一道出去，她居然答應，我們就這麼成爲一對。

有意思的是，我有交往對象了，知道此事的父親部屬或長輩似乎更激動。

有天我帶著惠英到張壽洪那裡用餐，我向他介紹：「這位是林同學、林小姐。」他看了看我，看了看「林小姐」，幾秒鐘之後——眼睛立刻紅了，然後舉起手來擦眼淚。我有點意外，惠英更是驚訝，她對我父親的過去並不了解，張壽洪接著解釋：「你父親那麼大年紀還沒結婚，現在看到你有女朋友，我非常高興！」所以，他是喜極而泣——看到我有女朋友會哭，這是對父親何等的情懷，我無法想像。

接下來的農曆新年，我首次帶惠英到家裡來介紹給母親見面，我倆已經彼此約定，我們的交往如果任何一方家長不同意，就立刻分手；正巧曾任父親長官的蔣鼎文伯伯也坐車從巷子另外一端過來，要向母親賀節，蔣老先生看到惠英，聽我介紹說這是我同學「林小姐」，先是深深地看著她，從頭打量到腳再打量到頭，連連點頭，然後直接進我家走到客廳父親的遺像前，幾乎是聲淚俱下地大聲說：「宗南！宗南！你可以放心了，胡家有後了！」害得惠英滿臉通紅。

大學畢業，我成績不錯；校長劉季洪邀請母親在畢業典禮時，代表畢業生家長致詞。母親上臺，眼神尋到坐在臺下的我，她向我微笑，我也還以微笑。我和惠英的感情發展迅速，而且是建立在共同的信仰裡，所以十分穩定。畢業後，惠英因爲成績好，留在系上當助教，等我服完兵役同時出國深造，我則盡國民義務，下部隊服役。政大外交系大三時會有分科教育，一向是到政戰學校受訓，以後當政戰官；不過我受父親影響自請到步校受訓，希望以後當基層連隊排長。

一九六九年我開始服役時，本來期待直接到部隊成爲排級幹部，但國防部剛好舉行英文教官甄試，我就報名應考，結果考取了，分發到陸軍指揮參謀學院任教十三個月，成爲七位少尉教官之一。指參學院的院長是盧福寧，講臺下學官的軍階最低也是少校，最高是上校；指參學院那時剛合併到三軍大學，校長是余伯泉、副校長蔣緯國。

由於成為天天上下班的英文教官，我的服役變得很輕鬆，自行掌控的時間也多了起來，我除了授課之外，多餘時間就用來準備考試。

一九七〇年八月，我服役期滿，自軍中退伍。惠英於九月赴加拿大多倫多大學教育研究所深造，她拿到了一年三千美元的全額獎學金；我全心備戰乙等外交特考，外交特考十分慎重，有兩百多人報考，我順利地考取外交人員特考，名列第六。

我也通過了教育部的自費留學考試，托福和GRE成績都不錯，我向幾所大學寄出次年春季班的入學申請，有三所大學給我入學許可，分別是芝加哥大學（The University of Chicago）、丹佛大學（University of Denver）以及喬治城大學（Georgetown University），都是和外交有關的研究所，但沒有獎學金，到底要選哪所大學呢？母親很慎重，她請教兩位知曉外交的長輩，一是我的姨丈阮維新將軍，一是時任駐紐西蘭大使的夏功權。兩位長輩都建議我去喬治城大學外交學院，這所大學位於華府，有機會接觸各種國際事務，所以後來我選擇了喬治城大學。

但母親煩惱了，因為她沒有錢。

經國先生協助出國費用

母親一直沒有理財念頭，有錢就應付眼前的問題，沒有長遠的打算，重回教育界之後也是如此，常把生活費捐出去。

我要出國深造，卻沒這筆錢。母親沒法子，只好寫信給當時是行政院副院長的蔣經國先生，把長子胡爲眞已經獲得美國大學的研究所入學許可，但家裡沒有這筆留學費用的困境，告訴蔣副院長。沒多久，經國先生指示祕書周應龍同母親見面，周應龍剛好是文化學院研究所第一屆畢業生，和母親有師生之誼，他跟母親說：「老師，經國先生收到您的信，願意資助胡爲眞赴美讀書，每年五千美金。」五千美金當時足夠支應在美國的學費與生活費。

這時是一九七〇年的冬天。母親非常欣慰，告訴周應龍，她要帶我去見蔣副院長當面致謝。經過安排，母親同我一同到行政院見經國先生，我已經知道過去那麼多年，經國先生和我們全家關係是非常深厚的，他不只是實際掌權者，也是父親的朋友、我的長輩，所以自然感到親近。母親帶我到行政院副院長辦公室見到經國先生，經國先生一看我們母子進來，臉上滿是笑容地歡迎。

我們坐定後，我一開口就說：「謝謝您資助我出國留學，但我更希望您給我指導——」母親沒想到我會這麼講，她聽我這麼說，立刻就哭了。我的話，突然攪亂了她已然平靜的心緒，原本對兒子未來的指導，該是做父親的責任啊，但我的父親卻已不在；而她過去幾年，一直把我當個大人似的做爲她內心、日常生活的支柱，但現在兒子請求經國先生指導……太多的感觸，讓她的情緒潰堤。經國先生則是臉脹得通紅，講不出話來，隨後他的神色緩和了，感慨地對我說：「你父親是我最好的朋友——好，好，你到美國後，我會給你寫信。」

一九七一年一月十五日，我抵達臺北松山機場，準備搭機赴美。沒想到，機場擠得水洩不通，全是父親的老部下以及親友長輩，他們得知胡宗南的長子準備赴美留學，一傳十、十傳百，都來爲我送行加油。母親既欣慰又驕傲，大家向她道賀，她高興的說：「雖然宗南不在了，但我還是能把孩子撫養長大，教導得很好，如今他大學畢業，獲得美國的入學許可，要出國留學，念外交研究所！」

面對這些叔叔伯伯阿姨來機場爲我送行，我強忍內心的激動，如此的人情與期許對我而言實在是想不到的太大壓力，深怕念得不順利，就無顏見江東父老。這是我個人的挑戰，也就在這個時刻，中華民國面臨外交上更嚴厲的挑戰。

14　《胡宗南先生文存》頁二〇一。臺灣商務印書館二〇一四年出版。

第五章

喬治城

清晨蔣君來訪，一同下山……蔣君轉述總裁指示如下：

雲南情況變化之後，西昌當更艱難，然最近匪似不至大部入康，故最近如將臺北軍火轉運西昌，為可能之事。如將西昌部隊空運入臺，為不經濟，亦不可能之事，故總裁希望以西昌為延安，又總裁最後鄭重說：如匪攻臺灣，余必與臺灣共存亡，而絕不出國。此意即希望匪攻西昌，胡與西昌共存亡，而不來臺灣之昭示。[15]

——一九五〇年一月二十六日，蔣經國飛赴西昌，父親迎至邛海住處。次日，父親與經國先生一同下山，邊走邊談。當天，父親在日記寫下蔣經國轉達蔣總裁死守西昌的指示。

經國先生在抗戰期間認識父親後，兩人因志趣目標相同，信件往返十分密切，談話也從無客套。一九五〇年初在西昌，經國先生在西昌對父親傳遞的訊息，我如今回想應是蔣中正總裁在臺北看了我之後，認爲胡宗南「有後」，可以在西昌犧牲了。然而父親卻回到臺灣，經國先生也在二十年後資助我赴美進修，還寫信勉勵我，眞是世事難料。

喬治城大學位於美國華盛頓特區，建於一七八九年，是美國最老的耶穌會和天主教大學。我於一九七一年一月十五日天寒地凍之際抵達，那時中華民國可謂內外交迫，不僅有釣魚臺主權問題，也面臨聯合國席位的保衛戰。

中華民國是聯合國創始會員國，也是安全理事會五個常任理事國之一。自從一九四九年失去大陸之後，次年起中國代表權問題年年被列入聯大議程；到了六〇年代，中華民國外交上最主要挑戰，就是如何捍衛聯合國的席次，而我以二十三歲之齡渡洋就讀外交研究所時，尼克森（Richard Nixon）於兩年前當選美國總統，任命季辛吉（Henry Alfred Kissinger）為國家安全顧問，在東西方冷戰方興未艾、美蘇兩大強權在外交與武力相互角力的當刻，季辛吉準備打「中國牌」以牽制蘇聯。因此之故，我到喬治城大學讀書的四月間，尼克森面對新聞界時明白宣稱，美國對中共政策的最終目的，在於與中共關係「正常化」。

美國態度的轉變，固然尼克森有他的全球佈局考量，但美國盟邦的動向恐怕也有影響。如加拿大，已於一九七〇年十月承認了中共，惠英剛到加拿大多倫多大學就讀，課堂上還有教授就此事對她表示歉意；一個月之後，義大利又跟進，並與我斷交。至於尼克森的意向，以後也證實影響到中華民國在聯合國的處境。

初到美國的刻苦

中華民國正面臨嚴厲挑戰，我則必得先安定下來，解決住的問題。那時我太年輕，還不太懂得該如何照顧自己，先暫住教育部駐華府的文化專員余宗玲公寓一個月，她是與父親交情深厚的報人余紀忠之妹，自己也是父親在西北時的老部屬。她年齡比母親還要大，是我的長輩，曾向我回憶抗戰期間她和幾位在父親屬下服務的女將，如何與蘇聯顧問拚酒獲勝等等往事，令人神往；但她的公寓很小，我住在客廳裡。

我看廣告找到一個月六十多美元的住處，是公寓裡的走道，好處在於離學校很近，我可騎腳踏車上下學，但環境實在不好，所以我沒多久就搬家，找到一棟不算小的房子，屋主是曾任職臺北美軍顧問團的退休老將軍，我住地下室，交換條件是每天爲他打理院子、砍柴、除雪，做些雜事，他則供應我晚餐。這裡住起來比先前好多了，生活比較穩定，吃得也很夠，老太太做餐就多做一份給我，一直到離開喬治城。

我清楚知道家裡的經濟狀況，經常是拮据困窘的。母親一直相信國家會照顧我們一輩子，也就沒有儲蓄以備未來之需的觀念，而且我還有弟妹求學也得花錢，因此即使經國先生給我的美金夠用，我也要儘量撙節開支，來美之初只打算念完碩士就返臺，希望能多省些錢給弟妹。我規定每餐不得超過一元美金，也開始到處打工，甚至賣體力的修橋工程，在工地搬石頭。我是不會偷懶的，兩手因此起了厚繭，直到女友惠英從加拿大過來探視，她看了好心疼，要求我不要再打這種工了，我這才停止粗活。

到喬治城沒多久，由於日本正與美國談判琉球歸屬問題，就有同學邀請我參加保衛釣魚臺的留學生會議。臺灣留學生抗議美國將釣魚臺視爲琉球的一部分交給日本，如此的集會在全美都有，我對背景不是那麼清楚，只知道要舉行全美留學生大遊行。大遊行於一九七一年四月十日在華府舉行，跟我同行的有余宗玲的女兒余安芝，另外還有推著娃娃車的宋楚瑜和陳萬水夫婦，車上是兒子宋鎮遠。宋楚瑜大我五歲、比我早四年來美，在喬治城大學攻讀政治學博士；我赴美之前，宋先生的父親宋達將軍知道我要到喬治城大學深造，特別來家裡跟我講到校之後可找他的兒子宋楚瑜以及聯繫方式等等，我到校之後也跟宋楚瑜聯繫上了。

隊伍遊行到我國駐美大使館外停下開始演講，一個個留學生上來，竟是指責中華民國政府沒有力爭主權，而且談到政府時不講中華民國，用的是中共常用名詞，我覺得不對勁，認爲這個運動已被左派學生挾持，馬上就離開了。其實這樣的運動，也打擊到親中華民國的日本佐藤榮作政府。

開學了，大學時我一直對自己的英文相當有自信，但在喬治城大學的第一堂課有關國際關係的理論就受到語言的挑戰，幾乎聽不懂；下課後我馬上到圖書館借教授指定的教科

▶ 我在聯合國實習結業的證書。

書，然而書借來了也不容易看懂，這對我的打擊非常大。在喬治城大學，每個學生都很用功，課堂上的表現也很積極；我從小功課就很好，現在更加體認到人外有人、天外有天，人家都是這樣用功，我也必須加倍努力才能跟得上。

對研究蘇聯產生興趣

我因爲做研究，天天去圖書館，除了校內的先進圖書設施外，週末就到美國國會圖書館，所以對國會圖書館非常熟悉，特別是中文部，中文部的藏書非常豐富，許多書是國內看不到的。在外交研究所，我選最多的課是研究蘇聯，這是因爲蘇聯所領導的第三國際，不僅扶持了中國共產黨，造成我們失去了大陸，而且和美國分庭抗禮，是世界另一個超級強國，但另一方面，蘇聯與中共之間又爲意識形態和利益衝突而相互抗衡，我因而引起興趣，希望釐清共產世界的核心問題之所在。除了課堂上學習之外，課堂外收穫更大更多，這也就顯現出選喬治城大學的價値來。我的老師裡，埃及裔教授 Ibrahim Oweiss 也是美國後來柯林頓總統（Bill Clinton）的業師，他帶著我們研究生到世界銀行和國際貨幣基金（IMF）聽簡報，因爲兩者的總部都在華府，可以就近觀摩。世界銀行成立目標在於消除貧困，主要業務在於提供貸款給發展中的國家；IMF則在於促進國際貨幣金融體系穩定。這樣的國際金融組織，對臺灣學生而言，也只有求學時才有機會親身體驗，以後我又有機會到聯合國實習。經國先生的資助，我非常感激，也寫信給他，報告在喬治城讀書的情況。經國先生對我這個年輕人的承諾並不敷衍，隔了一陣子，我收到他的親筆回信，字寫得既大又工整，內容主要是勉勵。

爲眞：

你的信早已收到，近來因爲工作較忙，所以到今天才給你寫回信，不過常在懷念你的一切。暑假即將過去，相信你一定能利用假期，作有益於學業和身心的活動，目前國家處境日益艱難，吾人更應沉著、冷靜和堅定，如此，定能衝破危局，獲得勝利。黑暗是光明的預兆，希望你們兄弟皆能以國家安危爲己任。

今年臺北的夏天很熱，不過現在立秋已過，想必很快就會涼爽起來。你身在國外，望多保重並祝安康。

經國手書　八月十一日

經國先生在信裡提到國家處境日益艱難，確實如此。中華民國那個時候擺在眼前的挑戰就是聯合國席次，以中華人民共和國取代中華民國在聯合國的代表權，正如火如荼。聯合國有個實習計畫提供給國際學生，這計畫提供各國在學研究生到聯合國實習一個月，主要目的在於挑選人才到聯合國工作，那時也有名額給中華民國。喬治城大學放暑假，我因讀的正好是外交，而獲得機會於八月赴聯合國實習，這是由中華民國駐美大使館文化參事處遴選參加，如今回想，這該是我那兩年留學生涯，最値得一提的事。我前往紐約，住在曾參加過這個計畫的哥倫比亞大學我國博士生張顯鍾家中。

成為最後一位赴聯合國實習的臺灣學生

如果在聯合國工作，待遇會很高；但我壓根沒有這個想法，不過這個能夠直接與聯合國接觸的機會，使我非常期待。然而給我很大刺激，甚至影響到我對未來生涯抉擇，正是聯合國。

實習第一天到聯合國報到，我就遇到不愉快的事。那天，由於在紐約搭地鐵並不順利，我因而遲到，抵達時，一名烏干達籍的聯合國官員正在向所有實習生做簡報，他一看我進入，了解是中華民國派出的實習生後，對我下馬威說：「中國代表權根本應該是中華人民共和國的！」我因爲對情況完全不了解，決定先忍下來。

在實習過程中，有個安排是訪問美國駐聯合國大使布希（George Herbert Walker Bush），他後來成爲美國第四十一任總統。布希和我們對談，提及中國代表權時，指出應該要以雙重代表權來解決問題，也就是說，讓中共和中華民國一起進入聯合國。我很年輕，對聯合國代表權的見解是根深柢固的——漢賊不兩立。於是我發言，強調中華民國不贊成雙重代表權，因爲中共沒有資格在聯合國裡代表中國，早在韓戰時，就已被聯合國譴責爲「侵略」國了。布希大使看著我，回答說：「年輕人，你講的論點根據來自你所受的教育；但是，請你相信我，美國正在盡全力維護你們在聯合國的席位！」在外交領域裡，理想與現實其實是有差距的，由布希親自告訴我了。

爲期一個月的實習結束，我返回華府，但也自四週的環境以及同儕的言談裡，體會到我國外交處境之險惡，更沒想到再過一個月，我國在聯合國的代表權出現翻天覆地的變化，我也成爲最後一個有機會到聯合國實習的中華民國學生。

我的心情至爲沉痛，一心只想更加用功，渴望儘速完成學業，返回臺灣爲國效命。惠英此刻正在多倫多大學攻讀教育學位，她有全額獎學金，生活過得很好，有如貴族的英式教育之下，她習得完整的國際禮儀。她在學業上的表現一直是頂尖的，越洋到加國讀書同樣出色，課堂表現極佳，尤其是教育行政相關課程，比起曾擔任校長多年的許多同學毫不遜色；她因著基督信仰而喜樂，展現了好性情，外貌出衆、高雅大方，又有智慧，那邊的校園裡課堂上竟然有不少洋同學和年輕教授頻頻對她示好，並展開追求。我很緊張，面對如此「危機」，必須積極因應。

我和惠英的感情已然成熟，爲了不致夜長夢多，決定先訂婚再說。那時，惠英的父親在海外，我請母親在臺灣提親，心想惠英是孝順的，必然會聽她母親的話。於是，在中華民國退出聯合國那年的十二月二十五日聖誕節，惠英和我在美國我打工的老將軍家裡訂婚。我們請來沈劍虹大使的夫人主持，惠英在美國的姊姊銀英、姊夫陳中彥開車帶她過來；而男方的親友，我請了住在加拿大的玉連二舅母爲代表、余宗玲女士擔任司儀。另外我特別請了一位字寫得很好的學長，幫忙寫訂婚證書，這位學長就是宋楚瑜。

訂婚之後，惠英手指上多了一枚訂婚戒子，我在感情方面總算放下心中一塊大石。我又寫信給經國先生，把訂婚的人生大事向他報告，信裡並表達渴望學成立即返臺報效國家的心願。

續收到經國先生來信勉勵

然而，經國先生對於我的未來，想法卻不一樣。我於次年一月又接到他第二封信，他對我找到終身伴侶感到欣慰，但希望我取得碩士學位之後，在學業上能繼續深造。

爲眞：

久未通信，時在懷念之中。接讀一月十六日來函，並知一年來學業很有進步，至感欣慰。希望你得到碩士學位之後，能繼續完成進一步的學業。從來信中知道你已經於去年聖誕訂婚，覺得非常高興，將來一定會有一個很幸福的家庭。保存了一張很久的照片，是我和你的父親在前線合照的，現在寄給你留作紀念。農曆新年快到了，你一定更會思念臺北的一切，希望早日學成回國。祝你安好快樂！

經國手書　一月廿七日

信中所提的照片是他和父親在大陳與反共救國軍合照的照片。這個時刻，正是中華民國與美國關係生變的關鍵之時，先前季辛吉祕密前往大陸爲尼克森舖路，又刻意留在北京，等我們失去

▶ 國防部總政戰部蔣經國主任在大陳前線，偕同江浙反共救國軍總指揮胡宗南上將與游擊健兒合影（一九五二年）（此照片係經國先生贈）。

聯合國席次之後，十一月三十日中共與美國同時宣佈——尼克森總統將於一九七二年二月二十一日踏上中國大陸。我收到經國先生這封信不到一個月，尼克森赴大陸訪問，會晤了毛澤東，登上了長城，而且發表了上海公報。五月，我又接到經國先生給我的第三封信。他在自己生日之時，想到了我父親，於是給我寫了封信。

爲眞：

很久沒有寫信給您了。不過對您的學業和健康，時在懷念之中。時間過得眞快，暑假又快到了，在學業方面，想必大有進步。學問是一生之中用之不盡的「財產」，亦是未來事業的基礎，相信您們兄弟

為真：很久沒有寫信給您了。不過對您的學業和健康，時在懷念之中。時間過得真快。暑假又快到了。在學業方面，想必大有進步，學問是一生之中用之不盡的「財產」，亦是未來事業的基礎。相信您們兄弟在將來一定會有很大的成功。目前國家的處境正處於狂風暴雨之中，祇要我們有定力、動力和毅力勇往直前，一定能夠達到反共復國的神聖目標，一切還有待您們這一代青年人作不屈不撓的努力。今天是我的生日，想起在四十歲生日那年，我曾經接到您父親寫來的長信一封，懇加勉勵，至今不忘。今日在日月潭畔寫信給您，更有所感矣。遙祝健康，進步！

經國手書 五月一日晨

中國國民黨中央委員會便箋

▶ 經國先生親筆函。

在將來一定會有很大的成功。

目前國家的處境正處於狂風暴雨之中，祇要我們有定力、動力和毅力勇往直前，一定能夠達到反共復國的神聖目標，一切還有待您們這一代青年人作不屈不撓的努力。今天是我的生日，想起在四十歲生日那年，我曾經接到您父親寫來的長信一封，懇加勉勵，至今不忘。今日在日月潭畔寫信給您，更有所感矣。遙祝健康、進步！

經國手書 五月一日晨

經國先生那時是行政院副院長，在信中依然提到當前國家處境艱難，想必深切感受當前國家受到嚴峻挑戰的處境吧。寫這信一個月之後，六月一日他出任行政院長，肩負起更沉重的責任；國際局勢不利，對我們的外交而言確實如此，不僅美國調整了對中共的關係，到了暑假，連日本都給了中華民國重重一擊。長期與中華民國友好的首相佐藤榮作，因爲與中國大陸的關係無法突破，而於六月下臺，中日關係失去倚勢，繼任的田中角榮九月訪問大陸，旋即宣佈與大陸建交。中華民國與日本斷交，可謂晴天霹靂，因爲中華民國和蔣總統有恩於日本啊，不論是在臺灣或美國都群情激憤，我在喬治城的一堂課「東亞政治」寫過一篇學術報告，題目就是「佐藤榮作的外交政策」，其實那時佐藤希望把首相位子給福田赳夫，而非田中角榮，福田是日華關係懇談會的一員，對我國友好。

尼克森訪問大陸，田中角榮搶搭列車，一九七二年九月二十九日與大陸建交，也與中華民國斷交，我在那一天剛好經過紐約，和全美反共愛國聯盟主席劉志同等留學生一起到日本總領事館前抗議，並且遞抗議書。在華府，中華民國留學生赴國務院抗議，國務院派官員接見留學生。

決定返臺共赴國難

碩士的學位即將取得，包括經國先生在內，許多長輩都希望我繼續攻讀博士，我有如徘徊在十字路口般，猶豫起來。一方面，我出國之前已感受到自己對母親、弟妹的責任與重要性，原本就打算儘速返臺；另方面，我的心緒被共赴國難的思潮所衝擊，覺得如果國家亡了，念再多書也沒用。然而要不要續讀博士對我而言還是人生方向的重要抉擇，讓我難以憑著滿腔熱血就放棄，博士班的申請遞出了，我卻並未認眞塡寫；就在這個時刻，我接到弟弟爲善的來信，他在信裡提醒我：「哥哥，你不是說好，念完碩士就要回來嗎？」爲善也要出國深造，他的信讓我一夜難眠，第二天就寫信給母親徵詢她的意見。

母親回信了，對於我期待的答案並無隻字片語。然而她不講，我就知道了她的心意——希望我儘速回到她的身邊。這幾年來，我非常清楚母親，她需要我。她身爲女性，自尊心很強，雖然貴爲師專校長，行政工作非常繁重，但從我讀大學以來，母親有什麼心裡話，或者不愉快的事，傾訴對象就是我，我是她的精神支柱，她需要我給她心理上的支持，也要照顧弟弟妹妹。如今回想起來，幸虧我決定回來，因爲如果再花幾年修博士，與母親相聚的時間就更少了，那幾年她是那麼的苦，而我還好能在這幾年裡，盡情與母親相處，成爲她生活的重心，能夠給她親情上的撫慰，九年以後她就因癌症而辭世。

一九七二年五月學期結束，我留下來讀了一個暑假的俄文，在十月返回臺灣之前，我從紐約搭灰狗巴士到密西根州安娜堡（Ann Arbor, Michigan）探視在密西根大學讀書的陸軍公費留學生胡家麒，我跟他並不熟，但聽說他的愛國心十分強烈，跟左派及臺獨分子交手經驗令我十分欽佩。我們一見如故，談了三天三夜，從他口中我才知道，他的父親胡抱一在抗戰時期被暗殺的革命志士，竟是我父親的好友兼拜把兄弟；胡家麒比我大十歲，從小在艱困的環境中長大，後來擔任軍情局局長。辭別胡家麒之後，我搭灰狗巴士抵達美國西岸，西岸著名風景很多，如優勝美地、黃石公園等，但我一直到現在都沒去過。我眞正想看的，便是我們中華民國大陸的錦繡山河啊！那時我只覺得時間緊迫，一心一意想爲國家政府做事，沒有任何心思觀光旅遊。我再搭機橫越太平洋，返回臺灣。

15　《胡宗南先生日記》（下）一九五〇年一月二十七日。

第六章

在沈昌煥部長身邊

父親死於二十六年十二月九日，其時，余正苦戰上海三閱月，所統十六個團（約四萬人）只剩勤務、衛士、司書、書記、軍需、輸送兵、飼養兵等一千二三百人……16。

——抗戰勝利，父親返鄉追思我祖父際清公，並在日記裡寫出一九三七年對日抗戰之初淞滬戰役的慘烈；其中被稱為「血肉磨坊」的大場攻防戰中，父親指揮第一軍奉命防守一個星期，但他竟然守了四十二天，直到部隊幾乎消耗殆盡，才開到後方整補，沒想到接手的桂軍沒三天就潰散。

一九七二年十月二十九日，我懷抱急切加入政府團隊、共赴國難之心返抵臺灣，毫無耽擱地馬上到外交部報到，分配到北美司，從最低階的委任科員做起。母親帶我見蔣經國院長，我說：「謝謝蔣伯伯給我寫信勉勵，我因為在國外看到國家外交處境的變化，感到非常焦急，所以念完碩士就回來了。」

經國先生點點頭說：「好，你就先在外交部服務吧。」

公職生涯最感光榮的時刻

惠英已先我返臺。她十分優秀，不僅以全額獎學金在加拿大讀碩士，而且也獲得博士班的全額獎學金，卻因我的生涯規劃，她跟著放棄讀博士學位。她回臺灣後，有兩所學校要給她聘書，一是母校政大教育系，她的恩師蔡保田教授請她當講師；另一是母親擔任校長的省立臺北師專。結果不用說，當然是母親贏了。

當年臺北師專有國外學位的師資很少，母親希望惠英過來充實師資，她已是我的未婚妻，順服了未來婆婆的期待。惠英教學品質極佳，卻因爲這層關係，爲了避嫌，她在北師的升遷比誰都慢。然而，惠英並無怨言。

我們一回臺灣，母親就說：「你們既然已經訂婚，就結婚吧。」其實，母親是想要早點抱孫子。一九七三年一月，惠英和我在基督教臺北靈糧堂結婚，母親是靈糧堂執事，但由我們所熟悉的浸信會周聯華牧師證婚，惠英的原教會景美浸信會、許昌街青年團契以及政大團契共三個詩班獻詩，我的頂頭上司外交部長沈昌煥，以及國防部長高魁元、經濟部長孫運璿、財政部長李國鼎都來觀禮。由於初上任的蔣院長倡導公務員十大革新，所以我們只在陸軍聯誼廳請了六桌，惠英有八位兄弟和姊姊連同姻親，光是她家就已一桌半。那天晚上來參加我們喜宴的將領，最高階就是父親的老長官何應欽，另外還有羅列、劉安祺、袁守謙等將軍。因爲桌數不多，我們的同學都沒請，被同學們埋怨了好幾年，至於收下一些禮金，全交給母親運用。

那時我年輕，和惠英都只有二十五歲。我雖是最基層員工，上班非常帶勁，因爲我在海外體會到國家處境的急迫性以及危險性，常常每個週末主動加班、建立各種檔案，自己一篇又一篇地寫研究報告呈給上級。我只思考當刻能爲國家做些什麼貢獻，不僅覺得很有意義，在辦公室裡也受到尊重，對照當前，不會有誰基於民粹在民意殿堂傷害你的人格，這是我做公務員最感光榮的時刻。

母親很有意思，每次打照面，就帶著調侃的語氣，卻是關心地問：「胡科員，最近如何？」她叫我科員，我引以爲榮，總會把自己的上班情況、感受與心得一五一十地跟她分享。

北美司業務量極大，共有兩科，卻只有七位科員，我在第一科，主要業務是美國與兩岸政治關係。當時正值尼克森總統與大陸簽署上海公報，美國與大陸關係進展到空前地步，北美司因此非常忙碌；我們最爲奔忙的事，就是季辛吉每隔一段時間會赴大陸，我們要做各種準備以爲因應；不過因爲文化大革命時期的混亂，所以美國雖然簽了上海公報，還沒有與中共建交。接著水門事件發生造成尼克森去職，由副總統福特（Gerald Ford）接任總統，我們整個單位很緊張，必須應付不斷發生的新情勢。

斷交帶給沈部長心頭壓力

中華民國外交情勢從日本斷交以來，逐漸走下坡，最辛苦的是沈部長，邦交國連連斷交，整個重擔壓在他的肩上。

斷交的壓力對科員層級並不嚴重，然而我基於維護中美關係的考量下，盡自己的一分力量做最大努力，所以在一九七三到七五年間，我經常主動做的事就是研究美國政情與外交上的進展。那時我的岳父林友青先生曾特別提醒我：「你是公務員，並非學者，作任何研究都要從維護國家利益的立場進行。」這話使我終身受用。外交部也鼓勵同仁做研究報告，而且有比賽，我有次得了獎，主題是關於美國與中共的關係。研究報告呈給司長關鏞，關司長把我的報告呈常務次長蔡維屏，蔡次長是資深外交官，平時不苟言笑，沒多久召見我，指出我報告的優缺點。一位忙得不可開交的次長會把我這個小科員所寫的研究報告從頭看到尾，篇幅還不算少，我受到激勵，更常自動加班，做研究、寫報告。

我的勤奮，讓我有了出乎意外的收獲。關司長全看在眼裡，進外交部一年後，我可以升為薦任科員，他主動聯繫人事處長把我改為專員，再過一年又提拔我為薦任祕書；他對我的欣賞還表現在年底打考績上，有一年北美司兩個最好考績九十六分，一個是金樹基科長，一個是我。我跟關司長毫無淵源，但他深知年輕人的心理，愈是被鼓勵愈願意奉獻心力給國家，他以為國舉才之心，調升我的職等，後來他升任次長，外派到南非、沙烏地等國擔任大使，都有優越的表現。

在南越即將亡國之前，一九七五年四月五日，蔣中正總統逝世。父親的軍職生涯和蔣總統關係最密切，也一起經歷了國家存亡的關頭，但終於把臺灣保下；蔣總統辭世之際，國家已面臨另一種層次的存亡關鍵挑戰，此時直接的戰爭威脅已遠，但我們必須在國際社會裡，努力維持自己的國格與尊嚴。也是在四月間，長女斯慧在臺北出生，給了母親很大的快樂。

出任沈部長機要祕書

十一月，關司長突然要我到他的辦公室去一趟。他開門見山地說：「沈部長要調你去他的辦公室，當機要祕書。」他說了原委，沈部長有三位機要祕書，其中烏元彥外派到美國洛杉磯，要找新人接替。我很驚訝，因爲出任部長祕書，選的都是有相當資歷的同仁，我到部才三年啊。離開司長辦公室，我首先想到北美司的同事，有些惆悵，因爲我與同事打成一片，經常邀請他們到家裡餐敘，感情好得很，沒想到馬上就要跟他們告別。

沈部長兩度出任外交部長共十二年，是中華民國有史以來任期最久的外交部長。他是戰亂時期的青年才俊，第一個任期在蔣中正總統之時，老總統要求何等嚴格，他只要接到總統的電話，放下電話後往往汗流浹背，後來在一九六六年外放出使教廷，即將赴任時，母親帶著我在舅舅家見到他，我當時還在讀大學，聽到他跟母親連講兩次「得卸仔肩」，顯然如釋重負。然而他在外交上的經驗與領導能力依然受到重視，經國先生出任行政院長後又任命他爲外交部長，但他馬上遭受外交上的重擊——日本斷交，這是外交史上慘澹的時刻。

一九七六年元月一日，我成爲沈昌煥部長的機要祕書。早上進辦公室，沈部長看到我，笑笑說：「你來啦，他們會告訴你怎麼做。」部長辦公室最資深的是吳子丹祕書，我由林立心祕書來指點，起先管最基本的部長行程。母親知道這個職務很特別，對於一個年輕人而言，是個非常好的歷練機會，她有些狐疑，心想是不是因爲家庭背景或者私誼的緣故，使得我有了這個機會？後來母親在一個私人場合，找個機會問沈部長：「你怎麼想到要爲眞到你的辦公室去？是關司長推薦的？」

沈部長笑了，很乾脆地回答：「是蔡次長。」

我在中華民國外交挑戰最艱鉅的階段，成爲外交部長的機要祕書，看盡國際現實之下的外交冷暖。出任沈部長祕書，使我的工作幾乎成爲全天候，非常辛苦，沈部長極忙碌，要開的會很多，我向他報告各種會議準備資料、背景或者當天重要公文時，往往在會與會之間的移動中。

那個時候，歷經退出聯合國、與日本斷交等嚴重打擊之後，中華民國的外交壞消息並未停歇。我眼見泰國、菲律賓等重要邦交國繼續斷交，沈部長壓力之大可想而知，他不僅必須擔當外交上的挫折，還要爲行政院長和總統分憂。不論是蔣經國院長還是嚴家淦總統，許多和外交不相干的重要文稿都送到外交部長桌上請他改，行政院和總統府有那麼完整的幕僚群，卻還是送到沈部長這邊來，可見他受到的信賴。

斷交潮中，沈部長承擔壓力

斷交對駐外使節而言，是最痛苦之事。每當斷交，我們的大使及使館人員撤回來都得安排，大使先到部裡給個虛職，然後再視情況處理，那時部長室辦公室的氣氛是很低迷的。沈部長面對如此的外交變局，「發明」了實質外交，也就是沒有外交特權的代表處，讓我們能夠繼續維持國際關係。中華民國與世界各國從正式外交關係轉爲實質外交，斷交國家改設代表處或商務辦事處，再把我們的外交人員派出去，以維持沒有正式頭銜的外交關係。

外館回來的外交人員，或返國述職或私人原因，都要來請見部長，由我安排。沈部長每天公事一大堆，但他總把看公事壓到最後，優先接見返國的外交人員，而且不問時間，通常半小時，有時一談就談三小時，我在外頭急死了，因爲還有其他訪客待接見、許多公文在等批示呢。有次我忍不住了，等訪客告辭後很自然地問：「部長爲什麼要花這麼多時間來接見呢？公事這麼多、這麼急，大家都在等著您批示。」

「你不知道，在外頭工作是良心的工作，是爲國拚命的，所以我一定要想辦法讓他感到爲國做事是有價值的，希望能感動他的心，願意奉獻自己給國家。」沈部長這麼回答，對我的話不以爲忤，他就是這樣，沒架子，非常令我們尊敬。沈部長對中華民國的貢獻，除了外交之外，在於致力培養人才，政府遷臺之後，重要的外交人才如楊西崑、錢復、程建人、芮正皋、王飛、歐鴻鍊等，能在外交界展現長才，都和沈部長有關。沈部長待人總是著眼於鼓勵，極少責備人，犯錯必須處分也要留餘地。

沈部長不是什麼事都一把抓，一定授權下去；但往往找他的事超出外交範圍。電話一來，最常找他的就是蔣經國院長，因爲他的文字出去四平八穩，經國先生重要的稿子來了，他就費心的改。所以他後來又做了國安會祕書長、總統府祕書長，以後經國總統身體最壞之際，公文都是由他來處理。

而他的私生活也極嚴謹，爲人非常正派、極有分寸。自從中共政權重返國際之後，有些外賓兩岸一起跑，有位美國外賓先到北京和中共外長喬冠華晤面，接著再來臺灣，與沈部長一談之下，這位外賓感嘆：「我來到臺灣跟你談話，才能眞正受教，我才感覺到，你們實在了不起。」這位外賓的意思很明顯，沈部長展現的才華，超過中共外長喬冠華。

一九七六年，老二斯廣也來到人世。那時因爲工作忙碌之故，對家裡的照料就擺在一邊了，對母親的孝道、對惠英的關懷都談不上。依沈部長的工作習慣，他每天下班前會把所有外館「巡」一遍，爲了等外館電報，通常會留在辦公室，等到批完公事、見完客，離開時都已是晚上八、九點；我身爲祕書，當然等到部長下班，才會收拾桌子準備回家。可以下班了，我打電話回家，響兩響就掛掉，這樣子惠英就知道可以開始做菜，我一回家就有剛上桌的晚餐可吃。回到家來，總覺非常疲累，惠英很體貼，兩個孩子稍大了些，她提醒斯慧、斯廣不能吵我，儘量讓我休息。

沈部長的肯定——篤實

沈部長對我是極信任的，他對我的信任，起因於一九七七年赴新加坡與李光耀總理會晤。有天我接到沈部長的指示，要在保密的情況下，隨他赴新加坡，新加坡跟中華民國雖然沒有邦交，但李光耀總理一向與經國先生交好，而臺灣也在訓練部隊等十分敏感的事務上協助新加坡。

既然奉命保密，我回家之後只跟惠英說：「我要出國，請妳幫我收拾一個行李，要夏天的服裝啊。」「去哪裡？」「我不能跟妳講。」惠英一聽就不再問，她幫我收拾了一個行李包。那次赴星，沈部長跟李光耀密談，只有我在旁做紀錄，談的是希望我方協助經營裕廊工業區以及其他城市計劃和經貿人才支援；沈部長跟李總理談完後，再和星方印度裔外交部長 S. Rajaratnam 談。返臺後，我方的援助就過去了，所以李光耀總理爲什麼會感念經國先生，其來有自。星方在經國先生主政時期，也一直和中華民國維持密切的關係與默契。

從新加坡回來後，我始終沒跟惠英提這趟約三、四天的行程是怎麼回事，她也很有默契地繼續不問。有天外交部要辦個宴請新加坡貴賓的餐會，沈部長指示我：「你把惠英帶來，一起去。」我回答：「我一直沒跟惠英講過，這樣子她就會知道我去了什麼地方。現在我可以告訴她了嗎？」我保密到如此地步，從沈部長眼睛一亮的表情，可以看得出非常令他驚訝。從此他對我更加信任了，以後每當在國內接待外賓的場合，沈部長總要我隨行，並向賓客介紹：「This is my private secretary.」有一次，我到他辦公室處理公務，站在他的辦公桌旁，他突然說：「爲眞，我覺得兩個字可以形容你——篤實。」我的臉上顯然浮現不解的神色，於是他再用筆寫下那兩字。我看懂了，只能講：「謝謝部長。」

我做沈部長祕書時還有一個重要任務。在行政院，以外交部爲首成立一個對外工作小組，由沈部長主持，召集經濟、國防、新聞、僑務等與對外工作相關部會首長定期開會。這是任務編組，我是執行祕書，負責聯繫、記錄以及日後的追蹤。以後蔣彥士部長上任，我繼續做祕書，他把小組擴大為會報，這是行政院很重要的機制。而參加這個會議，讓我能夠提升自己的視野，從整個局勢包括國內、國際局勢來看每件案子的決策，各部會要相互幫助彼此協調，方能做出周延的決定，而不是只從外交部的角度看各項問題。

一九七八年，沈部長指示我參加甲等特考。甲等特考通過的資格之一是要有著作，我想來想去，過去在喬治城大學念研究所時曾對蘇聯做過不少研究，於是決定以《從莫斯科華語廣播看蘇

▶（民國六十七年）一九七八年外交領事人員甲等特考及格人員與外交部主管合影（前排左起：主任祕書吳三錫、政務次長楊西崑、部長沈昌煥、常務次長錢復、人事處長杜元方。後排左起：宋楚瑜、黃秀日、胡為真、柯士勇、章孝嚴、翁廷龍、陳昭成）。

俄對華政策》為題，作深入研究。那時中華民國與蘇聯是隔絕的，要看相關資料只有運用外交部的關係到國際關係研究中心，國研中心主任恰好是我的老上司蔡維屏，給了我很大的便利，我因而看到莫斯科的華語廣播輯要，那邊的莫斯科華語廣播每天都有一本內容分析，如珍寶島事件之類，從這些廣播可以看出蘇俄對華政策轉變的過程，又可看出是莫斯科對海峽兩岸的關注，還是以中共為主體、中華民國為副，但與中共關係惡化時，就會重視中華民國。甲等特考放榜，我竟然在外交領事人員項目下的八位同仁中名列第一，職等也升為專門委員。如今看蔣公日記，蘇聯與中共交惡時，莫斯科就派人到臺灣來，恰好可以印證當年我的分析。

受邀出任經國先生的英文祕書

這個時期，在宋楚瑜的力邀之下，我曾經有機會出任經國先生的英文祕書。宋楚瑜比我晚一年回國，返臺前問過我的意見，我說當然應該回國服務；他擔任經國先生的英文翻譯和祕書三年後，一九七七年兼任行政院新聞局副局長，有了新職之後，要再兼任經國先生的英文祕書，總有忙不過來之感，於是開始物色能夠接手英文傳譯工作的對象，他想到我，覺得依我的背景，十分適合擔任這個工作，於是打電話給我。

宋楚瑜希望我能接下傳譯工作，甚至講他已跟經國先生報告過了——「你沒問題啦，不要客氣，做經國先生的翻譯工作就是事先把談話內容弄熟了就好。」但我自覺不足以擔當這個職務：

「這不是那麼簡單，經國先生以後要做元首，爲元首傳譯更是需要有更高的水準，我自己知道英文還不夠好。」宋楚瑜眼見無法說服我，就請陳萬水來勸惠英，希望繞個路來讓我同意，結果惠英說：「我先生怎麼決定，就這麼決定，我沒有意見。」

如今我回想此事，還是我們年輕不懂事，應該去見一下經國先生，當面向他報告，然而我一直沒有就這件事和經國先生見面。後來傳譯工作終於在一九八一年九月找到接班人了，那就是馬英九先生，他返國出任總統府第一局副局長，從一九八二年元旦開始兼任總統英文祕書。

沈部長對我的信任逐漸被外交部內外知曉，甚至傳到美國。有次外交部要把駐美大使館一等祕書程建人從華府調回來，後來擔任部長的程建人和我有師生情誼，曾經在政大外交

▶ 一九九五年參加老長官沈昌煥先生餐會。

系開課教過我；沈劍虹大使十分倚仗程建人的，他給沈部長一個電報：「如果一定要調程祕書，就請把胡爲眞祕書調過來。」我一看很不好意思——怎麼可以把我和程老師相提並論？至於這個人事案，以後當然沒調成。

我逐漸被沈部長賦以更多的責任，不久之後，他指示我處理一件因應空前變局的文件。

16 《胡宗南先生日記》（上），民國三十五年一月十八日。國史館二〇一五年出版。

第七章 中美斷交

重慶委員長蔣鈞鑒：密查共匪乘抗戰空隙，死灰再熾，完全利用日寇八年之掩護，以數千死黨，擴大數萬基幹，再擴大為數十萬之眾……職在西北，歷察其奸，屢晤前方將領，均認為有一年半之時間以實擊虛，即能殲除此醜類。乃者政治協商會議揭幕，適予匪軍以喘息調整補充占領之機會，尤予共黨公開對立，淆亂觀聽，反獲國內外輿論之保障。此為我政府及本黨有莫可計算之損失，將來演變，胡所底止，而予國家民族無窮之禍害。*17*

——本項密電係一九四六年元月，政府被迫接受美國特使馬歇爾（George Marshall）之調停，並舉行政治協商會議，不得不下令各地已占優勢之國軍，停止追擊共軍，父親則希望蔣委員長「乾運獨斷」，繼續剿共。

美國羅斯福總統（Franklin D. Roosevelt）在雅爾達會議（Yalta Conference）中出賣了我國，馬歇爾在戰後的強力調停中，又使中共坐大。事後看來，父親當年反對接受調停，當然有他的道理；而現在美國為了自己的國家利益，又準備做出對不起中華民國的事。

事實上，一九七〇年代退出聯合國和與日本斷交之後，中華民國外交上最大的噩夢，就是美國與我結束邦交。從尼克森到福特，美國已將其全球策略遙指和中共「關係正常化」，美國第三十九任總統卡特（James E. Carter）更是如此。

卡特總統才於一九七七年一月二十日宣誓就職，就積極推動與中共改善關係。很特別的是，美國駐華大使館有位館員在社交場合跟我認識，很熱絡地想跟我往來，據說他的身分有中央情報局（CIA）背景；他幾次邀我餐敘，較熟了以後，有天在午餐時他突然說：「我不瞞你說，我們這個政府（指卡特政府）居然要跟你們斷交！我想知道，你們這邊有沒有什麼準備？」我立刻回答：「我們大家都對你們美國的承諾有信心，相信美國不會跟我們斷交！」我內心裡知道他想套出我的話，不過我的回應使得他啞口無言。

事實上，每次外人邀我見面或餐敘，我一定事前向沈部長報告、徵得他的同意及指示，事後再將過程向他報告。沈部長和我都很清楚，美方若探得我們已有心理準備，可能美方對斷交的決定及處置會如水銀瀉地般臨到中華民國。關於中美邦交，我們一定要口風很緊，我對那館員的回答更是如此。

此刻中華民國對美國的外交已變得很困難，雖然邦交仍在，但我駐美大使沈劍虹卻見不到美方高層官員；六月，國安局駐美特派員汪希苓以非常高明的情報作爲，取得美國國家安全會議內部的〈總統備忘錄24號〉文件，內容是美國應儘速排除障礙與中共達成關係正常化，並同中華民國斷交。汪希苓立刻帶著情報搭機返臺面報經國院長，經國院長顯然把這份機密情資告訴沈部長了。

沈部長預擬斷交備案

有天，沈部長把我找到辦公室，他神色如常，平和地說：「你拿張紙來，把門關上。」我照辦，然後隔著辦公桌坐在他的對面。

「爲貞，我現在有一樣東西，要你寫下來。」他先緩慢而明確地講標題——「中美關係發生變化時的因應措施」，接著講推演，斷交而不廢約怎麼處理，又斷交又廢約怎麼處理。

沈部長顯然預期中華民國必將與美國斷交了。他以條列方式講了包括在美資產處理、華僑應如何聯繫、大使館要如何因應等等，我一一記下來，他沒拿任何資料，就坐在自己的位子上講，都是大原則。我記下九條應變計畫後，他說：「好了，你放到保險箱裡。」

我拿著這備案走到門口，沈部長又叫住我：「回來回來。」我重新坐下，他接著說：「第十條，外交部長辭職。」我說是。他非常鎮靜，我也不多問。在中美斷交危機之前，沈部長又升我爲簡任祕書，這年我三十一歲。

美國在國家安全顧問布里辛斯基（Zbigniew Brzezinski）和底下主管東亞政策的奧森柏格（Michel Charles Oksenberg）、國務卿范錫（Cyrus Roberts Vance）、主管東亞事務助理國務卿郝爾布來克（Richard Charles Albert Holbrooke）等人穿梭交涉下，中共副總理鄧小平和駐美聯絡辦事處主任黃鎮，於一九七八年五月布里辛斯基訪問大陸之後，美國與中共「關係正常化」、與中華民國斷交就定案了。而經國先生才於五月二十日就任中華民國總統，沒多久就得面對如此變局。年底，增額中央民意代表選舉正如火如荼地展開，就在即將投票的前一禮拜，壞消息終於傳來了。

十二月十五日半夜兩點，我早已就寢，電話響了，是沈夫人打來的：「胡祕書，部長要跟你講話喲。」我接著聽到沈部長在電話那頭以平靜地聲調說：「爲眞，你到辦公室去，把我上次跟你講的單子從保險箱拿出來，然後到我家。」我心知有重大事故發生，立刻叫計程車到外交部，開保險箱拿了那張應變計畫，然後原車坐到沈部長家。接著沈部長和我一起搭上計程車，到經國先生的大直七海官邸，那裡燈火通明。

半夜接到斷交通知

我看到錢復次長已經到了，緊接著嚴前總統、行政院長孫運璿、參謀總長宋長志、國防部長高魁元、國民黨中央黨部祕書長張寶樹等人都來了，這些國家最核心的大老在客廳開會，我是幕僚，和經國先生辦公室主任周應龍、新聞局副局長宋楚瑜一起坐在屏風後面。當前這個斷交危難時刻，是宋楚瑜從安克志（Leonard Unger）大使那裡得知狀況，他親自來七海官邸搖醒經國先生起來應變的。

經國先生拿著我筆記下來的備案，一條一條發問，由與會首長回應。在美資金、財產怎麼辦？雙橡園怎麼辦？……那張單子沒有再還給我。不過應變計畫裡沒提到選舉，因爲那時沒想到就在中央民意代表選舉之時，美方會宣佈斷交。對於國內的衝擊而言，最重要的就是選舉該怎麼辦，大家討論之下，最後決定暫停。此外，清晨就要召開國民黨臨時中常會。

討論到最後一條，是沈部長明確指出他要辭職以承擔責任，經國先生沒講話。孫院長也說要辭職，但經國先生沒有同意，說：「孫院長不要辭職。」

大約清晨五點多，應變會議結束，準備七點召開臨時中常會。天已完全亮了，官邸準備了燒餅油條，我也分到一份。我走出官邸，經國先生正好下樓來，我跟他行個禮，說：「總統好。」他安祥微笑，點點頭，國家雖然遇上巨變，看起來心情卻是沉穩的，好像沒有發生事情一樣，我印象非常深刻。

我跟沈部長直接回外交部辦公室。在車上，他說：「爲真，你幫我整理一下——你留下來辦移交。」沈部長的指示我完全懂，一回到辦公室我就幫沈部長收拾私人物品，至於留下來，指的是我要繼續在部長辦公室，協助新的外交部長蔣彥士，協助處理公事，讓他知道部長日常的所有細節，部長辦公室的其他祕書都另外安排。

沈部長要離任並不麻煩，他留在辦公室的私人物品非常簡單，很快就收妥離去。我心情非常沉重，但有許多瑣事要辦，還是忙碌得很。那天上午，卡特總統在電視上宣佈與中共建交，看來躊躇滿志非常得意；想來是因爲時機上的選擇。國會正因聖誕節的到來而休會，參眾議員都已回選區，他只在宣佈前請參眾兩院的領導人回到華府，簡報此事之後就上電視了，沒有給國會有充分表達意見乃至於反對的機會。這是因爲中華民國在美國國會還有相當的影響力，所以國會先已通過一個法案——如果要改變和中華民國之間的條約，必須預先通知國會；卡特卻狡滑地利用聖誕假期，很迅速地宣佈與中共建交。

然而如此突如其來的外交重大作爲，引來美國輿論以及參衆議員許多負面抨擊，卡特政府有必要安撫，派副國務卿克里斯多福（Warren Christopher）率代表團來臺談判，在已成斷交事實的情況下，如何維持非外交關係。

克副卿抵臺

蔣彥士部長於十二月二十一日下午接任。外交部兩位次長，常務次長錢復主管中美關係，留在臺灣應變；政務次長楊西崑奉派當特使，次日立即率團赴美，談判斷交後的因應措施。

克里斯多福於二十七日深夜抵達臺北，但座車離開松山機場就受到群衆攻擊，克副卿非常生氣，認爲危及人身安全，要原機返美。原本要到外交部談判，也因爲有群衆聚集作罷，幾經交涉，最後改在圓山飯店崑崙廳會談。我們組織了代表團，由新任外交部長蔣彥士主持，團員裡最主要的是錢復次長，還有參謀總長宋長志、經濟部政務次長汪彝定、交通部政務次長朱登皋、新聞局副局長宋楚瑜，以及外交部北美司長王孟顯、條約司長錢愛虔、情報司長金樹基等人，有三位幕僚，分別是北美司第一科長章孝嚴、第三科長王愷和我，這都是錢次長指定的。以後，又陸續加入國關研究中心蔡維屏主任等顧問諮詢人員。

錢次長請美方先確認我國的法律地位，克副卿說只能認定我方為「臺灣當局」。錢次長說美國承認中共為中國唯一合法政府，已對我造成重大損害，若再不承認我方的存在為一事實，而堅持要先成立非官方法人單位，實在是本末倒置。談判過程裡，我印象最深刻的是我方立論講理都非常充分，對方其實是沒什麼可辯的，美方除了克副卿，多由國務院的法律顧問韓瑟爾（Hansel）來談法律問題，但他支支吾吾，對一些關於美國法律適用問題的質問，都聲言未獲授權。

我記得，北美司同仁鄧申生早就告訴我，前些時次長蔡維屏曾指示把美方從季辛吉宣佈訪問大陸開始，對我方所提的「關係不會改變」種種保證，算算美方各級官員保證超過七十次以上，到頭來卻是說斷就斷！所以，美方的保證是靠不住的。如今在談判時，美方的各種回應理由牽強，道義上也站不住腳，然而這就是國際現實。美方一再說要各成立一個非官方組織，解決商務、交通、文化等關係，談判之下，卻是有很多問題沒有答案以及結論。次日接著會商臺灣防務，克副卿說雖然中共堅決反對美國出售武器給臺灣，但是美國將繼續出售防禦性武器給我方。這天談到下午才結束，美方代表團就立即啓程返美，我方希望繼續維持政府對政府關係等要求，皆未獲得肯定答覆。

楊西崑特使在華府主持了雙橡園的降旗，並且展開實質談判，雙方先互設非官方的「美國在臺協會」及「北美事務協調委員會」，然後由美國國會討論通過《臺灣關係法》，由卡特總統在一九七九年四月十日簽字生效。

《臺灣關係法》的立法，使中華民國與美國之間雖無官方之名卻有若干官方之實，引來中共的不滿，數度提出抗議。如今《臺灣關係法》施行也將近四十年了，不能不說是美方對我們友好的國會議員、助理，我方主其事者蔣彥士部長、楊西崑次長及錢復次長都有貢獻。最重要的則是經國先生平穩掌舵，使得經歷鉅變而極度不安的臺灣很快地穩定下來，對美關係也繼續維持，並且處理得讓各方都沒話講。

中共與美國建交後，一個最直接的對臺善意動作就是從次年一月一日起，停止砲擊金門，金門延續長達二十年的戰火因而平息至今。如此沒有形諸文字的共識動作，就是一種雙方不講但認可的默契，有如當前的「九二共識、一中各表」一般，讓雙方在沒有形成文字卻彼此都能接受的情況下，發展兩岸關係。

在外交折衝過程中，美國國會山莊許多兩黨參眾議員都是我方非常好的朋友，在國會審議法案時，爲中華民國仗義執言；國人也敵愾同仇，留學生集中起來抗議鄧小平訪美。在國內，私人企業也自動協助國家，辜濂松、侯貞雄、衣治凡、徐小波、張安平和苗豐強等企業家組成了私人訪問團，在華府表達民間意見，他們都是功在國家，後來我和他們幾位也都發展出私誼。

中華民國與美國斷交之後，我繼續擔任蔣彥士部長的機要祕書，主管公文；蔣部長的行程由長期跟著他的祕書李聖謀安排。

外派南非

中美斷交半年後，一九七九年六月人事調動發佈，駐南非的關鏞大使回部再擔任常務次長，楊西崑次長則接任大使。就在高層人事命令發佈前，我正好去探視沈前部長。

沈前部長雖然離開外交部改任國安會祕書長，但長輩、長官的情誼都在，有天我到沈家探視，他突然說：「現在楊次長要去南非做大使了，他是非常有經驗的外交家，你最好請調到南非跟他去學習。」如此突如其來的指點，我毫無心理準備，驚訝之情完全表現在臉上。

「我與楊次長向無來往，而且我聽說他十分深沉，這該怎麼進行呢？」我有些茫然。

「外交人員當然要深沉！你應當去向他學習各種外交作法，你自己去向蔣部長報告。」他斬釘截鐵，極爲明確。

我辭出，內心裡非常爲難，而且不樂意，因爲赴南非任職，意味著我必須離開母親和所有的親戚朋友，而母親才因罹患乳癌，住院動了大手術。我徵詢母親的意見，因爲她在情感上是最倚靠我的。沒想到母親卻正面看待此事，她回答：「你當然要去！外交人員不外派，就好像軍人不上戰場，怎麼可以？至於我的健康，已經開過刀了，你不要掛慮。」

我不再猶豫，第二天一到辦公室，硬著頭皮向蔣部長報告，請調南非。蔣部長第一個反應是：「唉呀，我本來還想把你派到華府去。」蔣部長的回應似乎另有考慮，然而沈前部長的話已講得這麼明確了——就是去南非——這時候，我臨時想到一個理由，跟蔣部長說：「但美國已經沒有邦交了，我想到邦交國去歷練，跟楊大使學習。」這個理由很有說服力，也就調成了。因爲當前外交部絕大多數同仁，都沒有機會赴邦交國任職，而對外交官的工作感受而言，有無邦交實在差得好遠，在無邦交國工作的處境，常常可以用痛苦來形容。蔣部長對我確實很好，而我也對他與各界人士溝通的能力與努力印象深刻；他雖然任外交部長時間不長，但爲駐外人員爭取的福利卻是空前的。

對於沈部長，我只有感激。不論他對我在工作上的指導，以及對我職務上的建議與安排，都已超越長官與部屬的情感。以後我勸沈部長幾次，請他寫回憶錄。我說：「不要講您兩度任部長，您當年三十四歲做閣員，馬歇爾調停時，您幫蔣公做翻譯，所有的事情整個的變化，看得清清楚楚，就該寫下來。」他的回答是兩句話：「我是滄海一粟，不値得寫；我是紅塵白塵之間，白塵在上、紅塵在下，已看破紅塵了。」直到去世，他沒有留下任何回憶文字。我跟楊次長毫無淵源，但我們全家赴南非之後，跟楊大使朝夕相處，蒙他看重，有如魚得水之感。

17　《胡宗南先生文存》頁一九一。

第八章

南非邦誼

轎子僱到，下午三時半到鶴溪，進村，問琴賓家住何處，一人答仍住原地即帶路走，入門見母及弟妹等，相對默然，住宅即桂花廳，環堵蕭然，不蔽風雨，未幾即同琴賓上康山泰山斗，展謁父母，感慨無極，心中想到二十六年在上海時父親對我不娶妻甚為惱怒，忽忽九年，父親死了，我亦兩鬢斑斑，漸漸老了，半世戰爭，一生戎馬，只贏得一事無成。[18]

——民國三十五年一月抗戰勝利後，父親請假回家省親，並為先翁際清公營建墓園，此為返家第一日的日記。

母親要我不要顧慮她的病情，挪去我外放南非的心裡最後一塊大石。母親和父親的姻緣，其實和父親的孝順以及情報領導人戴笠有關。父親從軍後即極少回到家鄉，但他對祖父的教訓耿耿於懷，由於祖父痛責後，父親應是把如此心事告訴摯友戴笠，戴笠立即想到杭州警官學校畢業，正在上海光華大學求學的優秀學生——我母親，而緊急電召她從上海即來杭州，介紹給父親，兩人一見鍾情，不久就訂婚了，卻沒想到又因戰亂而延誤了佳期。

父親於一九四六年戰後返鄉，我則於三十三年後離開了臺灣，首度赴外交「戰場」，南非與我很有緣，我兩度奉派於此。八〇年代，中華民國最重要的邦交國是南非、南韓、沙烏地阿拉伯，因爲美、日、澳等大國都斷交了。中華民國退出聯合國之後，外交逐漸失勢，幾乎在同時期，非洲第一大國南非因實施種族隔離政策（Apartheid），剝奪了非白人的政治權利，受到國際制裁；中華民國和南非處於類似的外交困境，雙方因而提升邦誼，於一九七六年將原先的領事關係提升爲大使館，並互派大使，首任大使爲老長官關鏞。

隨楊西崑大使抵達南非

一九七九年九月，我們全家隨楊西崑大使搭同一班飛機赴南非。我因爲是簡任級，所以沒有擔任三等祕書、二等祕書等基層職務，一到南非就是政治參事，職責在於協助大使拓展政治關係，要與駐在國各部會高級官員接觸、應酬，以最友善方式建立友誼。楊大使在外交上的整體視野是全面的，在他的帶領下，讓我在外交工作的技巧與深度不斷學習。當時在南非和我共事的有國防武官唐飛、經濟參事江丙坤，以後兩位都在重要職務上協助國家。

楊大使外交資歷豐富，尤其熟悉非洲事務，有「非洲先生」美名；六〇年代中華民國爲保護聯合國會籍，是楊次長於擔任外交部非洲司長和次長任內，不斷拜訪剛獨立的非洲國家，一個個爭取建立邦交，進而成爲支持中華民國會籍的生力軍。

▶ 擔任駐南非約堡總領事時與我駐南非楊西崑大使共同主持國慶酒會時與南非外長鮑達（Pik Botha）夫婦合影（一九八七年）。

楊大使的領導有個很重要優點——沒有部會門戶之見。他是外交體系，但盡力幫忙軍事、經濟、新聞等部門的同仁，讓每位同仁都可以發揮，爲國家做事。楊大使樹立了很好的榜樣，我學到很多，他跟南非朋友見面時講什麼話，餐桌上講什麼話，我在旁邊觀摩，很受用。以後我自己獨當一面也這麼做，對每個部會派來的館員一視同仁，都盡力協助。

楊大使還有個優勢，他在聯合國任職時，因爲是在託管理事會，而和許多非洲各國精英認識，等各殖民地獨立後，這些精英後來都成爲各國領導人。因爲有這些關係，南非政府遇到相關問題經常得向楊大使請教，這使得南非政府更看重他，他不僅代表中華民國，而且成爲南非的諮商顧問。

惠英成為晚宴女主人

我身爲政治參事，請客是必然的，官員固然是家裡座上賓客，鄰居更是常來家裡共餐。南非白人朋友喜歡臨時造訪以示關係好，所以我們總準備些春捲包子放在冰庫裡，隨時可以應變。這些中式食品都是從無到有都全家動手做出來的，做得不整齊不好看，就推給孩子，告訴鄰居是小孩做的，請見諒。

我們請客，飯前必然會禱告，飯後吃甜點時由兩個孩子登場表演，通常是斯慧彈鋼琴、斯廣唱歌，斯慧在鋼琴上很有天分，而且彈得愈來愈好，我們把客人當家人，讓做客的鄰居、官員覺得賓至如歸。我如今回想請到家裡來的官員，最高層級是前任外交部長穆勒（A. Mueller），陪客是楊大使。可以說，在普勒托利亞（Pretoria）的生活非常愉快，但也讓惠英忙得不得了。

楊大使為拉近與南非高層官員的距離，會在官邸請客，但當時他因為和夫人分居，在禮貌上必須有女伴，於是請惠英當女主人。

想來這也是上帝的安排。九年前，惠英在多倫多大學讀研究所，那是傳統英國式的學校，各種西方禮儀是學校生活的基本要求，她因此熟悉這些英式餐桌禮儀，如今派上用場。年輕的胡參事太太當女主人的第一場宴會，就是宴請南非外交部長和前任部長，那晚惠英落落大方，她在晚宴開始時，特別向賓客說明，因為大使的夫人目前在美國，所以由她來暫代女主人。她在大使館正式宴會代理女主人，一代理就是三年半，直到我調離南非。

我調離南非後，已七十多歲的楊大使正式和分居多時的夫人辦妥離婚，然後和臺北的鄰居梁鴻英女士結婚，梁女士是一家頗具規模的清潔公司董事長，照顧了楊大使晚年的健康。

南非政府很特別，有三個首都——行政首都是普勒托利亞、立法首都開普敦（Cape

Town），另外還有司法首都布隆泉（Bloemfontein）。國會開議半年，整個政府到最南的開普敦，國會休會時則在普勒托利亞辦公，所以官員在兩個城市都有住處。我任政治參事時，每當國會開議，楊西崑大使就隨著南非政府在開普省辦公，爲了要有交通工具，就由司機駕車開一千五百公里南下到開普省，陪他的是後來擔任外長的機要祕書林永樂和我，南非爲了對他的禮遇，僅以象徵性的價格把開普敦一棟政府公寓租給他。

楊大使出使南非，第一個目標是安排行政院長孫運璿訪問南非，我是主要的承辦人。孫院長於一九八〇年三月成行，南非政府正好在開普敦，我們也跟著去那裡。安排孫院長訪問，我主要聯繫對象是南非駐華大使，親擬的電報就有一百多件，又請來約堡總領事館電務人員支援，楊大使還把開普敦領事館升級爲總領事館以壯聲勢，首任總領事爲我的外交系學長洪健雄。

孫院長訪問南非

孫院長坐專機飛來南非，直接在開普敦落地，孫院長個頭高大、談吐誠懇，孫夫人賢慧大方，都予南非領導人和高層官員良好觀感。孫院長是父親在國防研究院的同學，那時還是臺電高級工程師，父親是最資深的學員，因此對父親非常景仰，以後我和弟妹的婚禮，孫院長伉儷都來參加。

因爲和我家如此的熟，母親拜託孫夫人到南非來的時候，帶些食品給我；她見到我和惠英，特別要看看兩個孩子，而且一手抱一個。孫院長此行極爲成功，他參觀了酒廠和得天獨厚的礦業，南非佩服我們沒有什麼天然資源還發展這麼好，由於兩國的外交都被孤立，卻能夠自立自強，所以一拍即合。這趟訪問讓南非十分高興，不僅促成雙方直航，也加強彼此關係，南非總理波塔（Pieter Willem Botha）後來應邀回訪，前置作業全是我主辦，到了臺灣，就由外交部非洲司接手，但楊大使會跟著回臺，波塔訪問政戰學校，學生列隊唱南非民謠，讓他十分驚喜。

▶ 惠英與南非總理波塔夫人（Mrs. Elize Botha）合影。

雙邊首長互訪後，什麼合作都一切好談，以後雙方貴賓互訪太頻繁，接機變成苦差事。民航班機飛抵南非的表訂時間都是清晨五點多，因爲都是有頭有臉的人物，我們三點多就要起床，趕到機場接機，機場貴賓室變成我們的餐廳，熟得不得了。我們那時跟南非政要水乳交融，南非雖然是因爲種族隔離政策而成爲聯合國譴責的國家，受到歐美杯葛，可終究是西方文明的大國，面積有臺灣的三十三倍大，科技發達、制度上軌道，我們對南非剝奪黑人人權方面沒法苟同，但南非與中華民國民主理念相同、外交處境相似，十分願意與我們坦誠合作，中華民國正好在蔣經國總統任內，經濟尋求起飛，南非為我們的科技發展、能源都提供了協助。南非除石油外各種重要礦產應有盡有，鐵礦、煤的質地非常好，我們大量採購；我們也採購南非大量的玉米，品質一樣很好，玉米在南非是黑人的主食。

南非的科技在全世界名列前茅，行政院國科會副主委王紀五是前中央研究院院長王世杰先生的公子，他奉命到南非談科技合作，就在我面前拿個英文打字機，用英文把雙方合作計畫打出來。南非的醫學也非常先進，領先全世界動開心手術，中華民國把醫師一批批送到南非見習，我身為政治參事，協助各科醫師到南非受訓，所認識的就有內科、外科、泌尿科、眼科和牙科醫師，對臺灣的醫學發展很有貢獻。杜省（Transvaal）約堡總醫院總監何羅非醫師（Dr. H. Grove）跟我成為朋友之後，私下告訴我：「你知道我們約堡總醫院對外不做宣傳，可是我們醫療水準超過美國醫院！」軍事合作方面，我們的陸海空軍後來都派了武官到南非，跟南非的先進科技合作，對我們國防科技發展大有幫助。

二度赴南非得知惠英做的善事

我於一九八六年第二次調來南非，就任約翰尼斯堡總領事。總領事的任務，除了約堡外，包括聯繫杜省（Transvaal）橘自由省（Orange Free State）、那他省（Natal）的地方政府，這都是過去白人執政的行政區，以後黑人執政後，整個行政、地理區劃都改了。另外總領館要便利我國僑民及商務、強化與當地合作，以及阻擋中共勢力進入南非。

在照顧僑民方面，我一到約堡就拜會所有僑社和相關機構，後來也探訪「康寧安老院」。這家養老院專收華裔老人，我和惠英進入每個房間和老人寒暄，送禮物。到了最後一間，那位華人院長說：「總領事，這間可以不必看。」他解釋，這一間收的是位痲瘋病人，雖然已無傳染性，但怕我們會擔心。不過一聽到是痲瘋病人，我和惠英就進去了，這病在聖經裡一直是存在的，卻是具有神蹟意義呢，我不擔心。我們進到房間，惠英一看就說她認得這位病人，原來三年半前，她曾經協助過。惠英告訴我，當年在普勒托尼亞即將搭機赴華府之前，我到大使館上班，忽然有人到我家敲門，惠英開門，是兩位白人。

其中一人問：「妳是不是胡太太？」

「是。」

兩人表明他倆是傳教士，然後說：「我們知道妳是基督徒，現在有個黃種痲瘋病人，我們不知道國籍，他也不讓人接近，一接近就拿石頭扔人。妳能不能來幫我們鑑定一下，是不是中國人。」

惠英聽了第一個想法是，到痲瘋病院，被傳染了怎麼辦？我們孩子這麼小！但接下來她就想到應該要有基督的愛，於是說：「給我兩天考慮。」她接著禱告，然後決定還是去吧，這是幫助人的事，倚靠神不要怕。

惠英在家裡做了好些包子帶到痲瘋病院，見到那個沒有手指、沒有鼻子的黃種人，遞上包子，他馬上用沒有手指的兩手接過去吃，對包子十分熟悉。惠英用廣東話寒暄，果然搭上線，這人會講廣東話！原來他本是船員，到德班港（Durban）跳船進入南非社會，娶了當地女子也生了孩子，但不知怎的染上痲瘋病，被家人趕出來，最後輾轉流落到那裡，由於受到其他資深病患的欺凌，語言又不通才會扔石頭以自保，她把實情告訴傳教士。惠英走之前看到更感人的事──白人傳教士毫不畏懼傳染地擁抱這位痲瘋病人，並且以手按頭爲他禱告。這件事發生前後惠英都沒跟我講，因爲兩人都忙。他就是被惠英確認是華人後，後來居然變得沒有傳染性，才能轉住到這裡安度餘生，我此刻才從惠英口中知道這事，是惠英默默做的許多善事之一。

在約堡，南非華僑裡來自廣東順德僑胞在已有好幾代了，都還講廣東話。另外一批華僑是廣東梅縣客家人，在華僑社會裡是少數，客家公會跟我們總領館的關係一向非常友好；至於臺商，大多在南非各個家邦（townships）中，國內訪問團來訪，我請僑社領導人、當地市政府相關官員一起接待，每次都是老僑新僑都來，老僑是廣東人、客家人；新僑就是臺灣去的。

那時，臺商多集中在橘自由省和那他省的工業區，總共近兩百家，臺商發現可以賺到錢，紛紛來此設立工廠如筷子、成衣、餐具，遊艇工廠等，因爲這裡木料便宜，人工成本也不貴。我帶著同事一家家拜會，參觀他們的工廠，詢問有什麼困難需要協助；看到臺商們胼手胝足的在陌生又遙遠的南非打拚，我十分感動，我們駐外人員怎能不認眞協助照料他們呢？

沒有邦交的賴索托（The Kingdom of Lesotho）也是約堡總領館服務範圍。賴索托是內陸國家，是沒有出海口、整個被南非包圍的內陸獨立國，南非東邊的史瓦濟蘭是我們的邦交國。賴索托的僑民全是臺商，臺商到各地都能生存，用各種辦法做生意，又勤奮，後來賴索托於一九八三年跟中共建交，我們因而斷交、大使館撤離，那邊僑民沒人照顧，就由約堡總領館兼照顧那邊的僑民。

怎麼照顧呢？因爲賴索托居住品質不佳，所以僑民常常會住到南非境內，他們一出邊界多半就到小城Ladybrand居住，一早再入賴索托境內工作或開店做洗衣店、加油站、餐館、雜貨店等小本生意。臺商其實很需要包括領務在內各種服務，然而他們單單爲了辦簽證護照之類的事開車四小時到約堡來，實在有些划不來；於是我和惠英從約堡帶著領務同仁申佩瓚、安全官陳爲國也就是境管局同仁，由黑人司機開車南下到Ladybrand，賴國臺商如果誰要我們服務，只要開十分鐘車程到Ladybrand來，不必再爲區區簽證問題而開四小時的車到約堡。由於我的主要業務在約堡，我去了兩次，建立制度後，就請同仁定期去服務。當年賴國臺商中，我的好友吳松柏後來回國擔任立委，對國家很有貢獻。

剛到約堡時，我們在官舍院子內豎立了旗杆，升起中華民國國旗。左右鄰居都很高興，因爲大家都知道這是外國總領事官舍後，附近房價立刻上漲。而且由於庭院適於接待客人，我們整修房舍後，請客請得頻繁——這都偏勞了惠英，她爲了張羅一次請客，從採買到進廚房、插十盆花至少得花個五小時以上。但如此的待客，效果是顯而易見的，這些約堡政要非常喜歡我們，我們的餐廳放兩張大圓桌，可以一次邀三十位賓客入席，算算請客人次，累計請了三千多人。其中最大一次自助餐，是藉歡迎臺灣青訪團爲名，邀請了約堡市政府教育局各級官員，並請他們也準備音樂節目，再加上華僑朋友助興，使這次賓主加起來一百二十多人的餐會，成爲極爲熱鬧愉快的夜晚。在這些工作中，後來都做到大使的劉融和和龔中誠幫忙甚多。

我和當地首長建立非常好的關係，包括轄區三個省的省長。說實在話，南非物產豐富，科技發達，能幫助我們的地方甚多，而我們能幫南非有限，但在外交上讓他們感到並不孤單。約堡市長一年一任，他們有個市長名單，裡面列名的人輪著做，只有辦公室主任不換，我在那裡三年，每一任市長我都交成好朋友，這些市長在我調職之後會懷念我們，到現在還有當年市長寫信給我。

與黑人領袖往來的疑慮

第二次來南非，反抗運動已然引起社會動亂，南非白人政府愈來愈壓不住黑人的反抗種族隔離運動。一九八八年下半年，我感覺到南非局勢的變化迅速，黑人

▶ 三年之間在南非約堡官舍宴客共三千人次（一九八六～一九八九年）（前右為南非外交部副執行長好友 H.Beukes）。

掌政是遲早的事，連白人政府都在為這個趨勢做準備，所以我就徵詢南非外交部的好友說：「我們不得不跟黑人朋友來往，但跟什麼黑人朋友來往，你能不能出些主意？」這些白人朋友倒不反對，幫忙介紹黑人領袖，讓我請到家裡來餐敘。我是以總領事的身分宴請約堡當地的黑人領袖，由於是第一次，我也請楊大使一起來，但楊大使有意見。他正色告訴我：「以當前的情勢，我們固然應當要跟黑人領袖開始來往，但還是要留意，不要因此影響到我們跟白人政府的關係！」

等到後來南非舉辦選舉，黑人領袖曼德拉（Nelson Mandela）上臺，他用的那批人，跟南非外交部介紹的，絕對是兩掛、不同的黑人；那些是跟白人合作的黑人，這些則是跟白人對抗的，黑人種族很多，彼此相互對抗，所以楊大使的顧慮也是有道理。然而我在南非期間對黑人從來沒有歧視的問題，在約堡，我們只有孔嫂是從臺灣過來的，其他園丁、駕駛、女傭都是當地黑人，沒有他們幫忙，不可能請三千人次來赴宴的，其實他們也感受得到我和惠英的尊重，會把到總領事家裡來做事當成榮譽。惠英教他們各種禮節、做菜，如果這些黑人以及他們的孩子有什麼困難，惠英會想辦法，並為他們禱告。

這個時候，中華民國與南非之間的邦誼，已經因為白人政權不穩而出現隱憂，現任政府固然已有意試探中共建交的可性行，人口居絕對優勢的黑人族群更在可預見的未來，極可能執政，所以我才有接觸黑人領導者的舉措。我非常懷念在約堡的任職，那個時代在白人掌政下，也是兩國邦交最融洽、合作最密切之時。我躬逢其盛，能夠與許多優秀同仁共同為提升自己國家利益而努力；一九九〇年，幹練的陸以正出任駐南非大使，他不負眾望，在大環境十分不利的情況下，居然又將兩國的邦交維持相當一段時間。

南非政局於我任滿離開約堡之後五年發生改變，由曼德拉領導的非洲民族議會（ANC）於一九九四年獲得政權，由於ANC不少重要人士與中共有連繫以及友誼，中斐外交關係立即亮起紅燈。李登輝總統企圖鞏固南非邦誼，因而以國安密帳捐贈政黨「非洲民族議會」一千零五十萬美金，卻爲日後一案兩銷的「鞏案」弊端埋下伏筆。這期間，陸大使和南非新任總統曼德拉的友誼相當重要，曼德拉甚至還嘗試兩岸之間能否雙重承認，雖然沒有成功，但還是把與中共建交的日期推遲，在一九九八年元旦才建交，就是顧念到他與陸大使的友誼。

奇特的調動預言

一九八八年底，惠英有事回臺灣，辦完事在飛回約堡的飛機上，坐在她旁邊的白人跟她攀談起來，原來是個會說預言的基督徒，名爲 Brian Cape，她回到家就告訴我這件事。我們於是在次年春天約 Cape 到家裡共餐，就在餐桌上，他突然有聖靈感動，說：「我們可以禱告嗎？」他繞過餐桌，按手在我的頭上，然後講起預言：「上帝有話對你說——我會把你送回你的家園，你要做『安全』（security）方面。」他接下來講了第三點預言，大致意思是「你總是會被兩種力量拉扯，你很不情願但你不得不接受」，他提到我妻子的健康。Cape 用完晚餐就辭別了，但這樣的預言實在太奇怪，我當然半信半疑，尤其我是職業外交官，怎麼會做安全工作！

我兩度調離南非，都是調到美國任職。第一次是因應美國八一七公報，調到華府任國會組組長；第二次則是在一九八九年大陸發生天安門事件之後，調美國芝加哥辦事處處長。南非與美國都是黑白種族併存的國家——雖然黑白比例大不相同，然而美國在十九世紀爲解救黑奴而發生慘烈內戰，但南非卻在二十世紀末能和平轉移政權，這不能不說是人類在「人權平等」和「尊重人性」的普世價值上的進步。

18 《胡宗南先生日記》（下）一九四六年一月十八日。

第九章

來去美國

鄭州、洛陽、開封、新鄉日軍到今天才正式接受命令，而開始繳械，本戰區當面任務，得能順利完成，甚為愉快。回想八年以來，賴我們最高統帥蔣委員長，英明的領導、卓越的指揮、堅強的意志，喚起全國軍民共同奮鬥，出兵、出糧、出力、出錢、流血、流汗，支撐抗戰，擁護國策，經過八年的血戰，乃能喚得友邦的同情與援助，尤其美國朋友密切合作、密切提攜之下，乃能得到最偉大的勝利……[19]。

——一九四五年九月二十二日，父親在第一戰區鄭州指揮所接受日軍投降，並發表談話。

父親代表國家接受日本投降，心裡至感光榮，隨後他發表公開談話，並且特別提及這八年抗戰，美國朋友的協助也在中國戰區最後勝利中占有一席之地；如今，我卻在美國已棄我而去之下，兩度自南非調美，努力從外交上爭取美方對中華民國的支持，然而沒有邦交從事外交任務，其間的艱辛不可言喻。

由於一九八二年八月十七日美國與中共簽署了公報，這份公報除了重申先前建交公報的一個中國立場外，在中共承諾和平解決臺灣問題前提下，對臺軍售質量將逐年降低。

這是這幾年來最嚴重的國安問題。經國先生的做法就是更換駐美使節陣容，希望以強棒來執行對美的聯繫與遊說，這強棒就是錢復次長，而我也奉調國會組組長。

出任華府國會組組長

八一七公報出爐後第十天，也就是八月二十七日，我在南非接到部令調華府，但因楊大使說這是「斷他右臂」而不讓我離開，直到一九八三年初我才帶著全家飛往美國華府赴任，這回外交戰任務艱鉅，要在駐美代表錢復的領導下，讓美國民意轉為同情、支持中華民國。

北美事務協調會新任代表錢復一月五日抵達，我則是六日到，出任國會組組長。我的副組長是袁健生，組員是鄭光明、王豫元、高青雲及兩位諮議沈呂巡和李大維。除了我政大外交系的同班同學鄭光明不幸英年早逝外，其他幾位以後都在外交部膺任要職。

我們面對八一七公報所引發的危機，必須要全力以赴，以降低對我國安全上的影響，甚至使這公報名存實亡。所以國會組的任務在於全力經營國會關係，務使美國國會議員能夠同情中華民國，為我們的福祉著想，乃至於影響國務院和白宮的決策。

由於和美國政府只能維持非官方關係，國務院和白宮的國安會都不容易直接往來；雖然錢代表一直尋求突破，眞正比較可靠的管道還是在於國會，利用三權分立，來制衡和彌補國務院偏離、不重視中華民國的政策，所以國會聯絡變成非常重要的對美工作。美國有一百位參議員、四百三十五位衆議員，國會助理、政策顧問和法律顧問等等約有一萬人，這都是國會組的工作對象，我們只有七個人，就只能把握重點來努力了，我將工作系統化，同仁必須明確地分工合作，爲此我引進電腦建檔，以求管理有效率，並將辦公室電視加裝及時轉播美國國會活動的頻道，以隨時得知國會動態。

中美斷交後，我們的辦公室搬離華府，到馬里蘭租個辦公室，天天開四十分鐘車去國會山莊，然後到附近餐廳爲國家貢獻心力，我常常在餐廳裡看到我的同事和聯繫對象共餐，有時同時可看到三個同事在不同角落各自努力。我們不斷地加強各種聯繫工作，規模較大的就是邀訪，有議員團也有助理團，主其事的同事跟著回臺灣，讓這些國會議員和助理直接看到臺灣，關係也就加強。我們所接觸的國會議員、助理或顧問，不論是民主黨或共和黨，絕大部分願意與我們往來，有的是因爲認同我國的理念和制度，更多是因爲我國有欣欣向榮的經濟。

那個時候，外界「稱讚」我們在美國國會的工作，爭取到許多議員的支持，因此對於美國的行政單位構成很大的壓力。華府外交圈說，對國會工作的成效，除了第一名以色列之外，接下來就是我們了。

國會聯繫工作挑戰很大。沒有邦交，代表我們有時會受到輕視，甚至屈辱。如當時衆院第三號人物衆議員蓋普哈（Dick Gephardt）的一個法案要取消一些國家商品輸美所享受的優惠關稅（GSP），臺灣也在內，我們就聯繫其他大使館如韓國、菲律賓、德國的國會聯絡部門設法

▶ 美國友人寇茲（Daniel Coats）夫婦在出任聯邦眾議員時，我即與他們結識。寇茲其後任參議員、美駐德大使，現為全美情報總監，多年友誼不變。

打消。成功之後，錢復代表在雙橡園請吃飯，蓋普哈是主客；然而那天晚上預定的七點半他沒到，我們很有耐心，繼續等下去。最後蓋普哈在十點半到了，對於不顧晚宴時間約定，讓一群賓客和主人等個三小時，他聲稱他迷路了。

阿拉斯加聯邦參議員史帝文斯（Ted Stevens）對我們漁船在阿拉斯加外海捕鮭魚，非常憤怒。他是一位資深參議員，錢代表和我一起去拜會，他很不禮貌地把腳架在桌上，也不請我們坐下，我們只好自己找位子坐，他講：「你們的漁民在那個海域捕魚，影響我們漁民的生計，你們如果不採取行動的話，我就要阻止對臺灣的軍售。」錢代表回答：「我們首先要查查看，有無此事。」經過聯繫有關單位，後來漁業署限制臺灣漁民，不要到阿拉斯加海域捕魚。

一九八四年美國總統大選，民主黨總統候選人是孟岱爾（Walter Frederick Mondale），搭配競選的副總統候選人是位女性——紐約州聯邦眾議員弗拉蘿（Geraldine Ferraro），這在當時的女性參政，已是空前了，弗拉蘿女士和我相當友好，但也非常強悍，我在一九八三年八月邀請她率議員團訪臺。

弗拉蘿跟我很熟，一見面就擁抱為禮。她來臺訪問幾個月後，惠英在華府生老三斯華，她聽說了，送了嬰兒服給我，把公誼變私交。她成為民主黨總統候選人孟岱爾的副總統競選搭擋，然而共和黨雷根總統競選連任成功，把民主黨打敗了。孟岱爾和弗拉蘿都是自由派，自由派對臺灣未必友善，但因我有位舅舅娶了孟岱爾的姪女，講個趣話——這組候選人如果當選美國總統，我就有兩條管道直通白宮。

另外，有次我帶議員團回到臺北，當議員們晉見蔣經國總統時，我在外等候；有議員在交談時提到我，不料經國總統立即談到我的父親，以至於全團辭出後，陪見的丁懋時次長興奮地告訴我說：「整個談話的重點都是在講你的父親哩！」我聽後眞是感到光榮。

與經國先生的最後一次見面

一九八四年十一月，我感受到錢復代表可能對我的工作有些誤會，恰好我在華府的教會牧師余瑞生（Eddy Swieson）說要爲我禱告，我便請他爲錢代表祈禱，他當即以聖經箴言二十一章一節來勉勵：「王的心在耶和華手中好像隴溝的水，隨意流轉。」這是說即使「王的心」再怎麼想，也都在神的手中，要愛神的人得益處，所以不必擔心，因神掌控一切。

沒想到，這個禱告竟然影響了遠在臺北的蔣經國總統。不久，副代表程建人返國述職，並請見經國先生。經國先生在聽取他的報告時，突然要程副代表傳話給我，要我回臺灣時去見他一面。既然總統這麼說，我就在安排美國眾議員團來臺訪問時，陪同返臺。

一九八五年一月初，我安排國會眾議員寇茲（Daniel Coats）和另外兩位議員訪問臺灣。寇茲及夫人瑪莎（Marsha Coats）夫婦是非常虔誠的基督徒，我和惠英一輩子極好的朋友。

我見到經國總統，他除了詢問我工作狀況外，特別告訴我，三年多前我母親去世，本打算出席喪禮的，但那天早上因糖尿病腳痛而未能到場致哀，以致心中一直耿耿於懷，感到必須親口向我表明。我聽後十分感動，只是見到他因爲糖尿病而臉上浮腫，讓我感到驚訝和難過，這也是我最後一次見到經國先生，他於三年後去世。

THOUGHTS ABOUT
MY FATHER
AT TZUHU
A Diary by Chiang Ching-kuo
(April 5 — May 5, 1975)

▶ 蔣經國院長親簽贈書（一九七六年）。

這次返臺，我陪同議員住在圓山飯店。新聞界的江春男到飯店找到我，他是有自由色彩的政論雜誌《八十年代》總編輯。他說：「聽說你回臺灣來，拜託你一件事，陳唐山跟蔡同榮不一樣——蔡搞暴力，陳非暴力；所以你們能不能讓陳唐山回臺灣？」我說：「謝謝你告訴我，我去了解一下。」

我返美跟國安局駐美特派員李筱堯提起這事，並建議如果不涉暴力是否可考慮解禁；陳唐山後來從限制名單中解除，而且沒想到十五年後，因爲陳水扁當選總統，變成我的直屬長官。

▶ 蔣經國先生於一九七五年四月因為蔣中正總統逝世在慈湖守靈期間贈送之親簽照片。

限制名單就是所謂的「黑名單」，這也是自中華民國政府因爲遭中共地下黨嚴重滲透而在大陸失敗，下達堅壁清野的《臺灣戒嚴令》之後，對共產黨及臺獨等政治異議人士管控的衍生作爲。由於中共的強大及持續滲透的意圖，戒嚴令也就實施長達三十八年，最終因兩岸緊張情勢緩解，由蔣經國總統於一九八七年親自下令解除。

黨外活動的人與事

我和安全局派駐美國的同仁都相處很好，第一任負責人汪希苓、第二任負責人李筱堯，都令人尊敬，並和我建立友誼。李筱堯原先發表為情報局長，卻在汪希苓離任返國接下情報局長，而改調華府，等於把他倆職務對調。先前為國家多次立下重大功績的汪希苓竟因涉及江南案而遭起訴判刑，是很不幸的事，雖然影響到中美之間的關係，但美國社會並沒有很重視。只是對錢代表來講，當然造成困擾。

此外，因為過去對我們友好的國會議員多半是共和黨保守派，所以要加強與自由派參眾議員聯繫，如甘迺迪參議員（Edward Kennedy）、羅德島民主黨參議員派爾（C. Pell），還有索拉茲眾議員（Stephen J. Solarz）、眾議員李奇（Jim Leach）對我們多少有些誤解或偏見。索拉茲的前任助理就是曾任美國在臺協會理事主席卜睿哲（Richard Bush），與我交上朋友，一直到如今。

我們對這些參眾議員下了許多功夫，還請他們訪問臺灣；他們以美國的一些標準來批評我們不夠民主化，因為沒有解嚴，而且有「黑名單」，限制了臺獨分子返臺，許多臺獨人士就努力向議員下功夫，我們也不斷的向這些議員們說明國內實況和政策的需要，而由於涉及國內的安全，因此必須更加謹慎，更加努力。

一九八三年，臺北《中央日報》和《聯合報》分傳爆炸案，臺獨團體在美國的《台灣公論報》立即登出全版新聞，指出這兩起爆炸案是在美國的臺獨聯盟幹的，並請所有臺灣鄉親學習製造渾名「莫洛托夫雞尾酒」的土製汽油彈，還畫圖教導製造步驟。既然臺獨聯盟自己招認是他們幹的，我們馬上開會，決定把整篇報導翻成英文，連同原件交給曾在越戰中被俘的參院司法委員會主席丹頓（J. Denton），告訴他，臺裔的美國公民在美國境內宣揚暴力。

這是踰越美國容忍底線之事，司法委員會於是舉行公聽會，並要求聯邦調查局局長韋柏斯特（William H. Webster）到會接受質詢。韋柏斯特回應，聯邦調查局會展開調查並且遏止，從此臺獨聯盟就再也沒有在臺暴力行動，連騷擾代表處都沒有了。顯然聯調局已予警告。

我和各派駐單位平行合作，相處得非常好。與國會的聯繫很多都和經貿有關，所以我跟經濟組關係密切，負責人是魯肇忠，底下的同仁鄧振中後來是我擔任國安會祕書長時期的副祕書長、以後還出任經濟部長；另外還有曾任孫院長祕書的高一心、和我要好的同仁劉逖。武官處先後有王業凱、林文禮、吳子房、李伯偉、吳東明；軍備方面是溫哈熊、果芸和夏龍等人，他們都各有專長，努力爲國而謹愼自守。

果芸一直稱呼我是他最好的朋友，老人家現在已九十歲了。在大時代中，就是要有獻身的人，全心全意爲國家奉獻，我那時參與的團隊就是如此。

除了國會業務外，我還有機會蒐集中共對手的情報——我正好有些朋友跟中共大使館關係很近，我拜託他們定期把中共大使館資訊跟我講，我再轉告錢代表。他們是美國公民，很樂意幫我的忙，不要任何報酬，而幫我忙就是幫到國家，這讓我得以主動地把中共大使館內部相關情況告訴錢代表，讓錢代表另有其他的消息管道可以做判斷。

八九民運後再次赴美任芝加哥辦事處處長

一九八九年我又從南非調美國芝加哥，出任駐芝加哥辦事處處長。北京發生六四天安門事件之後，中共外交人員士氣顯著低落。八月一日，我搭機剛抵達芝加哥，辦事處主管僑務的組長張明開車到機場接我，我說：「張明，我在這邊是新面孔，沒有人認識我，你現在馬上載我去中共總領館，我看看怎麼回事。」

那時正好是中午，中共總領館沒什麼人，該是在午休吧。張明當然不方便進去，因為他在那邊久了，人家都認識他——但不會知道我是誰（那時還沒有網路）。我走進去，看到總領館大廳的五星旗又舊又髒，心裡有個感覺，裡面的士氣不高，以後證實那段時日果然是這樣，我聽說有一位參贊級的中共外交官投奔美國。中共總領館全館人員一向集體住宿，下了班就直接以交通車送到宿舍，又有一天，我得知交通車沒有出現，因為駕駛尋求美國政治庇護了。這是在芝加哥發生的事——天安門事件之後，中共遭到外國的杯葛和制裁，也因為如此，中華民國在這段時期跟好些國家建交，邦交國一下子增加好幾個。

芝加哥辦事處那時的轄區，有伊利諾（Illinois）、密西根（Michigan）、明尼蘇達（Minnesota）等七個州和加拿大三個省，幅員廣大，我因此忙得不得了。芝加哥的大公司都設在市區西邊，所以有許多學人、科學家、工程師等新僑，我們要從那邊找適當人選回臺灣參加國建會。芝城僑界有兩個華埠——北華埠和南華埠，都是講廣東話和潮州話的老僑，代表處要維持僑社的正統和向心力，雖然美國和中國大陸建交，但他們多數會掛中華民國國旗。

那時，芝加哥來自大陸的移民不多，但中共的外交官已在當地活動，僑界很多人和大陸有生意和業務來往，大陸外交官早就滲透到這裡的華埠，所以兩岸外交官在僑社的「鬥爭」非常激烈。芝加哥辦事處的主要任務，就是秉承外交部、駐華府代表處，加強州政府和僑界關係，所以人員編制相當大，教育部、經濟部、新聞局都派了人，由館長統一指揮。

我和各個單位包括國安局的同事合作，支持他們。國安局同事主要的任務是蒐集情資，而我們迫切需要對手在僑界的運作狀況。我對國安局駐芝加哥同事講：「給你們一個任務，了解中共總領館內部的狀況，以及僑界裡什麼人跟他們要好。」國安局同事很能幹，很快拿到中共總領事館接待華僑的影片，畫面恰好可以看到僑界的動態，看出有些僑領跟我們這麼好，到中共那邊又跟他們那麼好，可以做爲我們經營僑界的重要參考，我非常佩服國安局同事的能力。

維護中華民國尊嚴

我在華府時，在美國國會圈子裡已和中共交手多回；在芝加哥更是毫不客氣地交鋒，我們要維護中華民國的地位與尊嚴。

各國駐芝加哥的外交圈有個領事團，因爲中華民國和美國沒有正式的外交關係，所以我們不能參加，但我們靠著其他關係繞彎子參加一些外交圈活動。如伊利諾州州長就職典禮，芝加哥辦事處當然無法從領事團拿到邀請函，我們便從黨的方面下手，找到新任州長辦公室主任，辦公室主任給我們門票後，我一早就到現場，那是一個很大的體育館，前三排最中間位子是州長競選團隊，因爲沒有對號入座，我爲搶到好位子，幾乎是最早到，坐在第一排最中間。新科州長在歡呼聲中進場，他經過第一排時，我跟他握手，結束後我又跟他再握一次；至於領事團所有成員都坐在旁邊上一個專區，他只對領事團揮揮手。外交永遠是這樣，一旦不通，就走「其他的路」，總之不能認命。這個案子，同仁牟華瑋祕書很有功勞。

中共也對僑界下了功夫，有個潮州會館完全和中共拉上線，還有林氏宗親會的負責人和大陸關係非常好，我們必須想辦法把僑界的人心拉回來。潮州會館方面，我和惠英一起去拜會，他們也客套地表達歡迎之意，我起來用廣東話致詞，惠英是潮州人，潮州話是她的母語，當場爲我翻譯，她講得如此道地，讓這些僑胞高興得不得了，往來密切起來，變成我們的朋友。我不到兩年被調離芝加哥，潮州華僑送個金匾，上面題四個字：「吾潮之光」。這是惠英立了大功。

林氏宗親會也是一樣，還是由惠英來當催化劑——她對宗親會的成員說：「我姓林，所以我帶我先生胡處長來拜會。」我們成功的爭取到林氏宗親的好感與支持，過年他們發紅包給惠英，平常應該是我們發紅包才對，但這些宗親跟惠英說：「妳跟我們的是家裡人，我們年紀比較大，所以應該我們給紅包。」紅包大小倒是其次，重要是爭取到這些僑胞的認同，我非常感動，這也是惠英的外交功勞。

此地還有對中華民國政府不友善的一群——臺獨人士，一九七九年中美斷交，臺獨人士曾經到總領事館鬧場，我不能忽視，也不想拒他們於千里之外。我了解這些人士其實和長老教會有關後，就請本省籍同仁曾天賜幫我牽線，我要用共同的基督信仰來著手，派他聯繫那邊的長老教會。經過聯絡，支持臺獨的長老教會陳姓負責人願意跟我見面，我們打了照面，我第一句話就說：「我今天來，是以弟兄身分來的，我看你是弟兄，所以你叫我胡弟兄，我叫你陳弟兄。」這麼一講，陳姓負責人和曾天賜都笑了。原來在我到之前，陳姓負責人跟曾天賜講：「欸，你們胡處長來時，我不要叫他處長！」我事先不知道他有這個打算，沒想到我見面第一句話，就是以弟兄相稱。結果我在芝加哥任職二十個月，風平浪靜、相安無事，這完全是上帝的恩典和安排，我感謝上帝。

親自參與骨髓捐贈檢驗

元旦那天，我們把芝加哥市長戴利（Richard M. Daley）請到僑社來帶領遊行，戴利擔任芝加哥市長長達二十二年，是在任最久的市長；芝加哥因爲緯度高，所以很冷，但僑界中華會館主席、市長以及我，拿著青天白日滿地紅國旗和美國國旗，在僑社地區裡遊行，做爲新的一年的開始，戴利能這麼做，對我們是很大的肯定。

芝加哥洪門很左傾，與中共總領館關係密切，當年支持國父的革命，是非常大的組織，我們就由張明組長去聯繫，他找洪門陳會長攀關係、交朋友，下班後去找陳會長吃飯喝酒以建立關係，這犧牲很大，因爲張明也有太太孩子要顧啊。最後有一天，陳會長喝得很開心，問：「老兄，你對我這麼好，我很想爲你做些什麼事。」張明回答：「很簡單，掛中華民國國旗。」陳會長接受了，從此洪門就變成我們的友好僑團，以我方爲正朔了。

僑社有許多派別，除了洪門，還有「安良」、「協勝」等社團，都支持中華民國政府，我當然更愛這些僑胞，願意身體力行感謝他們。

僑社裡，跟我們很要好的一位僑領，他的十四歲孫子罹血癌，需要捐骨髓。捐骨髓有三條件：一是華人，二是五十歲以下，三是身體健康。他們希望我以處長身分到僑社登高一呼，號召華人出來檢驗配對。我不但呼籲，自己也去排隊驗血接受檢驗，因爲我也合乎三條件。我去時，由張明開車，他問我：「處長，你要到哪裡？」

「我要去檢驗地點看看。」

一到場，我也去檢驗，張明驚訝了：「處長你自己要捐？」

「是啊，我符合捐骨髓三條件。」

捐骨髓不是小手術，至少要休養一禮拜，我怕惠英擔心，所以在家裡也沒講。我檢驗了，過了幾天醫院通知我不適合，因此沒捐成，但我起碼有願意救孩子的心，雖然我樂意捐，男孩最後終究沒救成，我很惋惜。孩子的祖父是愛國僑領，消息管道很靈通，以後都知道我也參加檢驗，我去參加追思，孩子的爸爸是建築師，他以英文致辭，特別向我說：「總領事，我的小孩雖然去世了，但你的愛心，我們永遠記得。」

我在芝加哥任職時，《人民日報》海外版開始連載熊向暉[20]的《地下十二年與周恩來》，文裡敘述他怎樣在湖南進到父親的第一軍，又如何成爲父親的侍從副官並獲得父親的賞識，他如何和周恩來聯繫，以及他因在父親身邊而獲悉高層情報，又怎樣把這些情報傳給共產黨；到他臨赴美之前，又把國民政府準備攻延安的情報轉出去。

我十分憤怒，把這些連載文章轉寄給父親的老部屬以求證眞僞，程開椿伯伯回信說，現在已幾十年過去了，「談到匪諜，領袖的身邊、全國的軍隊、政府機關，可以說無處沒有匪諜，國民黨爲什麼失敗？大陸爲什麼會淪陷？……」

孔令晟將軍則回信安慰我，「西北同仁和老師長官，包括余紀忠先生，都對熊這篇文章表示氣憤與感慨，胡先生盡忠黨國、主義和領袖的精神，胡先生代表傳統中國軍人精神的典範，將永遠傳諸後世，熊文將無損其毫髮焉。」

熊向暉在二〇〇五年過世之前，曾經託人傳話給我，他強調是先加入共產黨，所以不得不遵行共產黨的指示做事；他終身感念我父親，請我務必諒解他。後來當我回到國內服務，和熊當年同時在父親身邊工作的長輩們請教，其中也同時擔任副官的武良臣先生在一九九四年告訴我，父親曾親口對他（武）說，他原就知道熊向暉左傾，也知道熊與周恩來有聯繫；而曾擔任熊的長官的父親祕書徐先麟老先生，則也在同年告訴我，熊的心中其實對父親甚感慚愧。等到我找到機會讀到父親日記時，經過比對，另發現熊文雖然寫得十分精采，卻有不少人、事、時、地、物都不正確的杜撰內容，例如熊文說我軍攻下延安五天後，父親在毛澤東窯洞抽屜中發現毛留下給父親的字條——就是天方夜譚！因爲第一個衝進該窯洞的尖兵連連長徐枕對毛的住處就作了檢查，後來在臺灣親口對我說，完全沒有這回事，更不要說他的各級長官都在父親之前進到毛的住處檢查過了。

沈正告知調動夢境預示

我在芝加哥待了才一年多，沈正就講了一個調動的訊息給我。一九九〇年十月初，我接到他的一封信，信裡寫：「昨晚做了一個夢，夢到你回到臺灣接任司長，但這個司不是北美司或歐洲司，而是一個我搞不清楚名字的司長；但我夢到這裡時就醒了，我覺得很有趣，所以寫信告訴你。」這是非常奇特的事。沈正已是臺灣的信友堂主任牧師，但我從不跟他談公事，都是請教信仰；但我心想，可能嗎？我才來芝加哥一年多啊。然而沒有多久，我就接到調職的徵詢。

那時，李登輝總統剛於那年五月二十日就任中華民國第八任總統，原外交部長連戰改任臺灣省政府主席，錢復則在六月一日出任外交部長，他準備調整部裡人事。次年二月，我忽然在辦公室接到房金炎次長的電話。房次長說：「胡處長，禮賓司長黃秀日要外派，部長想請你回來接他的工作；當然了，你剛去芝加哥才一年半，會不會有困難請告訴我。」

我說：「我剛開始這邊許多工作，四個小孩也才入學，當然有困難，再說在外交這行中，禮賓是很專門的學問，並非我的專長，但我願意考慮。」

房次長補充說明：「錢部長說爲什麼要找你是有原因的，第一、禮賓司接待外賓需要仔細考處所有細節，你做事很細心；第二、你的英文不錯；第三、太太可幫忙。」我說這個不敢當。

「你儘快答覆我。」

我回家就開家庭會議。由於兩個大的孩子一直在國外受教育，雖然在家中惠英嚴格規定他們說國語，但讀、寫中文的能力仍然較弱，好在那時打聽到新竹科學園區實驗中學有雙語部，便決定將他們送往新竹。於是打電話向次長回報，可以解決困難，返國接禮賓司長就確定下來。回想在美國工作的八〇年代到九〇年代，正是我國經濟起飛的時候，我親見世界第一強國美國的政要們紛紛向我們表示善意，爲的是爭取我國廠商前往投資，或者希望我國的採購團能去其轄區標購，使我更充分體會國家的實力才是外交的根本。

我首次外放出任外交官的次年，我摯愛的母親因癌症辭世，這是我身爲人子，最爲痛楚的時刻，母親在世沒過幾年好日子，我多麼想讓她有個美好的晚年啊。

19 《胡宗南先生日記》（下）一九四五年九月二十二日。

20 熊向暉（一九一九－二〇〇五），原名熊彙荃，抗戰前爲清華大學學生加入共產黨，一九四九年後爲中共之外交官。

第十章 忍耐一生永不屈服的母親

我無能為領袖分憂是不忠，尚未完成父親遺訓是不孝，累你如此冷落是不義，這樣不忠、不孝、不義之人你要他做什麼？

——抗戰勝利之後，國共內戰接踵而來，父親依然無法實現祖父希望他完婚成家的遺願，痛心之際寫信給九年前即已訂了婚的母親。

母親在我的生命裡，占了最重分量。我稚齡之時，無法顧家的父親只給了我榜樣，是母親一手把我帶大。

母親受到參加同盟會的外祖父葉慶崇先生影響，自幼即有強烈的愛國心；但由於家鄉男尊女卑傳統，不栽培女兒升學，她必須自己力爭上游。她到杭州考入公費的浙江警官學校第三期，成為戴笠先生的得意門生，畢業後又考入光華大學政治系，抗戰時再赴美進修取得碩博士學位。我對母親的感受是，像她這樣的大時代女性，給予子女一輩子的禮物，就是教養、信仰，還有價值觀——基督教信仰價值觀，以及對中華民國百分之百忠誠、一切都奉獻給中華民族的價值觀。眞的教我、訓誨我的是母親，她是教育家，教導她自己的兒子更是毫不含糊。

父母親婚約因戰火延誤

母親很早就和父親結了緣，卻因爲訂婚那年對日抗戰爆發，婚約因此延誤，而且一延就是十年。抗戰勝利後，卻是一波未平一波又起，國共內戰接踵而至，父親繼續領軍作戰，無法兼顧兒女私情。直到一九四七年三月十九日父親攻克延安，才終於有了結果。她在南京教書時忽然接到父親的電報：「請即飛西安」，婚就這麼結了。

父親的軍人性格毫不拖泥帶水，也就少了浪漫；而且，還對剛結婚的枕邊人做了約束。多年後，母親也已辭世，我整理母親的遺物，發現了婚後沒多久父親寫給她的一封信，佐證了父親在生活上對母親的期待，這是婚姻裡一輩子相處的事，而母親也眞的遵行。這封信的信封工整地寫了「葉霞翟先生」。我抽出泛黃的信紙，父親在一張便箋上以毛筆寫：

> 此後生活以謝絕酬應，屏棄政治活動，閉門讀書，課任克己，追求賢妻良母之理想，而在學術上努力是所盼望。
>
> 霞翟賢妻
>
> 胡宗南五月卅日於興隆山

當時母親在南京金陵大學任教。南京是中華民國的政治中心，有國民大會代表的選舉，以母親不僅是大學教授、極為稀少的留美博士，又是上將夫人，不論父親或母親的朋友都會請她去應酬，但父親不願意母親拋頭露面，所以所謂在家裡學術研究，就是要母親摒棄在外活動，而且終他一生，對母親的要求始終如此。

來臺後成為全職家庭主婦

到臺灣之後，父親在世時，母親頂著上將夫人的光榮，包辦了家務、照料我和弟妹，我們回到家，她永遠在家裡，她就是母親，一位盡責、守在家裡的全職家庭主婦，一有空閒就為父親和兒女織毛線衣襪。但父親給的家用如此不足，家庭經濟這麼困難，怎麼不去教書呢？這些心情，我在父親在世時從來沒感覺，因為母親總讓孩子們不虞匱乏，我也沒有意識到母親竟然是位那個年代少見的留美博士；只有後來母親重回大學教書，我這才感受到母親在學術上的專精，心頭的不解也就浮了上來。

以後我忍不住問：「媽媽您是留美的博士，為什麼來臺灣就沒有學校請您教書？」

母親幽幽地說：「有啊，我一到臺灣來，臺大傅斯年校長第一個請我去臺大教書，但你爸爸不要我教啊。他的觀念是妻子待在家裡照顧孩子就好了。」

父親生於前清、成長於民國初年，即便日後統領萬軍，對於女性、婚姻、家庭的觀念一直停留在十九世紀，女子不應在外拋頭露面，到一個地步——我妹妹爲美在門口玩耍，父親從外面回來就斥喝說：「進來，女孩子怎麼可以在外面玩耍？不可以的。」爲美到現在還記得。

父親的觀念相當傳統，也因此讓母親手上的錢常常捉襟見肘，一出什麼小意外如孩子生病就不夠用，甚至得告貸。父親的上將待遇其實是寬裕的，可他苦待自己也讓家人清苦生活。

母親如此犧牲自己，日子過得刻苦，丈夫還時時不在身邊，她必得孤獨度日，會不會覺得受了委曲甚或遇人不淑？我以後找到結婚五年後父親赴大陳，她寫給摯愛的信，看到眞情的答案。

親愛的夫：

最近沒有飛機（飛往大陳）而我又巧在又忙又病的情形下，所以就沒有給你寫信，可是我心裡眞是無時不在想念著你的。這半個月來我每晚必爲你和我們的家庭幸福禱告，每次禱告之後我心裡才感到平安，才能入睡。現在我的確相信上帝是和我們同在的了。

近來我常常回憶著我們的歷史。我深深的感覺到我們的結合實在是一件非常不容易的事。這特別是在我這方面，更是千難萬難。十年的等待已經耗盡一個少女的青春也磨完一個青年的忍耐力，更何況這種等待又是那麼的渺茫、那麼的不可靠。但是爲了一種女子特有的痴情和我個人特有的毅力，終於使我達到了目的。

記得在我出國的前後期間，常常三個月五個月得不到你的一封信，有時在相隔很久得到一個見面的機會，又不一定是十分愉快的。而在國外的五年期間都沒有得到你的片紙隻字

（這事連我的母嫂都不知道，因爲這簡直是一件不能使人相信的事），可是我都排除了一切外界的誘惑，排除了一切關於你負心的謠言，排除了一切苦難，等待到和你見面。結果是「皇天不負苦心人」，我終於維持住了少女的尊嚴，在千百個對我的痴情抱可憐的態度、對你的忠實與愛情抱懷疑見解的人面前勝利了。

不過在我們結婚之後，仍然有不少的人，有的爲了妒忌、有的爲了羨慕，有的爲了人類特有的壞德性惟恐天下不亂，只希望能夠聽見有關我們間的任何不愉快的消息。可是這些人又失望了，五年來我們的家庭過得很幸福，我們已經有了兩個漂亮可愛聰明活潑的男孩子，我們的第三個孩子轉眼就要來臨了，誰能不承認我們是美滿的姻緣、幸福的夫婦呢！有了這十五年的經驗、有了這十五年的磨練、有了這十五年的歷史，我們的前途還有什麼可憂慮的嗎？何況我是個意志力極強的人，我是個道德觀念和正義感很深的人，我既已下定決心要做你的好妻子，要使孩子們有個溫暖的家庭，我就會這樣做的。

本來人家說幸福的家庭是要夫婦兩人共同創造的，原則上這很對，但對我們的家庭卻不能要求太苛，因爲你的家庭觀念很薄弱，你的公務也太忙。所以對於我們這個家庭，你能出一分力量就是一分力量，我絕不坐在那裡等你來出力。不過無論什麼時候，只要你想到家，我總有這麼一個溫暖的家在等待著你。我已經爲你生活了十五年，我當然還可以爲你生活五十年、五百年或五千年的。親愛的，你知道我是最愛哭，表面上顯得很軟弱的人，但是我的心比金還堅、我的意志比鋼還強。逆來順受在任何情形之下，我的最終目標是不會變的。假如在三十年後有那麼一天，你能夠對我表達出你的眞心、你的意向的話，我就是這世界上最幸福的人了！

我在等待著你，我是永遠在等待著你的！你出門了我等待著你的信，你的將來；你在家的時候我每晚等待著你回家，等待著你的愛。在任何時候我都在等待著你的內在的感覺。現在我很幸運我知道上帝知道我的心，祂是與我同在的。

孩子們都好，請你放心。祝你快樂、安好！

你的愛妻 七月十七日

母親從來不掩飾對父親的感情，那是眞摯的、完全無條件的愛，從不改變，且樂於表達；然而父親就不一樣了，從母親的信裡可以見得，他性情原本內斂，不會有眞情流露的言語，一到外島就把全副心力放在任務之上，甚至於在對家庭供需上有時也因銜接不上而出現匱乏，母親因此覺得他家庭觀念薄弱，但她全然接受丈夫的一切，而且靠著信仰過得勝生活。以我自幼每日所看到以及感受到的，這封信的內容完全是母親眞實的心情，只是她那時怎能知道後來父親會那麼早就離世，她的幸福竟然是那麼短促！

當然父親過時而保守的觀念，並非一無是處。對我和弟妹而言，最大的好處就是從我們襁褓到幼年，母親總在身邊；在家裡總能看得到母親，那是一種很深的安全感，甚至影響到我以後的爲人處事，總要給人安全感。家裡有個全職母親，對於孩子的身心發展絕對是正面的，這和一般雙薪家庭的夫妻都在做事，必須托嬰、托兒，孩子放學回家後可能得單獨自處等等，就差得遠了。全職母親對家庭、對子女有絕對的幫助，但對母親自己生涯而言，犧牲可大了。

母親的奮起

父親於結婚十五年後去世，是母親一生最沉重的打擊，因爲她的生活與心思全環繞著父親。父親自己以及他的理想和事業，基本上就是她人生的目標，所以父親逝去，她的世界也跟著崩潰。我眼見她悲痛萬分而神情恍惚，什麼事都不能做，直到半年後，才好不容易地從喪夫的情懷裡走了出來，而且開創自己嶄新的人生。又過了將近二十年，母親病逝。我們打開她的銀行保險箱，裡面有她的一些首飾、存款不多的存摺（我到那時才知道母親是如此窮！），在最底下壓著一張發黃的信紙，她的兒女這才得見她當年是如何地自我惕勵、走出人生逆境。那是在她四十八歲生日之時，寫下了對自己的期勉、對兒女的囑咐：

今天是中華民國五十一年五月十九日，即舊曆四月十六日，我降生到這個世界來已整整四十八年，在這悠長的歲月中，我歷經艱難。現在吾夫胡宗南先生又於九十五天前逝世，留給我四個幼小的子女和一個渺茫的前途，可是我對人生仍不絕望，我仍要奮鬥下去，將來當我終於死去的時候，希望我的孩子們在我的墓門上，刻下下面幾個字：

「這裡安息著一位忍耐一生、永不屈服的女士，我們的母親。」

霞翟寫於四十八歲生日之晨

她要重新點燃自己，發出光與熱，戰勝橫逆。

對於刻骨銘心的戀情與婚姻，她以兩年時間寫了《天地悠悠》傳世；六十年之後，我國名編劇家李如明女士讀了《天地悠悠》大爲感動，遂把書裡父母的愛情故事編成廣播劇播出，以紀念抗戰勝利七十週年。二〇一五年教育電臺播出後廣受好評，還入圍當年的金鐘獎。

至於母親的「忍耐一生、永不屈服」，我以後長大成人結了婚、服公職直至退休，整理她寫給父親的許多封信，也就更能體會到，她是如何心志堅定地克服各種艱辛，在亂世中爲了父親、爲了這個家，無私無我的奉獻了她自己。當然，我身爲長子，親見她的辛苦，總希望能爲她分勞，因此自幼即常問她：「媽，妳希望我將來做什麼好？」母親的回答永遠是這句話：「我只要你做一個對國家社會有用的人。」

父親過世，她終於自主發揮了她的專業與能力；我也才親睹擁有威斯康辛大學（University of Wisconsin-Madison）博士學位的母親，從家庭主婦角色走出來之後的另一面。

她由中國文化學院創辦人張其昀先生聘爲家政研究所及系主任，並且出任訓導長、教務長，然後成爲中國文化學院的副院長；母親很快就展現她在學術、行政、輔導等各方面的長才。

中國文化大學前校長李天任如今說，母親在文化時，不僅是家政所創辦人葉所長、家政系創辦人葉主任，也是全校師生敬愛的葉訓導長、葉教務長，以及葉副校長（副院長），母親全心全意地照顧、輔導學生，學生敬愛她，不稱她的職務，而喊她葉老師、葉阿姨、胡媽媽，而她也總是全心全意付出與無怨無悔的承擔。母親一如父親，對錢不斤斤計較，有當時的學生回憶，母親在學校時，不論公私，只要缺錢向她開口，她總是會打開皮包把自己的錢掏出來解決問題[21]；她甚至在父親過世之初，家用尚有匱乏之時，把外界致贈的奠儀捐給文化學院興學。

一九六七年，母親擔任省立臺北師專校長，是北師自日據時代以來第一位女校長，她主持校務共十三年，在校長任內建樹極豐。北教大老師都講，母親任校長之時，是該校在社會、教育界地位最高的時候，高到一個地步，連日本首相佐藤榮作都具名致贈鋼琴。

日本首相佐藤榮作政府的防衛廳長官山中貞則，是師專老校友，對母校很有感情，經常回臺北母校參訪，母親擔任校長沒多久，他就有意要捐給母校一架日本 Yamaha 大鋼琴。山中貞則覺得應該讓首相知道，結果佐藤首相曉得師專葉校長是胡宗南遺孀之後，就跟山中貞則講不准捐——要由他自己來捐。佐藤首相親筆寫了一封信給母親，內容是說對母親很尊敬，所以要把一架鋼琴送給臺北師專。那年十二月大鋼琴運抵臺灣，由日本駐華大使島津久大代表到校舉行贈琴典禮，現在鋼琴還在，斯慧前些年彈過。以後母親去日本訪問，在山中貞則引見之下，和佐藤前首相見面，做了一次極成功的國民外交。

治校如治軍

現任國立臺北教育大學校長張新仁說，母親主持校務，治校如治軍，有我父親領導統御之風，對學生卻多了一份慈母般的關懷與照顧，她總是耳提面命地告訴師專學生，要對「教師」這份工作有使命感與榮譽感，也因此培養了許多優秀教師、奠定了北師在師範教育的龍頭地位，成爲師範教育的典範；她又於一九七〇年成立了「智能不足兒童教育師資訓練班」，開啓了我國特殊教育的新頁。

有位北師校友回憶當年母親治校，對於學生的栽培不僅在於學業，品德與生活都要求極嚴，爲的是師範生爲人師表的師資培育。每天一早，總是穿旗袍套裝的母親就帶著教官逐一到宿舍檢查內務；週會上對學生的諄諄告誡不曾間斷；上課時外頭也有師長巡視，更有如同部隊般的早晚點名。除了這些要求之外，學校每學期都有許多活動，舉凡內務整潔、教室佈置、體操田徑、游泳球技、辯論演說、歌唱演奏等，都以競賽來展現戰鬥意志般的自我提升，從而締造出北師特有的榮譽感，讓四面八方來到北師的師範生沉浸在這股榮譽至上的校園氛圍中，從外而內，詮釋「師範」之名。

如此的榮譽感曾在一九七八年十二月中美斷交日沸騰起來，全校學生群聚在禮堂高年級的學生接力上臺抒發己見，低年級的學弟妹則在底下抱頭痛哭，北師校園的戰鬥意志頓時昇華到國家層級，而這正是母親一直所持守的愛國情操。

母親就是如此用心、努力地為國家培育師資，但不治之症也悄然上身。

我赴南非才一年多，母親癌症復發，癌細胞已移轉到骨頭了。我十分焦急，但也沒法子，那個時代沒有外勞，照料及陪伴母親全靠弟弟和弟媳，而他們也都有自己的工作和家庭要顧；兩位在美國的妹妹都因不同的原因未能回來。惠英於是特別飛回臺灣，代我盡孝道，她盡心盡力的照料母親，讓看在眼裡的醫護人員很感動，還問她是不是病人的女兒？一問才知道是媳婦。母親則說：「惠英啊，交給妳的事沒有辦不成的。」

我感謝上帝，母親是寡母，我又是老大，娶媳婦是否能孝順母親，極為重要；這也是我高中時為未來婚姻對象向上帝祈求的第一條件，上帝也賜下了佳偶。而岳母林方愛芳女士也多次到醫院探視母親，兩位老人家感情極佳，岳母極有愛心，包括關切、照顧我的身體。

攻讀博士紀念罹癌辭世的母親

母親雖和癌症纏鬥，也自北師退休，可她仍對教育盡忠職守，甚至在病床上批閱文化家政研究所研究生的碩士論文，還在病房親自主持論文口試。然而母親的病情迅速惡化，一九八一年八月十日與世長辭。

我極為難過，因為父親去世得那麼早，母親辛辛苦苦地把我們拉拔大，我早就決心要使她在晚年之際，能過得舒舒服服，即使身在南非，我也把房間預備好，希望她過來共享天倫，然而母親罹癌，在醫院一住就是九個月，雖然許多弟兄姊妹爲母親禱告，但只能做到讓她不動就不痛，而且體重不變，卻完全沒法子離開醫院直到辭世，那是我人生最最痛苦的時刻。

我告訴惠英，我想好好寫一篇文章，紀念母親。惠英回答，與其寫文章紀念母親，不如讀個學位紀念母親。惠英所提的這個挑戰更大更深更有意義，我們工作繁重，要想應付博士班課程以及做研究極不容易，但爲了紀念母親，我們願意。我們進入南非京城普勒多利亞的斐京大學（University of Pretoria）博士班是沒問題的，惠英和我於是在一九八一年年底註冊，一起攻讀學位，惠英讀她本行教育行政，而我則讀戰略研究所。沒想到的是，我在攻讀學位期間，必須讀一些相關戰略的書籍，尤其是法國薄富爾（André Beaufre）的總體戰略理論，竟對我後來在國安單位的工作有所助益。

▶ 為紀念母親於南非斐京大學攻讀博士，於一九八九年初獲頒學位。

斐京大學爲我們安排課程，可以配合到我們的時間，但因是英式制度，還是著重在寫論文，老師要求很嚴格，毫無放水的可能；我後來調到華府，在繁忙的公務之下，有空就跑圖書館查資料，每寫好一章就寄到南非給老師過目，而老師十分認眞，經常要我重寫，令我苦不堪言。一九八六年我又調到南非，成爲駐約翰尼斯堡總領事，我白天上班、晚上應酬，客人離去，我洗個澡，然後開始寫論文，往往一寫就寫到凌晨兩三點才擱筆。還好那時體力好，幾乎天天如此，也無法兼顧家人，生活品質變得極差，最後終於完成。

我的論文題目是《中華民國臺灣在戰略上的重要性》，總共有四百多頁，我特別在論文的最前頁寫：「本書獻給我的父母——胡宗南上將與葉霞翟博士，他們爲了中華民國的理念毫無保留地奉獻了一生」。我苦修八年後取得博士學位，不過也獲得博士候選人資格的惠英，爲了我頻繁地在家中宴客而且爲了照顧孩子們，第二度放棄取得博士的機會，全心全意協助我完成心願。

一九九一年，我因調任禮賓司長而從芝加哥返回臺灣。我把博士論文帶到母親墓前，望著冰冷的墓上鐫刻著母親以生命寫下「這裡安息著一位忍耐一生、永不屈服的女士，我們的母親」這句囑咐，不禁跪下來大哭，陪同上山掃墓、親如家人的張書信夫婦也一同掉淚。母親做到了她的許諾，我則眞是子欲養而親不待啊，只能以此博士學位，紀念母親。

---

21 王士儀：對葉阿姨的一點回憶《教澤流芳 葉校長霞翟博士百歲誕辰紀念文集》。中國文化大學、國立臺北教育大學二〇一四年出版，頁二〇一二一。

第十一章

禮賓任務

今日的戰士，生於理智，長於戰鬥，成於艱苦，終於道義。擇善固執，貫徹始終，理智也；克服困難，戰勝環境，戰鬥也；屢敗屢勝，百戰不撓，艱苦也；篤信死守，不計成敗利鈍，道義也；由真切之理智，而歸於雄偉之道義，此戰士所以能為聖賢，為英雄，為時代光輝，為民眾表率。[22]

——父親於一九三八年七月一日，以「今日的戰士」為題，對七分校畢業學生演講。

由於李登輝總統的務實外交，外交新思考是中華民國要走出過去的「漢賊不兩立」，強化和世界打交道，不論有邦交或者無邦交。我從機要祕書到海外兩度與楊西崑大使共事、兩度赴美，如今返國擔任禮賓司長，如此歷練增進了我在行政上的經驗，父親「今日戰士」的期勉，有如對我工作態度的訓示。

禮賓司：鉅細靡遺的行政

禮賓司，任務在於所有有邦交地區外交部長層級以上的外國政要來臺訪問的接待，這是得鉅細靡遺地照管一切。禮賓司的科長都是我選的，我有三個科長：交際科長、典禮科長和特權科科長，交際科長在這些細節上特別重要。我那時交際科長賴建中後來在中南美做大使；典禮科科長丁干城這幾年剛做完駐外代表回來；特權科科長則為王保新。我要提提兩位得力科員——我們後來到中美洲為李元簇副總統出訪奔忙，很認真、仔細而有效率的科員曹立傑後來擔任中南美司長；另一位是朱瑞園，他後來應我之邀，放棄了人事處科長及主管加給，調來國安會擔任我任副祕書長時的祕書。

總統、副總統出國是由總統府第三局和外交部禮賓司共同辦理。我剛接司長時，李總統原打算到中美洲訪問，所以我和總統府副祕書長邱進益一起到中美洲邦交國哥斯達黎加、尼加拉瓜、宏都拉斯勘查過，結果回程時才知這趟行程，改派李元簇副總統。

一九九一年八月，李副總統到中美洲三國訪問，派了華航專機，眞正的挑戰在於細節。禮賓司長要注意的各種細節多得不得了，其中一項安排是一到機場，從專機下來時，對方歡迎的儀節該怎麼做，由誰主持，有誰講話，該李副總統致辭時，什麼時候講什麼話。至於下飛機的秩序、誰在機場迎接、第一個上機迎接者是誰、我們整個代表團的列隊怎麼排，對方又是怎樣排，下機之後要到什麼位子，要講清楚；坐車——副總統坐什麼車，誰陪他，我們哪個侍衛在什麼車上，對方的前導車怎麼開，警察怎麼的安排，我們第二位團員坐哪輛車，其他團員坐巴士，位置要怎麼排，誰坐哪裡，下車後要到什麼地方、做什麼事，都要清清楚楚；對方安排晚宴，要知道菜單是什麼，有什麼副總統不能吃的，喝什麼酒，位置怎麼排，路線怎麼走，算出多少時間等等，都是非常細、要精確的事。

當然還有大方向。出國訪問的目標是什麼、爲什麼要去這一趟，要怎麼樣敦睦邦交，如果對方提什麼要求，我們要怎麼回應——這是由同行的中南美司長負責的政務，我主要是行政。

李元簇副總統訪問中南美三個國家，我親眼見到駐當地的大使是如何認眞工作以維護邦交，印象最深的是駐宏都拉斯的黃傳禮大使，非常資深而且正派有學問。他比我年長十幾歲，但是在條件很不夠的情況下，要拚外交，尤其他的夫人在家請客，我非常了解，請得這麼頻繁，好辛苦。支撐這些外交工作最主要的力量，就是爲了國家。

接待宏都拉斯總統驚出一身汗

我擔任禮賓司長，接待的第一個國家元首團是宏都拉斯總統卡耶哈斯（Rafael Leonardo Callejas）伉儷，然而一開始就出了岔，可著實給了我這經驗不夠的新手一個教訓。那時是中華民國第八十屆雙十節的前一天，李總統親臨松山機場以軍禮歡迎，兩國元首校閱三軍儀隊，奏陸海空三軍軍歌；接著由臺北市長黃大洲呈獻市鑰，表達臺北市的歡迎到訪。我用中、英文向李登輝總統和卡耶哈斯總統報告：「臺北市市長要呈市鑰，歡迎總統閣下的來訪。」講完後就回到我的位子上，示意請黃市長出列。沒想到黃市長不出列。

我愣住了，心想「事先都演練過了，你怎麼搞的？」那時萬籟俱寂，我汗水奔騰，兩位總統、所有政府高層國賓憲兵儀隊全都靜穆肅立等著，然而市長還是不上來。隔了一會兒，有人匆匆忙忙地跑到黃市長身邊，接著他總算出列呈獻市鑰，節目才能繼續。卡耶哈斯總統過來到我們這邊握手，還有小朋友持旗歡呼，再去向孩子們致意，然後坐禮車赴飯店休息。我找到黃大洲市長問：「欸，怎麼回事？」市長解釋，交通阻塞，市鑰沒到——原來如此！所以後來我們每次都有備案，萬一市鑰沒來，可以將預備鑰暫派用場。

一九九一年年底接待南非最後一任白人總統戴克拉克（F. W. de Klerk），也出了點狀況。年輕的戴克拉克原是教育部長，因為在黨內受到歡迎，後來成為總統。他的到訪，禮賓方面有個最重要的節目——雙方總統相互贈勳，而且我也會收到一枚勳章，因為我在南非待過很長的時間，他們認得我。贈勳儀式在陽明山中山樓舉行國宴之時，那天晚上飄著細雨。

戴克拉克總統的禮車開到門口，一行下車，要走上三層樓。李總統已在上面準備迎接，一開始儀節首先是介紹客人，我在旁邊用英文一一唱名介紹，握了手之後，兩位總統就進入房間會談——會談結束，接下來就是贈勳了。突然間，南非的禮賓司長靠過來跟我講：「Victor，糟糕，我們總統待會兒要贈勳給你們五個人，但我手上只有四枚勳章，有一枚勳章應該是掉在車上沒有拿下來。」我說那還得了，因為兩位總統已開始會談，我可以不在旁邊，拉著他就從三樓往樓下跑，但車隊已走了。

那時沒手機，我想到警察有無線電，趕快通知車隊回來。南非禮賓司長急得不得了，車子一到就開車門，那枚勳章果然在車子裡。我陪著他衝上樓，總統府第三局局長張復問：「怎麼搞的，到哪裡去了？兩位總統已寒暄得都講不出什麼話了。」兩國禮賓司長都是滿頭雨水汗水一身溼，但總算贈勳儀式得以展開。別的地方贈勳還好，偏偏是在中山樓，地方大，還得爬上三層樓。

接任司長，才體會到禮賓司長和部長關係很密切，一有外賓就是部長和我接待，總統級由錢部長接，部長等級就是我。兩年之內我接待了四十八個外交部長以上率領的訪問團，其中有十二個元首團，如東加王國杜包國王（Taufa'ahau Tupou IV）和新加坡內閣資政李光耀各兩次。

接待新加坡李光耀強調國家主權

我接待外賓中，比較特別的是李光耀。一九六〇年代新加坡剛獨立，從那時起有二、三十年在他們最孤立無援時，中華民國慷慨地伸出援手，幫助星國站起來。事實上，當我二〇〇五年去新加坡擔任代表時，每一位星國政要仍然在初次談話中，都向我強調當年蔣經國總統對新加坡的友誼和恩情，是他們永遠感懷的。這種飲水思源和念舊的美德，當然就是來自李光耀的榜樣。

長久以來，新加坡並未與大陸或臺灣建交，然而李光耀和經國先生友誼深厚，李光耀年年到臺灣來，因不願得罪中共，他與中華民國交情是祕而不宣的。沈部長期間，我隨部長前往新加坡而初次與李光耀見面，以後有緣熟稔就是從禮賓司長開始，我分別於一九九二年二月和一九九三年二月接待他，在圓山飯店陪他跑步，跟他多次交談，彼此有了較深的認識，他赴花蓮參訪，都是我陪同他搭機，還一起坐莒光號專車體驗才開通的南迴鐵路。

經國先生去世後，李光耀很願意繼續在兩岸之間推動和平，然而李登輝總統的想法顯然不同。其實，我自己就曾有機會和李光耀在這方面交換過意見，我對他在新加坡的建樹和領導很佩服，但他的兩岸觀、中華民國前途的看法，我不贊成，認爲李光耀對我國歷史的了解仍然有他的侷限。李光耀第二次訪問臺灣，我陪他在車上閒談時，講到臺灣的未來。他說：「以後你們只要發展經濟就好了，不必爭取什麼國際地位了！」我很驚訝他說出這種話，立刻回答說：「我們是

▶ 擔任外交部禮賓司長時歡迎新加坡李光耀資政（一九九二年）。

中華民國，有我們的立國精神和對人民的責任。我們不但要爭取國際地位和外國的尊重，對於中國大陸今後的發展也有責任。」他聽了頗為震驚，轉過身來張大眼睛看著我，半晌未出一聲；而我一時激動，也未多說話。這個印象，在我記憶中，極為深刻。

也是第二次訪問，我在一次餐會前看到李登輝和李光耀談話，很明顯地觸礁了。我陪同李光耀見李總統，眼見他倆笑嘻嘻地進房間談，出來卻都沒笑容，顯然談得不投機。後來方知當時兩李在裡面談了對臺灣、對中國大陸的看法，從李光耀回憶錄裡面提到怎麼回事。在李總統任內，李光耀後來又來了一次後，再也沒有來臺訪問。

陪東加國王游泳

東加國王杜包四世也令我印象深刻，他曾九度訪華。第一次接待他，他因為太胖了，很難進入車子裡，但我們同樣有行程表，特別是見總統，一分鐘都不能差，因此我們預算上車要給他兩分鐘，車門打開先坐著，再慢慢轉進去。他又高又胖，最重要的是他體重四百磅，會把一般椅子壓垮，所以每到一個地方，會先留意必須是能承載重量的特製椅子，睡覺要換椅子換床，如果垮掉那就不得了，這些細節我都要親自看過才放心。

東加王國是南太平洋的小國，人口約十萬左右，可是身為國王，還是有他的見識。他坐車，都由我陪著，他在街上看到什麼事，一評論都對；看不懂的就問我，我就給他說明，所以他身為國家元首，有他獨到、過人的觀察力。

杜包國王說他要游泳，到哪去安排游泳池呢？我後來好不容易找到可以讓我們單獨使用的華航游泳池，在松山機場後面。因爲是國家元首，我們有一定的禮儀規則，就是前面警車開道，禮賓車抵達後，十六個警察已把游泳池包圍淨空，讓國王去游泳。我陪他游泳，他有兩個胖大侍衛，連我在內三個人都換好泳褲，國王從更衣室出來，先坐在椅子上休息幾分鐘，覺得可以了，穿上蛙鞋走到游泳池旁，一個侍衛先下池拉他，另一個在上面幫忙，我的任務是陪他游，他用蛙鞋游得頗快。游了兩個來回，他說還想再游，就再游一個來回，然後準備上岸，兩個侍衛一個扶一個拉，等到從池邊起來，侍衛就不能扶，因爲他是龍體，侍衛不能隨便碰，改由我來扶——但還好，他可以自己走，否則全身重量壓在我的身上就慘了。

我把他扶進更衣室陪他一起換衣服，然後上車。

坐車回到圓山途中，他嘆口氣，講：「I'm dying……（我要死了）」

「爲什麼？」

「我剛剛不該游第二趟。」

我嚇壞了——他這麼胖大，年齡是七十四歲，眞有可能出事啊，那怎麼得了？「別緊張別緊張，皇后在圓山飯店等著陛下呢。」我趕快安慰他，希望他放鬆心情別出事。車隊抵達圓山飯店，我扶著他坐電梯，到了十二樓總統套房，見到皇后。我趕緊移交：「國王說他累壞了，也把我嚇壞了。」皇后倒是很淡定，不以爲意地說：「哎呀，他總是這樣子。」

▶ 擔任外交部禮賓司長期間接受南非贈勛（一九九一年）。

隔了一年杜包國王又來臺灣，還是我接待，國王一見面跟我講的第一句話就是講自己的體重：「你看我瘦了不少吧，我少了一百多磅。」他頗得意，因爲現在只有三百多磅。我問爲什麼？他指指旁邊陪他來臺的歐陽璜大使：「他送我腳踏車，天天陪我騎。」這是歐陽璜立了大功，送國王一輛捷安特，每天陪騎；每個週末歐陽夫人做了有益健康的菜拿到皇宮，請國王享用。這就是我們維持東加邦交的祕訣。

禮賓工作高度緊張，所以整個團走了後，眞的是需要休息，因爲精神上吃不消。禮賓其實本質上是總務工作，各種雜事都有，但對國家來說非常重要，以我家而言，不僅是我，也往往會動員到妻子，每次有外賓來，如果是夫婦，都是我跟惠英分工，我陪主賓、她陪夫人。

我們都從機場接外賓之後，我陪外賓坐禮車，惠英則陪同外賓夫人坐另一部禮車。在路上四十分鐘，惠英就在這麼短短的時間裡，建立了很親密的私人關係，包括談了家庭和信仰。對杜包國王，惠英都問些會讓國賓樂意回答的問題。她問：「陛下，所有的國王都有很多太太，爲什麼你只有一個皇后？」國王回答：「胡太太，因爲我是基督徒。」

惠英很熱情，賓客都非常喜歡她，所以我很高興有這位賢內助，不僅持家，還可以在外交上協助與國賓建立私人情誼，讓友誼加上利益關係，進而繼續維持和中華民國的邦交。

我當禮賓司長時最感光榮的事，就是一九九二年九月在臺北召開的第一屆中美洲六國外長和中華民國外長之間的會議。這些國家包括中美洲哥斯大黎加、薩爾瓦多、宏都拉斯、瓜地馬拉、巴拿馬以及貝里斯，親見各國外長對我國錢復外長的尊敬，而所有的會議結論都根據我們事先的規劃，我深感還是有邦交才能感受到國家的禮遇和尊嚴。

擔任禮賓司長兩年多，每天送往迎來，辛苦也就罷了，但我逐漸希望以不同方式服務國家，也請了內弟林永錚牧師夫婦來祈禱。沒多久，我眞的有了新職的機會，這回是南非那位基督徒預言家對我的預言實現了。

宋心濂徵詢赴國安局意願

一九九三年，正是國民黨內主流、非主流政爭最激烈之時。年初，李總統任命連戰出任行政院長，並調整軍方與情治系統，其中一個做法是把國家安全會議、國家安全局法制化。五月一個禮拜天早上，我到教堂參加主日崇拜之前跪著禱告，忽然有兩句話進入我心：「你在這裡做什麼，你在這裡得什麼。」我知道這是聖經上的話，但明明有三句話啊，還有一句話是什麼，怎麼也想不起來。但去教堂的時間到了，我起身，和惠英帶著小孩，到林森南路禮拜堂做禮拜。那天正巧是我中學時的團契輔導「宇宙光全人關懷機構」總幹事林治平教授講道，講了沒多久就說：「聖經裡有三句話——誰領你到這裡來，你在這裡做什麼？你在這裡得什麼。這是舊約士師記十八章三節……。」我一聽，寒毛都豎起來了，早上想不起來的經節，林治平現在提出來！

我馬上把聖經打開，果然這三句在士師記。這三句經文之後，接著是五個勇士問祭司，「請你求問神，使我們知道前面的道路通達不通達？」祭司回答說，「你們可以平平安安的去，你們所行的道路是在耶和華面前的。」我馬上遞給惠英看：「欸，我早上想不起來的，他竟然在臺上講了。」我是職業外交官，隨時會調動，她一看，悄聲回答：「是不是上帝又要我們調動了。」我們一向是幾年就換位子到新地方去，我們沒再講話，繼續聽道，直到禮拜結束。

第二天禮拜一，國家安全局局長宋心濂辦公室打電話到外交部禮賓司找我想見面談談，但我正陪著外賓，於是改約十九日禮拜三下午在來來飯店安東廳。我本來以爲是個什麼案子，依約到場，卻發現只有我一個人。宋心濂來了，把門關上，他跟我只偶爾在公開場合見面，一點都不熟。

宋心濂開門見山地說：「胡司長，我們國安局要法制化了，需要一個文人來做副局長，推動法制化。」我聽到這裡，首先冒出來的想法是，「你要我推薦一個人選？」沒想到他緊接著說：

「我想請你來，做我們的副局長。」

我對這個邀請感到非常意外，國安工作？想都沒想過，馬上回應說：「我是職業外交官，學的是外交方面，不是學情報，爲什麼找我？」

他說：「你有外交經驗，外交官就是情報員，兩者工作很像；其次，你很穩重不做秀，所以很適合，而且我也不是學情報的，我是職業軍官啊，做局長也做八年了，一面做一面學；你也可以這樣子。」

我推薦比我資深優秀又愛國的劉伯倫大使，宋心濂回答：「劉伯倫我也認識，但劉伯倫做過大使，請他再來做副局長，可能委曲了。」

宋局長希望我除了太太之外，不要問任何人，然後一週之內給他答覆。惠英面對我的新挑戰，則只說要禱告，聽神帶領，她沒有意見。我想起禮拜天突然出現的聖經經節，也就是士師記所提的：「我前面道路是否通達，還是要在耶和華手上。」這應是上帝默示吧。很巧的是，那一週內當我收拾因公事未能閱讀的許多報章雜誌時，竟然看到有關國安局的組織法草案以及其他有關內容，這下就對這單位有了初步認識，因此也有了參與國安工作的意願。

隔了一個禮拜，二十六日也是禮拜三一大早我和宋心濂見面，表明我個人原則願意到國安局，但仍要當晚錢復部長返回後再問他一下。宋局長大喜，說：「太好了。」我說：「可是這完全是陌生領域。」「沒關係，你跟我學。」

錢部長晚上自國外返臺，我到錢部長官邸問他的意見，沒想到他完全贊同。他說：「當然去，這是正面的調動，我絕不會阻止，因爲這個職位比你司長職位高，你該去，相信也事先得到總統的同意，而且百分之八十可能以後由你接局長，當然這不是兩三年的事，因爲總統一直想找個博士來領導國安局。還有，你去正好能夠加強國安局和外交部的合作關係。」這些訊息全部都是正向，我就不再猶豫。

22　《胡宗南先生文存》頁一四二。

第三部 國安與臺灣方向

第十二章 李登輝總統的本土新方向

我們中國人的前途，終竟要我們中國人自己來決定的。自由是要我們生命做代價的，復國是要我們的血淚來換取的。天下絕沒有廉價的獨立和自由，也沒有僥倖的勝利和成功。須知反攻的機會是要我們全心全力來開拓的，復國的事業是要我們共同一致來爭取的！[23]

——父親於一九五三年奉命自浙江大陳調回臺灣，在移交報告所寫。

父親離開大陳，等於離開了前線，但他以中華民族大義，遙望兩岸統一；而我赴國安局任職，與李登輝總統有了直接從信仰切入而接觸的機會，卻也面對國家民族大義核心價值的悄然改變。

一九九三年五月，我赴國安局任職的人事安排已經確定。何時去比較好？錢復部長希望九月辦完李總統南非行、十月辦完國慶酒會後再走。錢部長要我推薦繼任人選，我推薦五位覺得適合人選，他圈選杜筑生。杜筑生先是接我擔任芝加哥辦事處處長，如今再接手禮賓司長。他學養俱優，夫婦是雙博士，我相信非常適合。

隔了兩天，我偕惠英拜訪宋心濂局長，轉述了錢部長的話，宋局長同意我九月再去，並較深入地談了國安局。宋心濂認為我一定可以做得好，但國安局的成員來自陸海空三軍、警方和民間，相當複雜，對我而言是個挑戰。

我調國安局的事很隱密，我也沒講，卻提前見了報。禮賓司長任內，我最後一次接待外賓是七月初的尼加拉瓜外交部長雷阿爾（Ernesto Leal Sanchez）伉儷，陪著到臺東時，中時記者半夜打電話把我叫醒，說已傳出消息，我調到國安局；我不予證實。

宋心濂突然離職，我提前赴國安局

七月七日，中時以頭版頭條報導我的人事。我陪尼加拉瓜外長回到臺北，馬上詢問錢部長：「不是十月再去嗎？怎麼現在就發佈？」錢部長回答：「情勢有變化。宋心濂局長要在八月一日退休，李總統也不去南非了，所以你就趕快去。」

我只好轉問宋心濂：「你覺得我什麼時候來比較好？」他說：「七月十六日過來佈達。」我再問：「怎麼說你要退休呢？不是要教我嗎？」他的回答很委婉：「都安排好了，都安排好了。」

宋心濂沒有直接回答我的問題，但聽得出來，他事前根本不知道李總統要在此刻換他，因為接局長的殷宗文先生也才出任副局長，按理講不應會如此調動。這回宋心濂突然離任，李總統一句話都沒講，但一年後他意外去世，宋夫人後來卻積極反李。

十二日，李總統召見。他指示，情報與外交關係密切，而情報工作首要是正確，希望我到任後，能加強國安局同仁的素質。他又告訴我，宋局長退休後由殷先生接任，並笑著說：「以你的背景、正派，部會中找不到更適合的人了，希望你以此爲終身事業，努力鑽研，將來由你來『handle』。」

我知道他的意思，可國家安全局對我而言是新領域啊。我回答：「我做不來。」李總統說：「國安局若干包袱等法制化後便會處理好，有問題可以問我，我對情報很懂。」

殷先生兩年前是澎防部中將司令，因年齡將屆即將退役，李登輝巡視澎湖後，立即拔擢接掌軍情局長，在軍情局表現很好，他於這年六月一日才調任國安局副局長，沒想到才一個多月又獲擢升爲國安局長。我以四十六歲之齡出任國安局副局長，殷先生只早我一個月到國安局，軍情局換上來的局長是胡家麒，我的哥兒們。

李總統夫婦早在一九八一年擔任省主席時，就在南非認識我和惠英了，那時主要是由楊大使接待，我們在旁協助，曾文惠女士特別喜歡惠英。後來在臺北，有天李夫人請惠英帶老大老二去總統官邸作客，斯慧彈鋼琴、斯廣唱歌，斯慧琴藝已經非常好，也有登臺演奏經驗；李總統從辦公室回到官邸，還和兩個孩子合照。

參加李總統的家庭禮拜

我任國安局副局長沒多久，在長老教會聚會的李登輝總統於官邸舉行家庭禮拜，邀請他的基督徒好友一起參加，也邀了我和惠英。我總共參加了兩次，第一次是請周神助牧師講道，第二次則是一九九四年元月三十日，那天是週日晚上。

李總統請來周聯華牧師主持，應邀參加的還有倪文亞和郭婉容夫婦、謝森中總裁夫婦、黃大洲夫婦、楊三郎、吳炫三夫婦等人、總統內弟曾文雄和曾文耀以及他們的女兒和媳婦，連我和惠英共有二十人。周牧師講道題目是「忘記背後，努力面前」——要向前走，以基督爲標竿，在生涯裡要有基督陪伴，要脫去纏累我們的罪，如同運動員多餘的衣服脫去，才能跑得更快。

周牧師講得眞好。李總統回應，感謝神過去一年帶來的幸福，他也謝謝大家來參加家庭禮拜。但我盱衡時局，知道國家其實挑戰極大，李總統要把我們帶到怎樣的地步去，都很難說；所以在聚會前我虔誠地祈求，在禮拜時也不住地默禱，求神感動、作工，因爲李總統的「一念之間」影響全國人民太大，這才是屬靈的戰場。

聚會結束後，李總統興致很高，他和謝森中等人聊天時，講了自己對治國的期待。李總統說，臺灣一定要徹底民主化，國民黨要向下扎根來服務，才能談得上維持政權；才能談得上要回大陸。他對黨內有聲音批評他獨裁、臺獨感到氣憤，「這些批評者自己不瞭解狀況，而且不下鄉協助！」

我有個機會跟李總統談話，一方面謝謝他的邀請，另外也向他報告來國安局的工作狀況；李總統回應，要我深入瞭解狀況，對國內外情報要強化。他並說，他與殷局長常常有深入談話，對怎麼加強工作也有討論。

我說，我天天都在協助殷局長，也向他學習。

李總統顯得很高興，然後說：「以後還是要你『handle』。」

我還是立即說：「報告總統，我沒有這個能力。」

「哪裡，你不要客氣。」

那時我剛到國安局才四個半月，一直努力閱讀相關資料及書籍，並且向多位前輩請教，愈深入瞭解，愈知道「這一行」並不容易，當然還沒準備好，我第一時間的反應也是自知能力眞的不足，惟願在副局長位置上拚命努力，至於能做到多少，在國家安全上能達到多少效果，就完全倚靠神。而在這短短幾個月內，我已看到許多一輩子隱姓埋名、爲國安情報工作盡心盡力的同仁，我打從心底對他們尊敬和佩服，絕不認爲我有能力領導他們。

李總統內心裡全盤的想法如何，我不知道；但我知道正如錢部長預測的，他想拔擢我接掌國安局，除了認爲我應有能力擔當外，也許是他想要把國安系統從軍人指揮轉爲文人領導，以符合民主常態，或者可以制衡其他「特別」的人士，這都有可能。

跟李總統的私下關係要不要告訴殷先生？我認爲到李總統官邸參加家庭禮拜，當然應該讓主官知道，因此禮拜一到國安局上班就跟殷先生講了。我說：「報告局長，李總統昨天晚上請我和內人到他家參加聚會，內容就是信仰上的彼此分享。」除了講這些之外，李總統跟我講的其他話，我隻字未提，因爲這是李總統私下講的，沒有得到李總統的授意，我要有分寸。

「哦？喔。」殷先生顯出驚訝的表情，他沒說什麼，但從此李總統沒有再找過我和惠英參加家庭禮拜。

我跟殷局長報備了，日後看來卻是上帝對我的保護。因爲依李總統調動國安首長的風格，還眞的不會在乎是否有足夠的時間養成——殷先生如此，接下來的丁渝洲也是如此，先前的職務都只待了很短的時間，就調升到國安局長了。我認爲如果沒有足夠的養成就接大位，我個人是否稱職事小，國家因而受到虧損事大。整個回想起來，我內心裡就是四個字——感謝上帝。

也是在李總統邀我去的聚會裡，他有意無意地提起聖經〈出埃及記〉：「你們要多看看〈出埃及記〉啊。」我當時心裡想，從信仰、屬靈的角度來看，爲什麼要看〈出埃及記〉？實在不大了解。

李總統提起出埃及記

李總統在家庭禮拜直接跟包括我在內的與會基督徒談了〈出埃及記〉之後，隔了兩個月，司馬遼太郎於一九九四年三月間也和李總統對談，接著內容就經由日本媒體公諸於世。在對談中，李總統先說臺灣是無主之島，所以包括國民黨在內統治過臺灣的，都是「外來政權」。接著他談到兩岸統一的問題，卻是採取和中共對抗的思考，一是要讓臺灣民主化，使得統一變得不可能；二是他的務實外交思考，自己要走出去，在國際上證實臺灣的存在；三是要加強武力來對抗中共。最後，他也對司馬遼太郎提到〈出埃及記〉，提到二二八事件，自喻為要帶子民自埃及出走的摩西。

日後看來，李總統提到〈出埃及記〉，其實就是他帶領國家、國民黨的中心思想，以所謂臺灣優先的本土意識行動，也就是讓臺灣與大陸分離的「臺灣主體性」，成為處理兩岸關係主軸，而且也逐步地朝著這個方向走，國民黨要成為臺灣國民黨，結果到最後顛覆了國民黨的執政。

當李總統的「國民黨是外來政權」等說法公開時，我愣住了，無法接受他所講的內涵與動機。身為總統，怎麼會認為半世紀以來保住臺灣、建設臺灣、現在換他主持的政府，是外來政權？這是很遺憾的事，他是中華民國總統啊。殷局長可能知道我的心中疑惑，有天特別找我談話，強調李總統心目中是「臺灣意識」，不是「臺獨意識」。這兩者當然有分野，前者是對這塊土地的認同，後者則是極危險的政治主張；但如今看李前總統的所有言行，他是掩飾於臺灣意識裡的臺獨意識。

依據中華民國憲法，雖然當前兩岸分治，從來都是一個中國原則，這個原則長久以來符合大陸與臺灣各自的主張，由於經國先生逝世前已經向大陸遞出交流的善意，因此李登輝總統執政之初，中共基本上也有友善的表示，李總統當時成立國家統一委員會，並由國家安全局草擬了《國家統一綱領》，於一九九一年二月在國統會上通過，歷經九二年雙方在香港的初步非官方接觸，而有了九三年在新加坡的辜汪會談。

兩岸看來步入正向、和平發展之際，李總統提出「臺灣主體性」思維，卻透露了他準備以國家領導人地位，引導臺灣走向兩蔣時代未曾規劃的新方向。他在位時幾度提出對兩岸未來走向的觀點及政策，如中國大陸終將分裂、大陸將崩潰所以要「戒急用忍」——不投資大陸，如今證實均未實現，徒然令臺灣錯失了歷史良機。

政府遷臺後，兩位蔣總統不論在執政、在國民黨內都已開始本土化，經國先生晚年還特別指出他「已是臺灣人」了，然而李總統領導的本土化，內涵和兩蔣大不相同。兩位蔣總統是希望有更多的本省籍菁英加入國民黨與政府，共同爲三民主義的治國理想而努力奮鬥，進而建設臺灣成爲三民主義模範省，引導對岸改善治國內容，最終從中華民族的角度思考統一，這也是因爲臺灣相對於大陸不論土地、人口、軍事皆懸殊，又在國際生存空間受到壓迫，爲了避免臺灣發生毀滅性悲劇，以及兩岸同爲中華民族的務實作法；但李總統的想法是從地域出發，要把中華民國和國民黨原有的大中國意識逐漸去除，把臺灣住民從中華民族或者漢民族分離，人與地皆獨立於中國大陸之外。

民主進步黨在解嚴後逐漸成爲臺獨運動的主要推動者之一，一九九一年民進黨在《基本綱領：我們的主張》開宗明義論述：「建立主權獨立自主的臺灣共和國」，一九九九年的「臺灣前途決議文」則表明「……臺灣是一主權獨立國家，其主權領域僅及於臺澎金馬與其附屬島嶼，以及符合國際法規定之領海與鄰接水域。臺灣，固然依目前憲法稱爲中華民國，但與中華人民共和國互不隸屬……」奇怪的是，李登輝前總統幾乎同時提出引起軒然大波的「特殊的國與國關係」，且訴求相近。

另一方面，李登輝提出「臺灣主體性」概念、講外來政權時，正值中國大陸發生八九天安門事件之後，江澤民等高層受內部政治影響，在李總統「走出去」之後對臺灣更爲蠻橫，以致我方人士同仇敵愾，自然支持總統；因而忽略了此概念中，隱含違背中華民族大義部分，也就沒有努力阻止其蔓延。從李登輝竟然把國民黨政府講成「外來政權」，民進黨更以仇視的態度看待國民黨，一定要去之而後快。這是怎麼回事呢？中華民國政府眞的是外來政權嗎？

怎麼可以說中華民國是外來政權？

對於李登輝基於分離意識，以國家、國民黨領導人的高度倡言「臺灣主體性」，指稱中華民國是外來政權，太令人傷心。禮記《大學》裡有言：「物有本末，事有始終，知所先後，則近道矣。」對我國家與民族的情況，一定要明確辨明本末先後。

幾百年前，大陸東南沿岸就有漢人渡海來臺。一位幾代生長在臺灣的資深政界人士說，臺灣兩千三百萬人要追本溯源的話，大約八百萬人源自福建漳州，八百萬人源自泉州，其他各省各地及原住民約七百萬人，也就是說，除了幾十萬原住民之外，臺灣住民血緣幾乎全是來自大陸的漢民族，且達百分之九十五以上。

事實上，早在一千七百多年前的三國東吳就已經派兵來臺灣，七百多年前的元朝便在澎湖設立「巡檢司」對臺澎行使統治，到了鄭成功及清朝治理臺灣兩百多年以來，更已是根深柢固的漢民族文化，懷有帝國主義野心的日本才是外來政權。日據時期被皇民化的臺灣人是極少數的，等到日本戰敗，代表中華民族的中華民國政府能夠終於重新接管臺灣，當時絕大多數的臺灣住民都張燈結綵、熱烈歡迎中國政府，因爲這是我們自己人回來了，所以中華民國絕對不能叫做外來政權，即使日後發生不幸的二二八事件。

可是，爲什麼主張臺獨的人士振振有辭，認爲從法理上兩岸不屬於一個中國？

有個說法是「臺灣未來地位未定論」——臺灣的地位就國際法上來講未定，理由是「舊金山和約」裡只講日本放棄，並沒有說臺灣的主權歸屬。但是回頭來想，美、英等國對日本的「舊金山和約」，爲何未邀請跟日本作戰最久的中華民國政府參加，是因爲那個時候，中國有內戰，而共產黨反而占了上風。因此，在美國舊金山召開的對日和會，就沒有請臺海兩邊的中國政府來參加。未定論是始於「舊金山和約」的話，那是因爲中國的內戰，害得日後幾十年國家定位的困難。所以始作俑者是中共的叛亂，才使得中國政府不明確了。

中日和約明示臺灣主權屬中華民國

但「舊金山和約」講得直白，跟日本作戰的交戰國要另訂和約——有兩個國家，一是蘇聯，一是中華民國。蘇聯是因庫頁島等領土問題一直到現在沒訂和約，而中華民國政府則在一九五二年四月二十八日，就在「舊金山和約」生效前七個小時，在臺北賓館簽下了「中日和約」。

「中日和約」裡寫得清清楚楚，日本放棄臺灣及澎湖、南沙諸島。在照會第一號講明了把臺灣交給中華民國政府，統治臺灣地區是中華民國政府，在國際法的效力和「舊金山和約」是完全一樣的，連日本外務省都把開羅宣言和波茨坦宣言列為外交文件。日本隨即在臺北成立了駐中華民國大使館，於一九五二年八月廿五日任命芳澤謙吉為第一任駐中華民國大使。因此，臺獨分子強調臺灣地位未定，講的是前半段和約，卻不提與他們主張有悖的和約，而日本卻是用和約，以國家的立場正式承認臺灣已屬中華民國。

一九五〇年六月韓戰爆發後，美國為了防止共產勢力再進一步擴張，把第七艦隊派到臺灣海峽來，雖然美國杜魯門總統說臺灣地位的確定「有待該地區恢復穩定與和平，或者簽訂對日和約，或者由聯合國討論決定」[24]，但他也要國務卿艾奇遜（Dean Acheson）公開引述「開羅宣言」，強調「臺灣是中國的，絕不容懷疑」。這裡的中國，當然是中華民國。

馬英九於總統任內紀念抗戰勝利及臺灣光復時指出，三份文件——「開羅宣言」、「波茨坦宣言」、「日本降書」，構成中華民國光復臺灣的法律基礎；美國將這三種文件，分別列入《1776-1949美國條約與國際協定彙編》、《美國法規大全》，「日本降書」也編入《聯合國條約集》，對參與或簽署的國家（即中、美、英、蘇、日），甚至世界其他國家均具有法律拘束力。[25]

我們的臺灣，因為早就被有意南向擴張帝國版圖的日本看上，而在甲午戰爭後索取臺灣，臺灣因此被迫割讓，才會有國父創建興中會，才有第一次革命；這也是中華民族對臺灣人民與土地的關切與主張。等到革命同志不斷地努力，直到抗戰勝利，臺灣終能歸還中國，這是中華民國的榮耀與光輝，不容以另有所圖的「臺灣主體性」說法，來把中華民國和中國國民黨講成外來政權。如此說法完全歪曲史實、不顧中華民族情感，不僅抹殺中華民國與中國國民黨盡心盡力經營臺灣，讓人民享有富裕、安定與自由的貢獻，也扭曲了年輕族群對國家的認知，甚至會引來戰禍，不可不慎。

李總統與司馬遼太郎的對談在三月間，公開見諸媒體在五月初。非常不幸的是，三月底，大陸浙江發生了慘絕人寰的千島湖事件，有二十四名臺灣觀光客連同船員、導遊共三十二人被關在觀光船的底艙裡燒死。此一事件於四月一日被證實為慘案，臺灣輿情沸騰，我對此極感憤慨，李總統也抨擊中共是「土匪」，並且中止兩岸交流。

赴美訪問引發導彈危機

李總統加強他的務實外交，先是在一九九四年二月以度假為名訪問了沒有邦交的菲律賓、印尼、泰國，被稱為「破冰之旅」。接著又於五月訪問尼加拉瓜、哥斯大黎加、南非、史瓦濟蘭共四個邦交國，並且過境美國和新加坡，卻在過境美國夏威夷時受到冷淡對待，他感到受辱，因而拒下飛機。接著他決定全力佈置訪美，並於一九九五年赴康乃爾大學母校演講，達成訪問美國心願。

李登輝訪美的過程，我沒有參與。但這整個過程，先是由卡西迪公關公司（Cassidy & Associates）在我方多年對美國國會工作的基礎上做了收割，打通國會議員並且在國會通過，柯林頓總統（Bill Clinton）不得不執行，允許李登輝去訪問康乃爾大學。

因爲這是中華民國總統赴美訪問的第一遭，我們都非常高興、非常贊成他成功訪美，沒有到華府也沒有關係；所以他去了，外交部全力配合，駐美代表魯肇忠積極協調美方，並做了若干承諾。李總統在母校以「民之所欲，常在我心」爲題發表演講，在演講中十七次提到了「中華民國在臺灣」，把憲法的國家疆域以口頭方式縮小爲實際控制區域，這是他刻意要把中華民國的疆域不再涵蓋到中國大陸。

中共非常憤怒，並跟美國交涉。結果李登輝這趟訪美，促成江澤民去美國訪問，柯林頓也去了大陸，然後在訪問大陸時提了三不政策。所以對我們的外交而言，這就叫做進一步之後反而退兩步。從結果論，這趟訪美行對我們有好有壞，好的是李總統創造了紀錄，中華民國總統在任內訪問了美國，他做到了；但壞的是，促進了美國與中共的關係、合作更密切，而且逼得美國重申三不政策，受損的是駐美代表處，變成替罪羔羊。魯肇忠對美方的承諾遭李總統違背，使得他無法在美國繼續立足。當然了，魯肇忠完成了李登輝的交辦任務，如果說有什麼國家虧損，責任也在李總統。

我那時非常贊成李總統去美國，因爲我們是中華民國，去美國有什麼了不起？美國與我們斷交，我親自參加斷交談判，對美國的作風原本很不滿，而且李總統是去母校啊，已經退讓、委曲到這種地步了，所以絕對是同仇敵愾，以致於那個時候對李總統言行反而沒有很深的思索。

李總統的第一任總統絕對是值得鼓掌的，他成立國統會，正式演講說得多好，要建立新中原、中華民族優先等等，這些談話可以傳頌一時，我因爲他這麼說，也樂於接受他的領導、爲國家做事——結果卻實在令人傷心。

臺獨囂張，中共、國外與內部人士都要負責任

其實使得臺獨囂張的原因之一，就是中共的態度。早先在一九三八年，毛澤東就曾主張臺灣獨立，一九四〇年代共產黨派了地下工作者來臺，希望成爲攻臺內應，等到這些臺共失敗後，回到大陸，中共政權就開始暗中支援臺獨運動，希望能撼動中華民國，如史明、盧修一都是如此。[26]

大陸除了對內支援這些臺獨分子，想要破壞中華民國政府的執政之外，對外則堅決阻擋中華民國政府在外交上維護主權的作爲，不讓我們使用「中國」這個名字。聯合國的代表權在一九七一年易手之後，我們還是希望能在其他地方代表中國；然而大陸在國際組織上的作風是趕盡殺絕，外交上和其他國家建交時，也一定強調是「一個中國」，要求對方選邊，要中華人民共和國還是中華民國？所以臺灣許多人士受到如此打壓，自然而然就避諱了「中國」——你不要我做中國人，我就只做臺灣人。

國際強權對臺獨也有曖昧的態度，美國跟日本部分人士希望臺灣不要被中共統治，不被中共

統治的長久一個辦法，就是臺灣獨立；雖然這不是他們的國策。臺灣主張獨立的人士不希望臺灣與大陸做更多的聯結，而國際上也爲了將臺灣與大陸區別，在對外的稱呼包括網路上，臺灣就稱之爲TW而不是ROC或CN，久而久之就造成大家臺灣是臺灣、中國是中國的分離印象。

再來就是我們國民黨執政時期的政府要負責任。民進黨政府許多領導人都是受中華文化教育長大，竟然沒有正確國家觀念，這是社會和學校教育失敗，由於我們的國家民族教育沒有能貫徹實施，以致從李登輝主政時開始，加強「去中國化」教育，到馬總統執政的後期，竟然連高中課綱「微調」以符史實都還受到臺獨勢力破壞。以後所謂「天然獨」就是我們教育失敗的結果，年輕學子對歷史、對民族的認知都開始偏差。

臺獨所以能囂張，除了兩岸因地理的隔離成爲天然界線之外，簡單地說，第一個罪人是中共；第二個罪人是日本和美國某些分子；第三才是臺灣內部的一些人士——諷刺的是，我方內部許多踐踏中華民國國格的人士，本身卻享受了半世紀中國國民黨主政之下的中華民國建設、富裕、國防安全成果，所以他們欠中華民國一個公道。

我從聯合國實習時開始，就力爭要讓我們代表中國，因爲從文化歷史的傳承，我們當然是中國，中華民國成立以來，包括我父親在內有千千萬萬志士犧牲奮鬥，爲的就是要建立一個民主自由的國度。臺灣人民就是中華民族的一部分，不論是語言、文字、文化等，都來自同樣的根源，但我們在政治制度的選擇上，不能認同大陸目前的不民主、不講人權、思想不自由的情況，中國應該統一在理想的政治制度之下，而三民主義、五權憲法的原理，仍然是我民族很好的資產，只是走了幾十年，目前還有許多精神沒有做到，如今的國際現勢下，臺灣對於影響、改善大陸文化與制度，是責無旁貸的。

李登輝總統部署訪美，中共因而在一九九五年七、八月，以及一九九六年三月中華民國即將舉行總統直選之時，演出震驚國際的臺海飛彈危機。我在國安局那段時間，連續好多天都住在辦公室，那時對中國大陸作爲非常憤怒，他們的宣傳機器鋪天蓋地的罵李登輝，當然有些話講得並非毫無道理，但如此作爲令人反感。

在飛彈危機期間，李總統講了中共射到臺灣海域的飛彈是「啞彈」，也就是說不會爆炸，而且我方已準備了「十八套劇本」來因應中共的演習。李總統的用意在於安撫島內惶惶不安的人心，另方面也隱隱向中共嗆聲——我方的情報做得不錯，連如此機密的情報也可取得。

一九八九年天安門事件之後，許多中共人士對中共政權徹底失望，因理念而非爲金錢緣故願意爲我方工作，只可惜我方領導人常常不知珍惜，李總統把機密的情報公開，導致中共方面警覺到軍方內部有洩密，一九九九年爲我方工作的不少中共人士被捕，有些人遭處死，令我十分痛心。

23 《胡宗南先生文存》頁四一三。
24 中華民國史事紀要——中華民國三十九年四至六月》國史館一九九四年十二月，頁九一三至九一四。
25 《紀念抗日戰爭勝利暨臺灣光復65週年特展專輯》，馬英九總統序。臺灣省政府於民國一〇〇年出版。
26 《汪敬煦先生訪談錄》頁一四七至一四九，一九九三年國史館出版。

第十三章

文人參與國安領域

國危民困，至今而極，既不能救，深以為恥，獻身革命，所為何事！此次出發，但願戰死。

——一九二五年，父親自黃埔軍校一期才畢業，就開上戰場。在迎擊軍閥陳炯明之前，父親致函同學賀衷寒，他以單純愛國之心，明確表明願為救國理念獻出自己生命在所不惜。

一到國安局，我就以獻上生命的態度看待這職位。父親隨時準備爲理想犧牲，長久以來在戰場上面對生死交關的情勢毫不畏懼；如今我進入主管情報的國安單位，也要把生死置之於度外，所以我慎重地把駐外時草擬的遺書再加修正，交代萬一我殉職或辭世的後事。

我到國安局是擔任第二副局長，第一副局長是八月上任的馬履綏中將，他是山西人，和殷宗文同齡，大我十五歲，曾任海軍陸戰隊司令，我在禮賓司長任內曾帶外賓參訪過陸戰隊受他的接待，對他的能力印象深刻。他是由參謀總長劉和謙推薦來國安局的，只比我晚進國安局一兩個禮拜，後來我與他的關係也十分融洽愉快。

成為首位文職國安局副局長

這年年底，《國家安全會議組織法》及《國家安全局組織法》經李總統明令公佈，國家安全局於一九九四年一月一日正式法制化，確立了組織綜合國家情報、策劃特種勤務等策劃與執行，以依法行政、行政中立、情治分立爲原則。

國安局負責指導、統合、協調其他情報單位，各情報單位也有非常好的人才和經驗，如法務部調查局人員的水準都很高，所以國安局同仁本身要有相當高度才能指導，比方說資訊安全如駭客，環境安全如核能、災變，又或者某地發生重大傳染病疫情，國安局都要有專才。

要緊的是，國安局同仁必須要有戰略層級的思考。因爲國安局是最高層的安全單位，除了各情治單位外，必須跟「友軍」如外交部、經濟部密切配合，前述的疫情就要跟衛生單位密切合作。所以國安局必須聯繫行政院各相關單位，我每天就做這些工作。

國家安全的基礎就是情報，就是對於我們所需要、所要了解的，不論是敵、友、自己，只要影響到安全方面的資訊，要正確、具未來性，這才是情報，如果沒有經過證實而只是臆測，那就只叫情報資料。所以講到安全，需要獲得證實的可靠情報，要認證、驗證，要各種條件確認。因此國安局和一般情報單位的任務就是把情報蒐集起來，提供給運用單位。也就是說，發現路上有隻老虎，就必須趕快通知要走上這條路的人，至於要避開老虎或怎麼對付老虎，則是由走在這條路上的人來決定。

在這前提之下，國安局指導與聯繫各個情治單位，至於國安局本身則由簡稱國安會的國家安全會議指導，這是我們國家的情報安全體系。

在國安局，我是首位文職副局長，年齡才四十六歲，連同先前的禮賓司長，都是職務上最年輕的，國安局同仁當然頗不習慣，甚至不以爲然。國安局人員主要的來源是軍方包括陸、海、空、憲兵和政戰，都是優秀表現佳的人才方能調到國安局，還有就是警官學校安全系，成績特優的警官才分派到這裡，以及少數大學畢業生；我先前的公職是外交，而且在外交圈最高也只做過禮賓司長而已，又是空降，國安局內部多的是一路上來的幹部，怎麼會服氣？而我也以較高的標準去要求同仁，以後看當年日記，不論工作和人事上都遇到許多困難，但心情是平穩的。我只能解釋是上帝動工，讓宋心濂突然想到老長官的兒子；多年後，國安局退休人員都眞正把我當做他們的一分子以及長官，每次見到我的熱烈表情，眞是日久見人心啊。

國安局有三個副局長，分工如下：馬副局長管國

▶ 擔任國安局首任文職副局長，由局長宋心濂主持佈達典禮（一九九三年）。

內和大陸、我管國際和研整，另外還負責教育訓練；第三位副局長管科技。雖然任務很重，但我能有機會在國家安全方面爲國家服務，感到非常光榮。

主管國際、大陸情報與教育訓練

我的主要三大工作目標：第一，國際情報特別是國際安全，尤其是涉及中華民國的情報；第二，大陸情報的研（究）整（理）以及分析；第三，人事的選、訓、用。宋局長當時跟我說：「你是文人副局長，希望能在文職人員晉用這方面能多貢獻、有所協助！」所以，局裡的訓練中心由我負責督導。

人事的「選」，因爲我的文官背景，並用到我的家庭關係網絡，跟考選部和各考試委員建立很好的聯繫，我們辦「國家安全情報人員特種考試」，跟高考、外交領事人員同一級別，資格一定要大學相關科系畢業——需要的是法政，尤其是外交、政治、大陸問題，如政大東亞所，另外也要有語文能力，不只是中英文，還要各種語言，如西班牙文、東南亞國家的越文、泰文，東北亞國家的日韓文，還有歐洲國家，當然阿拉伯文也很重要。

這些人選進來就要「訓」，要什麼樣的課程，希望達到怎樣的素質，訓練非常要緊，也要配合考核。既有的老同仁要加強他們的能力，招收的新人要做性向測驗再決定怎麼分發，基本上我們爲新人辦理各種訓練，提升分析能力，也加強語文能力。

「用」，就是怎麼樣的性向、才能，來決定派到各單位，有些人安靜，適合做分析研究；有些數理好就適合破譯；很好科技背景的，可以用在製密——製造密碼機之類。有人很活潑外向，就適合外派、交朋友，以獲得情報。

現在年輕人雖對國安局了解不多，但報考人數還是不少，不過名額有限，每年只能錄取最少十幾二十人、多則幾十人，在訓練過程中不適當就淘汰。

我必須強調，每個單位來國安局的人都很優秀，最遺憾的是軍職人員到最成熟時，卻因爲年資到了服役年限如上校軍職二十八年、中校二十四年必須退伍，好可惜。這是我做國安局副局長六年來最痛心的事，當然對他們個人來講離開軍職都有終身俸，可我覺得最遺憾的是都很優秀，卻因爲法律規定得離開。

國安局的情報能力受到海外尊敬

身爲負責國際情報的副局長，我也跟國外的情報單位聯繫，國際情報合作，現在已是世界通例，長久以來一直如此。我管的都是正規的、平常要做的，每天必須要掌握，讓單位效率能夠提升，了解人員狀況，想法子解決問題。

另外，我經常出國，跟外國情報單位建立關係。中華民國身處國際承認困境，這些國家大部分和我國沒有外交關係，我和情報官員建立非常好的友誼，他們支持我國的情報作爲，向我們請教各種問題，而且非常尊重。我是情報官員、副局長，一向低調，可是也有國家爲了表示對我們的尊敬，甚至派出開道車、警車，浩浩蕩蕩地來迎接，當然他們的尊敬也是因爲有求於中華民國，希望我們能有所幫助。中華民國政府那時經濟實力很強且科技發達，對大陸、國際情勢掌握確實，這是大家努力的成果，這些國家相關機構和首長向中華民國官員請教，因爲我們確實有內容。

所以我覺得國家最重要的是實力，這些實力包括對情勢的了解，以及分析和努力的方向，都很重要。有的國家受到尊敬，因爲是地廣人衆、物產豐富的大國；我們人口地域都小，如何要受到外國的尊敬，就要自己表現出來的效能與知識。如新加坡這麼小，李光耀卻受到世界各國的尊敬，這是因爲他的智慧與見解；以色列受到尊敬，是因爲各方面都能走在尖端，而且能夠影響全世界。

我任國安局副局長時所到過的國家，遠超過我在做外交官之時，這因爲在情報方面的能力，我們要比許多國家好太多了。爲什麼這些國家很重視我的到訪，包括非邦交國？因爲他們問什麼問題，我幾乎都可以回答，如不能，我帶去的同仁一定可以，所以受到他們的尊敬。

國際合作對中華民國而言是非常有必要的，這並不是表面上的國際承認或國家尊嚴等訴求，而是實質上對我們有幫助。比方說，某國要跟我們斷交，我們不知情，結果是外國的情報單位知會，讓我們事先能做準備；有個國家據傳要跟中華民國斷交，我們自己查之外，也請外國情報單位幫忙查，證明傳言是錯的，我們也可以鬆口氣，做適當的因應，這都是國際合作的好處。

有次某個非邦交國的情報單位副首長帶團來臺北開會，雙方爲了其他事情討論，各有立場力爭之下，卻和我成爲好朋友；後來這位朋友因國內政局變化而離開原職，我們做了協助使他得以維持對外的活動，後來該國政局又改變了，這位朋友重回政界，他成爲忠實的友人，常常幫助中華民國。他每次見到我方去的人，一定會問候我，感念我方的幫助。

所以就像宋心濂所說，做情報的方式就如同外交一樣，我追蹤每個細節，辛苦地拉各種關係、請客交朋友，爲的是在需要用到關係時，可以用得到。平常沒有努力、沒有來往，怎麼可能一下子就有收穫？而且我們中華民國因爲外交孤立、環境困難，即使加倍的努力，還不一定能獲致成果；這就只能加倍、再加倍，忍受各種的委曲，爲的就是自己的國家。

國安局工作繁重，倚靠上帝得勝

我到了國安局以後，有天和惠英一起見到宋前局長，他半開玩笑地對惠英說：「胡太太，妳現在可以找個事情做了。」他言下之意是這個工作會讓我忙到連家都難回去，惠英要見丈夫的機會可能不多了。不過惠英可沒被嚇到，因爲我在外交部時的工作態度就是全心投入，所以對如此的挑戰，也就正面視之，盡我所能。我以後幾乎是以辦公室爲家，有如住在那裡。

其實不僅是我，在國安局服務時，每當逢年過節特別是春節，因爲許多同仁無法過節，連除夕都得留在局裡，我會把所有值班的同仁集合起來，大家在餐廳吃年夜飯，許多同仁留守，可以開好多桌；吃完後，我又到另外一些單位的辦公室裡，那些同仁連餐廳的年夜飯都無法吃，必須守在工作崗位上、守在機器旁。我對這些同仁表示慰勉，心中更加體認什麼是無名英雄。

我心想，這幾十年來，多少人爲了國家安全默默付出、日夜工作，沒名沒利，不談加班費，只爲了國家，工作一輩子然後默默退休，但所作的貢獻，是多麼的大，外界都不知道，又不能說。我們社會上有些人對情治做了許多批評甚至汙衊，如果他們知道眞相，一定會自責。

國安局的工作與業務日夜不歇，我在外交部時已經是如此了，國安局更是二十四小時不間斷，尤其我管的是國際業務，那眞的是永遠有事情。但我回頭看日記才發現，在這麼忙的情況下，仍沒有忽略屬靈上的追求，這是很令我安慰的事，因爲壓力太大，我更倚靠上帝，因此心裡平安。我那時一直在林森南路禮拜堂聚會，另外還積極參加財政部長林振國、紀惟明夫婦和夏忠堅牧師一起創立的忠僕團契，團契成員基本上是政府官員、企業界人士，彼此分享、互相代禱，一個月聚會一次，直到十年後赴德國方止。

惠英認爲，國家由基督徒帶領是好得無比的，能蒙神的祝福與看顧，整個國家體質、品德都能向上提升，這樣的見證，在國外已經實現過。她和財政部林振國部長的夫人紀惟明發起把福音傳給連內閣，由謝森中總裁、林振國部長、孫得雄政務委員、青輔會主委尹士豪和我共五對夫婦作主人，請連戰院長和所有內閣閣員，還有若干情治首長，以自助餐會聯誼，我們請來天韻歌聲合唱團和基督徒歌手容耀演唱詩歌，並且贈送聖經給部長們，祈求上帝賜福。那天晚上坐在我對面，談話最多的閣員就是法務部長馬英九。

殷宗文與我的關係始終密切，在他的領導下，國安局在海內外及對大陸的工作日益有進展。

我也很高興能如當年宋局長邀請我來國安局的期望——在選、訓、用各方人才方面，能完全參與並貢獻一己之力。事實上，國安局的各處室都有許多學識好、能力和愛國心都強的同仁，我與他們共事一起奮鬥，覺得十分有意義，也眞有成就感。不過，對於涉及鞏案的國安密帳案，要到離開國安局、到了國安會之後，因爲曝了光我才曉得。

國安密帳案

劉冠軍是國安局出納組長，他和會計長徐炳強都長期經管國安局的帳款，特別是數十億元立法院監督不到的國安密帳，也就是所謂的「私房錢」。國安局所屬的每個情報單位，一定要有相當的私房錢，最顯而易見的例子是軍情局被難人員回來要救濟，經常要法源沒法源，要特支沒特支，憑什麼？不論救助或賠償，或者子女教育、醫療費用，這就得動用私房錢。至於國安局的私房錢，那就是國家層級，許多必須祕密遂行的專案如外交方面，都由密帳撥出，所以實際講起來有其必要。我一到國安局，就知道了劉冠軍，但只有在開會時見過，是個永遠沒有笑容的人，讓人感到他很不快樂，以後案子爆發，方知他利用經手密帳孳息的機會，侵占了公款將近兩億元。安全局的財務方面不是我督導範圍，涉及到敏感的案子，更是跳過我，由局長直接經手，因此對後來冒出來的弊案我一無所知，沒蓋過章，所以全案發展這麼多年來，司法偵審機關沒跟我聯絡過，因爲與我完全無關。殷先生沒有把敏感案子讓我這個執行官知道，都是單線進行，結果變成上帝對我的保護。

我在國安局時，殷宗文跟我講：「我們總得爲李總統退休後做些什麼事，因爲國安局是總統的基本部隊。」他和宋心濂一樣忠於李總統，而他傳給我的訊息是，李總統幾年後卸任，一定要有像樣的辦公室，於是在臺灣綜合研究院第四所設置一個辦公室。國安密帳就看怎麼用，用於國事是講得過去的，用在協助私人則應斟酌，殷宗文該是太感念於李登輝的恩情才幫他成立辦公室，這經費如今回過頭來看，又涉及弊案，那就更糟了。

弊案起於南非鞏案——鞏固南非邦誼的一千零五十萬美金，原本已由國安密帳墊支，但此案眞正「有問題」之處在於明明國安局內部已經核銷，外交部卻被要求歸墊這筆鉅款，然後把其中七百五十萬美元轉到劉泰英任院長的臺灣綜合研究院，成立第四所「戰略及國家安全研究院」。而且我以後跟殷先生談起此事時，殷還是憤憤不平，他說這都是「上面」指示。

對我而言，發生如此事情，極感遺憾。後來在陳水扁政府時，劉冠軍案爆發了，裡面牽涉複雜，不幸的是國安密帳彈劾案，把殷宗文和丁渝洲都彈劾了，殷宗文氣得大病復發。我對他們尤其同情，因爲一九五〇年監察院一些人以完全不正確甚至相反的資訊，也想要彈劾我的父親，當然以後沒有彈劾成，但父親心頭壓力與痛楚，令我心痛。

丁渝洲先生因爲國安密帳被彈劾，實在是冤枉，因爲國安密帳從一開始就不是由他運作，本來就不應有責任，而且他是那麼好的將才，不能爲國所用，太可惜了。就連殷宗文被彈劾也應再探究。

▶ 於國安局離任時丁渝洲局長代表國家贈勛及紀念牌（一九九九年）。

▶ 約一九七三年，偕同弟妹為善、為美、為明與母親和父親遺照合影。

第十四章

父親的光輝

各位都是有思想有抱負的革命軍人，民族的精英靈秀，現在正擔負時代的艱危與革命的重任，應該痛下決心，把本身以及部隊所殘餘的污點，徹底清除，造成最進步、最光明的革命風氣。寧使自己凍死、餓死，寧使妻子窮死、苦死，絕不吃空、走私、貪污。做不到的自殺。[27]

——一九四一年，父親在第八戰區將校訓練班講話。

在國安局任職，得以接觸高階將領。我起初跟這些軍方首長請益，動機爲的是國安方面，談著談著他們不僅對過去失掉大陸感慨系之，也把話題帶到我身體力行、說到做到的父親。可以說，我的公職生涯裡，父親有如一直在身邊，從來沒有缺席。

國軍將領追憶父親

我出任副局長之後，向曾是政治作戰領導人的王昇上將請益。對於父親，王上將有個深刻

▶ 自一九六二年宗南先生過世後，宗南先生部屬、學生每年集會悼念，五十餘年不輟。

的印象——早年他還是上校時，有次在軍事會議作政戰方面報告，沒想到會議結束後，父親這位上將居然從第一排走到最後一排，伸手向他致意，如此的鼓勵讓他非常感動。

宋心濂前局長曾是父親的部屬，提起我父親就肅然起敬。他提及過去在大陸時期的軍方聯繫網絡時說，抗戰勝利之後，國共戰爭接續而來，戰火遍及全國各地；「黃埔一期以及從西北調出去的將領作戰後，戰報副本都會給你父親，因爲都以你父親馬首是瞻！」

王曲軍校的學生、羅列將軍助理劉變林，談起國安局的前身「總統府資料室」，他說，成立這個單位時，蔣中正總統曾有意交由父親生死之交的部屬羅列上將主持；但羅不願去，因爲對安全情報工作不熟悉；蔣總統後來改找夏季屏，又是父親在西北系統的部屬，這也是對父親部屬的忠誠度十分肯定之故。

在國安局任職時，父親的部屬和學生也同我更有機會聯繫。中時董事長余紀忠告訴我，父親一輩子對蔣中正總統忠實到底，甚且為蔣總統背過。九十五歲、臥病在床的吳允周將軍曾任王曲七分校教育長，他告訴我，父親一大長處為知人善任，追隨父親的幹部多是規規矩矩。吳老先生也一再強調父親是他的恩人。

父親五十多年前去世後，他的部屬學生每年聚集起來紀念父親，起初十幾年每次都有上千人，相當驚人。如此的紀念活動，總是需要透過關係來張羅，於是每年就找在職或在位職務高的，如陸軍總司令劉安祺、警政首長孔令晟，以他們的關係來辦。每年到了二月十四日我父親逝世紀念日，就調來大巴士，一車車地開到陽明山父親墓園，這些部屬學生扶老攜幼、或拄著拐杖，甚至坐著輪椅上山，大家簽字行禮。

王曲聯誼會成立

每年二月間，陽明山上多半下雨，既溼又冷，但這些我稱伯叔或師兄的父親部屬學生總是排除萬難地過來紀念，行完禮後就下到中國文化學院，在學校大廳裡用餐，那時總由文化學院任職的馮龍將軍來安排，他是父親多年的老部屬，擔任過軍長，在西北、大陳都作戰過，還去過敵後。我還在政大讀書時，有人於聚會時提起，希望成立一個紀念父親的經常組織，由羅列將軍來領導，因爲大家公認羅列在大陸最後撤退時奮不顧身，最受尊敬，即使羅列的黃埔學長也都讓羅做領導人；劉安祺是三期還要比羅高一期，可劉伯伯不在乎。

連同我母親在內，幾位核心人物交談之下，有個想法出來了——當時還是戒嚴時期，成立組織是敏感的，所以暫不成立，母親也非常同意。一直到了一九八〇年代，我已經到國外從事外交工作了，才成立以七分校學生爲主的王曲聯誼會，好些七分校主要幹部如吳允周將軍，那時都健在，成立重要目的就是編寫《王曲文獻》，至一九九六年完成《王曲文獻》八冊巨著，是重要的軍事史。

到了九〇年代我已在國安局任職，父親學生十七期的王希堯特別到國安局來看我。他說：「師弟啊，我們希望今後以你爲中心，再來團結大家，團結所有的師生。」我問該怎麼做？「我們可以成立一個基金會，或者學校，因爲你父親一去世我們就想成立宗南中學，這想法，幾十年都沒有成，反倒是陳誠一去世就成立辭修中學。」

那時父親的部屬裡，經濟較寬裕的有瓦斯公司董事長徐達、中國時報董事長余紀忠，但還是有限，因大部分部屬和學生都是軍公教，甚至許多人退休後還需要救濟。王希堯很認眞地希望我能站出來登高一呼，但我在國家安全局工作，是管國家安全的情報單位，作風從來就必須低調隱蔽，怎能跳出來成立社團？這不合乎我的身分，所以我就婉謝了。

雖然我無法出面，但關於父親的人生乃至於父親生前是如何參與中華民國歷史，一直常在我內心裡。還記得經國先生逝世六週年，我到慈湖頭寮謁陵，突然勾起我想做而未能做到的事，也就是父親去世這麼多年，他的遺物竟然到現在還沒有能夠妥善整理，內心裡十分慚愧。我告訴為善，打算為父親出版相片集，至於一直沒有整理的日記，是攸關中華民國歷史的珍貴史料，想聯繫歷史學者撰文或出版，以此來導正世人對父親的看法。

就在我覺得對父親虧欠之時，斯慧利用暑假帶著斯廣、斯華，做了一件規模不小的事——把祖父幾十年的日記全部影印，然後一一裝訂成冊，這得花大量的時間，在炎夏之時完成，一九九四年八月八日，斯慧帶頭把這麼一大落裝訂好的日記影本交給我，當父親節的禮物！這是我早就想做而未能做的事，如今孩子幫我做

▶ 胡宗南上將百歲誕辰紀念大會在台北市中山堂舉行，由余紀忠先生主持（一九九六年）。

了，眞是至感欣慰。

父親百歲誕辰紀念

一九九六年六月二日，是父親百齡誕辰紀念，這場紀念會事先由孔令晟師兄約了我，一起拜訪余紀忠先生來召集，余紀忠、蔣緯國，孔令晟諸先生聯名發信給大家，不過眞正承辦是胡家麒將軍的國防部軍事情報局。那天在中山堂舉行紀念會，總統府資政孫運璿和夫人、高齡的吳允周將軍都坐了輪椅來，老部長沈昌煥、國安會祕書長丁懋時、省長宋楚瑜也請來講話，教育廳長潘振球因母親的關係到場，最後殷局長也到了。我們出版《胡宗南上將百齡誕辰紀念集》，請史政編譯局局長傅應川主導印行，我從父親箱子裡找出一些因久藏已經發霉的底片，經過處理後請了中影公司友人幫忙洗出來，這些影像都是非常珍貴的。

爲了出版父親的相片影集，我拜訪了故宮博物院院長秦孝儀，向他請教該怎麼做。秦孝儀先生極爲重視，表示要把中央研究院近代史研究所、國史館、軍史館、黨史會全部約來會商，並準備辦學術研討會，這是完全出乎意料之外。

在國安局副局長任內，許多父親生前的部屬和學生來看我，那些老一輩的軍人，跟我一見面就談父親，有時談得老淚縱橫。警界首長盧毓鈞先生說，當年他在派出所任警員時查戶口，有一次到曾任父親參謀長的盛文將軍府中，一提到父親，盛將軍百感交集，竟然一面哭、一面喊著：

▶ 王曲聯誼會在宗南將軍逝世五十五年後仍然每年集會紀念。

「胡先生！胡先生！」我印象很深的是，有次出差到加州洛杉磯，我特別找到程開椿伯伯和夏新華先生，兩對夫婦分別住在不同的老人公寓裡。我兩位同事開車帶我找到地方，我要同事在外頭等，我自己進去找他們，兩位夫人一見到我，都擁抱著我而哭泣，一直哭。他們是因感念父親，看到了父親的後代而傷心落淚。

這是我最後一次見到他們，遺憾啊。

父親以自己薪給，送給更需要的部屬

一九四九年十月，國軍在大陸作戰已然失敗，父親仍領軍在陝南漢中作戰，爲讓將士無後顧之憂，於是致電陳誠主席，他準備把高級將領五十個家庭送來臺灣，請陳誠代建房舍。父親九月間就籌黃金一千兩爲經費，以後陳誠主席協助在臺北市南京東路（今松江路）建築眷舍五十棟，優先分配給西安軍政幹部的家屬或烈士遺眷。七分校畢業的王曲聯誼會會長孟興華校長如今回憶，「這批眷舍裡有一戶較大留給胡公，胡公來臺不住，作爲幼稚園（即現在第一大飯店原址），胡公自己則借住在政府公配的臺北市日式簡陋官舍，歷史見證。」

這裡就要提到父親如何不分差別對待部屬的一個用錢作法了。一九九五年暑假，我爲了讓子女們更瞭解沒有機會見面的祖父，特別帶家人到澎湖林投公園，瞻仰父親的銅像，並赴父親往年任澎湖防衛司令官的住所。人稱老劉的澎防部退休老士官長劉先生，長年爲歷任司令官服務，他找出父親的老補給證，並且告訴我，當年父親怎麼支配自己薪餉：「每到關餉時，胡司令官交代我把薪水分成三份，各三分之一。一份留在司令部做各種公家開銷之用；一份寄回臺北給你母親供家用；另一份送給長官部兩位部屬，某先生及某先生，因爲他們兩位都有八、九個小孩，食指浩繁而軍人收入很微薄……」老士官還和其中一位受到父親照顧的梁姓袍澤常聯繫，他把那位老先生的電話留給我。我非常驚訝，因爲這和我們現在對薪水的用法完全不同，也讓母親經常家用不足。

回臺北，我打電話向梁老先生求證，他一聽是我，就顯得非常激動；兩三天後，老先生兩個當軍官的兒子到我的辦公室來找我，其中一位中校軍官說：「我們父親交代，你有任何事情，我們兩兄弟願意赴湯蹈火爲你效力！」

二〇一〇年，我出任國安會祕書長，四月間有封信寄到國安會來給我。我展信一讀，是緬懷父親恩情的信，寫得十分眞切。

胡祕書長您好：

我姓鄭，浙江省樂清縣人，民國三十八年隨父母來臺，對小時候的事情記憶非常模糊，但記得曾住過臺中豐原。那時我應該有五、六歲，印象深刻的是每當米缸沒米、肚子餓時，我與姊姊會蹲在門口等郵差，有人會寄錢來，帶來一段時間的溫飽，然後是下一次的等待。

及長我知道那時家父因遭免職離開軍中，寄錢的是令尊胡宗南上將。家父常說那時如果沒有令尊長期接濟，他走投無路，只有用他離開軍中私下保留的左輪自殺了。那時我們也都不可能活命。

十幾年前家父生命垂危，在病危時對我弟弟說他一生未虧欠任何人，只欠胡將軍一條人命。豐原等郵差是我內心最深刻的記憶，我無法親向令尊表達內心感激之情，但希望能讓您知道我對令尊的感恩之意。

這兩個例子對我而言，很有意義。我原本就知道父親是這種重義輕財個性，寧願苦待自己家人，也要照顧部屬；如今兩件活生生的例子，在我長大成人之後方能得知，佐證了父親的無私無我。我不會埋怨父親如此虧待自己和家人，卻是更明白何以他的部下如此懷念他。

爲了蒐集父親生前事蹟，我請曾在國安局任職的張政達將軍，無論如何一定要把所知道的我父親行誼講出來，因爲他在大陸淪陷的關鍵時期在父親的身邊，所以他的證言十分重要，他就以錄音方式講了；我請國史館副館長朱重聖幫忙，他找了同事高純淑女士把錄音轉成文字。比較欣慰的是，那段時間我儘量搶救到一些史料，然而基本上還是個遺憾——都是別人講的，不是父親自己告訴我，因爲他去世得太早。

我也訪問了民國元年出生的曾祥廷老先生，他曾任少將師長，並且當過延安指揮所參謀處處長，是父親的部屬。他知道我要來，特地穿上一件呢軍衣，這件軍衣是半個世紀前一個酷寒的冬天，父親親自把自己穿的軍衣贈送給他的，他至今未曾忘懷，而且保管得很好。

我一直有如此感受，怎麼部屬學生都對父親如此景仰、愛戴、懷念，有如自己親人般。這麼幾十年下來，我看了這麼多首長將領，除了蔣中正總統、蔣經國總統及軍統局負責人戴笠之外，沒有人會像我父親一樣，如此受到尊崇。

韓國決定頒發勳章給父親

父親在抗戰時代的事蹟，逐漸浮現。他一生征戰所獲勳章甚多，包括在一九四六年獲得我國軍人最高級別的青天白日勳章，表彰他在抗戰期間的貢獻。一九九九年八月，我已是國安會副祕書長。二十三日早晨開完會之後，我偕同斯廣搭機赴韓，因爲父親在抗戰期間，曾協助訓練韓國光復軍，奠定了韓國部隊的建軍基礎。如今韓國要頒發勳章給父親表彰他對大韓民國獨立的功績，由我代領。外國授勳方面，父親先前已因抗戰期間協助第一戰區美軍，促進中美合作，而獲美國杜魯門總統（Harry Truman）頒授指揮官級大勳章。[28]

韓國被日本占領後，韓國人民一直反抗。一九一九年，大韓民國臨時政府在大陸上海成立；中國抗日戰爭於一九三七年全面爆發後，韓國光復軍在重慶成立，次年十一月，司令部遷至西安，此後西安成爲韓國復國志士的聖地，大批韓國青年跋山涉水奔赴西安，在父親所主持的王曲七分校受訓，不僅參軍，也積極參加了中國的抗戰，光復軍因而在河北、湖北、山西、山東、安徽、江西等省對日軍展開了游擊戰，戰後成爲韓國國軍的主幹。

這幾年，韓國追溯歷史，先是感恩於我國國民政府的協助，所以有意爲父親協助韓國獨立有所表示，於是在前一年

▶ 胡宗南上將勳章（右上角為國民政府軍委會於一九四六年一月以抗戰有功所頒之青天白日勳章，左下角為美國杜魯門總統於一九四五年十二月以「極為卓越的勳績」所頒之指揮官級功勳勳章）。

先報請韓國報勳處頒贈「功勳牌」，譯文如下：

功勳牌

中國第三十四集團軍
司令胡宗南將軍

胡宗南將軍歷任中華民國第十戰區司令[29]，中央軍官學校第七分校主任，第三十四集團軍司令，任內積極支援韓國青年戰地工作隊及韓國光復軍，對於大韓民國的獨立貢獻卓著。大韓民國政府爲表彰胡將軍的豐功偉績，特頒贈大韓民國「功勳牌」，以資感念。

一九九八年七月一日
大韓民國 國家報勳處
長官 金義在

韓方爲這次頒勳章，先是蒐集資料，經韓方學者十一人專案審查，通過後再送外交部，原定八月十五日獨立紀念日（國慶日）由金大中總統親自頒贈，我有一位韓方老友特別來信也如此期待，但韓國外交部認爲我的身分敏感，而改在八月下旬由國家情報院代表金大中私下頒贈。

然而，八月二十四日恰好是我方與南韓斷交之日，所以我一度以韓國不欲公開頒贈而考慮不去，然而這是父親生前貢獻，而且這是韓方頒給外國人勳章最高級的，所以考慮之下還是決定偕同長子斯廣去了。

二十四日晨，我見了國情院第一次長，他爲一甲子之後才頒勳章表示歉意：「現在才頒贈勳章，慚愧！」談了半小時後，我見到國情院院長，他是職業軍人，甫自國防部轉任。他把勳章交給我，勳章證書全文如下：

勳章證

故胡宗南將軍

將軍爲我國自主獨立與國家發展立下汗馬功勞，依據大韓民國憲法規定，追授下列勳章。

建國勳章　獨立章

一九九九年八月十五日

大統領　金大中

國務總理　金鍾泌

將大名記入建國勳章

行政自治部部長　金杞載

儀式簡單隆重，除了韓方國情院的高層外，還有我方代表處林尊賢代表等人。院長隨即講述了父親協助光復軍的事蹟，不斷說：「早就該頒了。」我致答辭，由代表處同仁翻成韓文。午餐時，主人詢問斯廣，對祖父印象如何？斯廣回答：「祖父在父親很小的時候就過世了，但多年來聽到父親談了許多祖父的事，十分敬佩，希望將來也能像祖父一樣，服務國家。」他鎮靜清楚、有條理的回應，得到舉座一致的掌聲。

其實就現代史來講，協助韓國訓練部隊並進而有功於該國復國和獨立，中共是沾不上邊的，韓國要表揚眞正的恩人，那就只有中華民國了。

而父親在韓國歷史中扮演了關鍵角色，這也是歷史的事實，不容抹煞。這正是我日後希望多宣揚眞正抗戰史，以證實中華民國有功於中華民族的方向之一。

父親部隊在西南作戰，間接保臺

二〇一七年七月，有朋友傳來大陸學者經盛鴻的一篇文章

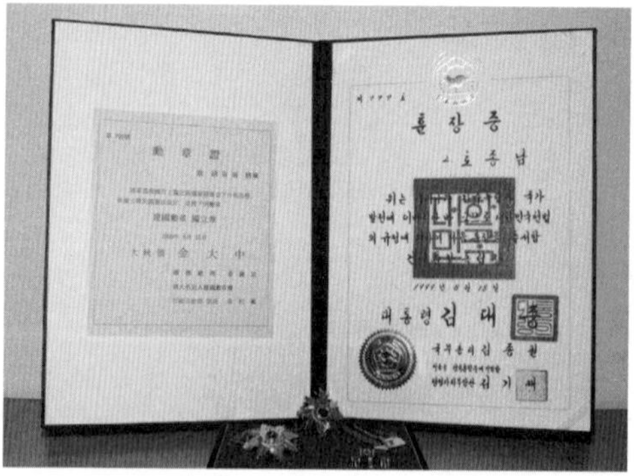

〈因禍得福：一九四九年國軍西南戰役挽救了臺灣〉，這篇文章指出，「歷史證明，形成一九四九年戰果並奠定以後五十年中國軍政局面的最重要因素，是在這一年國共兩黨最高層不同的軍事戰略決策及其成敗得失。這最重要的表現就是這年年底發生的成都戰役與金門、登步之戰，以及中國（大陸）一九五〇年攻占臺灣計劃的擱淺。

這戰果影響了此後數十年的中國歷史。

「以毛澤東爲核心的中國最高層，面對著一片大好形勢，在規劃著徹底消滅國民黨剩餘力量，實現『統一中國』的大業——這是中國數千年大一統思想的必然延伸與新政權的必然之舉。

在這時，中國最高層把戰略重點與軍事進攻矛頭集中指向大西南地區，尤其注重國民黨在大陸的最後重要

▶ 陸軍官校校史館胡宗南上將專櫃（一九九二年）。

力量——胡宗南軍事集團，而把進攻臺灣放在次要地位。」

這位學者認爲，對於中華民國而言是因禍得福之舉，因爲父親的部隊實力堅強，吸引了中共最高階層調派二野主力部隊到西南，於是把進攻臺灣放在次要地位，從而等於保住了臺灣。我查考到，當時二野會同一野和四野共六十萬大軍，圍攻趕到重慶與成都作戰的父親部隊，最後抵達成都的部隊只剩六萬不到。

這個分析也再次佐證了父親及部隊後來的犧牲，對臺灣的安全及中華民國國祚的維持，所作的最重大貢獻。

27 《胡宗南先生文存》頁一五九。

28 《胡宗南上將年譜》頁一六六。

29 父親應係第一戰區司令長官。

▶ 王曲七分校師生編有《王曲通訊》，以紀念主任胡宗南先生以及回憶各人戰史為內容。

第十五章

斯慧的畢業禮物

親愛的霞翟：

人生人生，人生如飛，得一知己，共患難，共貧寒，共禍福者，千難萬難，而況我和你，柔情如海，恩愛如山，茫茫天地之間，可算是鳳之毛、麟之角，而不能多見者，此真可寶貴、真可愛惜，真可留戀，至死而無悔者。……夜深人靜，思維者再……敬祝健康。十一月五日夜十二時30

——一九四九年大陸即將淪陷，父親在臺北見了母親之後飛返戰地，準備獻身報國。他很感慨地自漢中寫了此信。

在最危難之際，親情總能散發光輝，柔化險峻的情勢。父母親如此，同樣的在我為公事忙碌之際，家人總能讓我得到安慰。

一九九七年，國安局原來的副局長兼執行官馬履綏先生轉任大使，我因而調升國安局第一副局長兼執行官。對我而言，兩者最明顯的差別在於，我必須申報財產了。

我本來是簡任十四職等事務官，而執行官是政務官。因此，從一九九七年開始我就申報財產，直到二〇〇七年退休離開公職，共申報了十年。我並不算有錢，以一份薪水來養四個孩子的家，負擔相當沉重，但上帝的恩典很大，在我最需要錢的時候，就供應了。

安排家人拜候蔣夫人宋美齡女士

我的老大斯慧、老二斯廣如同一般外交官的子女，因為大部分時間在國外成長，從大學到研究所都念美國的私立學校，學費貴得不得了，兩個孩子都念葉公超的母校——麻薩諸塞州安默斯特學院（Amherst College），以我一個文官的薪水怎麼負擔得起！但兩孩子申請這所學校，都拿到高額的獎學金，這是上帝的恩典。我當時沒有想到會有這個困難，但上帝都幫我想到了。

很有趣的是，斯慧申請學校是新竹科學園區實驗中學雙語部老師給的建議——不要申請哈佛、耶魯等規模大的名校，因為學生太多，教授不容易照顧到個別學生，所以才申請了這所小型但學術聲望極高的文理學院。老師沒想到她竟然能獲得入學許可，興奮得不得了，直接在班上宣佈，過了一兩個禮拜，安默斯特學院第二次通知來了，還要給她全額獎學金。老師知道這是十分難得的，她變成全校的模範，也是個優秀學生的指標！校方讚譽有加。

斯廣也是一樣，他考托福滿分，一年後同樣拿到安默斯特學院的獎學金，從學院畢業時也是最優畢業生並且代表畢業生致辭。在我們財力最薄弱時，他們都拿到獎學金念最好的學校，感謝主。

一九九七年斯慧要大學畢業了，而且獲得全校最優生（summa cum laude）的榮譽。她寫信給我：「爸爸，您從來沒來過我的學校，如果再不來參加我的畢業典禮，就看不到這個學校了，您能不能來一下？」我雖已是國安局執行官，極為忙碌，但我說好，就憑女兒的這個心願向殷局長請假，他說沒問題可以去。

斯慧從美國最好的文理大學畢業，我想到蔣夫人剛好一百歲，她是世界偉人，參與了多少歷史大事，我們去拜訪她，當作給斯慧的畢業禮物。我雖然因父親的緣故，從小就有機會面見蔣中正和蔣經國兩位領導人和夫人，但從來沒有跟蔣夫人好好談過話，我透過了關係請見。

五月間，我偕惠英和老四斯漢一起赴美，並和斯慧、斯廣會合。老三斯華那時在臺灣念初中，繁重的課業以及即將面臨的重要考試讓她走不開。五月二十六日下午四點，我們抵達蔣夫人紐約長島寓所，八十歲的黃雄盛武官，以及宋亨霖武官迎我們進來。佈置很雅緻的客廳不算大，宋武官交代：「蔣夫人來時，她坐在主位，右邊的位子空下來，你們兩邊位子都可以坐，談話以後會上點心，吃完後就該告辭了，最長不能超過半小時，因為她是老人家了。」

蔣夫人由兩位護士扶著從樓梯走下來，她穿綠絲旗袍，有一黑一白兩條小狗跟著。我們迎上前去，她見到惠英就拉著她的手說：「來來跟我一起坐。」所以惠英和蔣夫人隔著茶几，坐在主客位子，我則坐在接下來的位子。

惠英把我及孩子們一一介紹了，蔣夫人顯然很高興。她分別問斯慧、斯廣、斯漢幾歲，在哪裡念書，稱讚惠英秀外慧中，她主要談話對象就是惠英：「我看妳非常快樂，妳的先生眞是好福氣，好眼光，妳的孩子都帶來了嗎？咦，怎麼還有一個沒來呢？我看妳就是一個快樂的人。」她非常熱絡，從頭到尾用的是英文，又一一親了孩子，惠英遞上我們全家福照片，她問：「可以給我嗎？」當然可以，旁邊的護士接了過去。我和惠英把她忘年好友近九十歲的女畫家邵幼軒的花鳥國畫送給蔣夫人，她很讚賞。

我跟蔣夫人說：「謝謝您，我們的基督信仰傳自母親，母親的信仰則是由您介紹的。」她問起母親還好嗎？我說十六年前就已不在了。她表示難過，並說她的親人也一個一個地不在了。

蔣夫人又說，世界上最快樂的事，是有個快樂的婚姻，最難過的事是不快樂的婚姻，接著對我說：「你不必說你有多快樂，我可以看得出來你很快樂。」談到當前的中華民國，她說要拯救國家，唯一的方法就是基督信仰（Christianity）。

蔣夫人要送她的國畫集，她問惠英：「我畫冊送給妳，妳看要不要簽妳先生的名字，還是只送給妳啊？」惠英當然說一起簽。

我家可是有備而來，斯廣帶著吉他，在他的伴奏下，我們全家合唱詩歌〈愛的真諦〉，歌詞是聖經〈哥林多前書〉十三章。

吃完點心，全家又圍著她合照，每個孩子跟她單獨講話時，我也拿起相機按下快門。我們就要告辭了，蔣夫人又說不要走，她講：「我現在非常寂寞，因爲我的親人都走了。」她的歷史地位太高，現在又年紀太大，因此很難和外界接觸，而她的至親一一離世，言語中，透露出她晚年的孤寂。

我說：「蔣夫人，您帶領我們禱告好嗎？」她說好。爲什麼請蔣夫人禱告？因爲她講只有基督信仰才能救中國，聽我們唱詩歌時也講這句話。我們全家跪下來，她也要跪，我們堅持請她不要跪。她用上海話禱告，除了祝福我們全家，尤其請求上帝拯救中國。她祈禱要救的中國，當然是中華民國。

本來宋武官說最多半小時，但時間已過了四五十分鐘，蔣夫人還是依依不捨，護士催她上樓，她也極不情願，但還是跟我們解釋：「她們是爲我好。」這才十分不捨地上樓。蔣夫人一百歲，講話仍清楚，問話則重複又重複，對我父母親已沒什麼印象了；但她喜歡惠英及孩子們，顯示喜歡的是我們，注意的是現在。斯華沒能同行，是此行唯一的遺憾。

▶ 攜子女斯慧、斯廣、斯漢（斯華在台參加考試）於美國紐約長島晉謁蔣宋美齡夫人（一九九七年）。

惠英出任華興駐校董事．兒女的見證

結束紐約行，斯慧和斯廣回學校，我和惠英帶著斯漢回臺北。中華民國婦女聯合會主任委員辜嚴倬雲找惠英，問她到哪裡去了？惠英回答去紐約看蔣夫人了，辜嚴女士有些驚訝：「啊，看蔣夫人了？太好了。」

「爲什麼太好了？」惠英那時是婦聯會委員兼華興中學董事。

「妳到辦公室來我再跟妳講。」下禮拜一，惠英同辜嚴女士見面，她說：「實在很抱歉，我沒有得到妳的同意，就推薦妳去做華興的駐校董事。現在紐約那邊已告訴我們，蔣夫人同意了。」

惠英一聽，問：「怎麼不先跟我講？」

「如果跟妳說，妳同意了，蔣夫人那邊卻否決了，那不是對不起妳嗎？所以沒有告訴妳。」

華興中學駐校董事，是董事會派去監督管理學校的職務，但那時惠英並不願意，因爲家裡有查經班，她擔心忙不過來，也不想因上班被限制在一個地方。辜嚴倬雲說：「妳想傳福音，華興可以讓妳傳個夠，妳禱告看看。」

惠英因此有一個月非常不平安，有天她看了新譯本聖經〈箴言〉的一句話：「懶惰的人待在家裡。」這個經節有如是對她說的，她立即打電話告訴辜嚴倬雲：「我接受。」她從此出任華興駐校董事，協助整頓學校。

華興中學在一九五五年成立之初，是為了照料當年一江山戰役陣亡官兵的遺孤。外界不知道的是，在一江山戰役中犧牲的近一千位官兵，都是父親在大陳擔任反共救國軍總指揮時代所訓練的游擊隊菁英，而指揮官王生明烈士更是父親多年的老部屬。沒想到四十年後父親的媳婦能有榮幸擔任駐校董事，所以眞可說是上帝的安排。

那時華興中學的狀況很不好，惠英費了不少心力，尤其看到學生們的生活和學習環境都需要積極改善，心中難過，因此常常失眠，但她非常認眞，經常祈禱，果然做了許多有益全校師生甚至華興棒球隊的事，包括為全校建立自來水系統，募得大批捐款建立棒球場，成立烘焙室造福師生等等。這職務從一九九七年開始，直到二〇〇一年我奉派出任駐德代表為止，華興許多師生一直到現在都懷念她。

所以這也是事先完全想像不到的。我們去拜會蔣夫人，是基於想給大女兒一個畢業禮物，沒想到卻變成蔣夫人對惠英的「面試」，很難想像蔣夫人為什麼對惠英這麼有興趣，原來是希望她照料華興。惠英也全心全意投入華興的工作。

我的孩子都在信仰上深深倚靠主。斯慧接著在杜克大學念教育，然後在康乃爾大學攻讀英國文學博士，都是全額獎學金；斯廣讀哈佛大學法律研究所，也有百分之八十的獎學金，他還申請貸款，所以我幾乎不需要負擔。老三斯華在明德學院（Middlebury College），剛開始時要全額負擔，後來也獲得獎學金；老四斯漢後來在加拿大麥基爾大學（McGill University）讀心理系後回來服役。

斯慧的英文程度極佳，以後她在美國的大學任教，可以開莎士比亞課，並教美國學生寫論文；她已把我母親回顧自己與父親相知相戀相守的大時代故事《天地悠悠》，全書譯成了英文。她的先生甄盈安是康乃爾電機博士，也在旁作了協助。

我調到國安會

殷先生一直想做國防部長，他跟我提過，這是他的志願，而且他有這方面的才學。他跟我說：「我一路的學習和經驗，就是軍事、戰略，這是我的興趣、我的專長。」自從朝野於一九九七年第四階段修憲，一九九九年起將臺灣省虛級化、行政院長任命不需經立法院同意，勢將引起高層人事全面改組後，國安局長之位很顯然地也將更迭，殷局長期待就此出掌國防部，他甚至跟李總統提出過，但李總統並沒有如他所願。

蕭萬長內閣即將於一九九九年二月一日總辭。一月間殷宗文赴德國出差，整個高層人事在一

▶ 惠英離開華興駐校董事一職隨我赴德國協助外交工作前，獲蔣宋美齡女士頒發獎狀。

月下旬明朗化。元月二十三日就在殷局長即將返臺之前，李登輝在沒知會的情況下把殷宗文調為國安會祕書長，原先的祕書長丁懋時調總統府祕書長。至於國安局局長也不是呼聲最高的蔡朝明，而是才接情報局長一年的丁渝洲。

然而殷先生找我，希望我跟他一起去國安會擔任副祕書長，因爲我對國際、外交方面的業務較熟，我說：「我現在不想離開國安局，能不能另外找人？我走不掉，因爲許多案子經營一半，沒辦法立刻放掉。」但殷宗文講：「我跟總統報告了，把你調到國安會，李總統說好得很。」這就變成李總統也同意了。

殷宗文二月一日接掌國安會，我是三月一日去，所以丁渝洲到任時，殷宗文以國安會祕書長身分監交，由我代表原任官把印信交給丁局長。二月二十八日，丁渝洲代表政府頒給我三等景星勳章及一等國家安全磐石獎章，並舉行歡送會，這些一級主管很熱情，跟我初到國安局時完全不同，鬧個天翻地覆，我沒有酒量，喝得滿臉通紅、心跳加速。

30　《胡宗南先生日記》（下）一九四九年十一月五日。

第十六章 國安會與兩國論危機

歷觀世界民主發展史與民族自覺史，凡侵略強權必敗，賣國漢奸必滅，專制暴君必亡；今暴俄與奸匪朱毛，集人類歷史上侵略強權賣國奸賊與專制暴君之大成，他們既不能毀滅我中華民族，就必定要在中華民族自覺的偉大潮流中毀滅。

——父親於民國四十二年進入國防大學書寫的自傳。

父親一直懷有中華民族的情懷，他之所以反共，是因為一九二〇到一九六〇年代以蘇聯為首的共產集團既以專制違反人性，又崇尚暴力，我也因為中華民族的立場而反對馬列共產主義；但在民族情感之下，任何割裂臺灣與大陸的思想和企圖，我堅決反對。

我出任國安會副祕書長，和殷宗文繼續搭擋，基本上相處很好，能互相配合。殷先生起初雖然對調掌國安會不樂意，可他了解國安會的功能和重要性後，也改變了想法。至於我，看來這也是上帝的安排，因為有了在國安會的基礎與經驗，以後我又成為國安會祕書長，也就駕輕就熟了。而且，以我在情治和外交單位都待過，也累積了很重要的人際關係，以後要調動相關人才變得很容易，因爲我和他們彼此了解信任。

一九九九年，原本兩岸關係已逐漸改善，大陸海協會會長汪道涵預定訪臺，與我方海基會董事長辜振甫晤面，雙方可望進一步加強往來。七月九日，李登輝總統接受「德國之聲」記者訪問時，突然講兩岸已是「特殊的國與國關係」，這麼一講，不僅汪道涵取消來臺，連美國都不諒解。

兩國論研究的根源

「兩國論」的說法，出自「強化中華民國主權國家地位專案小組」的研究報告，這個小組是由蔡英文教授所召集，但是眞正的源頭，還是起於殷宗文在國安局局長任內的建議。

我在李總統講了兩國論引起軒然大波之後，得知了來龍去脈。曾經在德國讀過軍校的殷局長於一九九八年訪問德國，並與德國柯爾總理（H. Kohl）晤面，柯爾總理對兩個德國的狀況至爲了解，也在一九九〇年成功地讓東西德統一。柯爾於會談時明白告訴他，當前臺灣在全球競爭中最弱的就是在國際法上沒有地位。殷局長返國之後跟李總統談起德國總理之言，李總統於是找來蔡英文帶領國際法學者研究臺灣在國際法的地位。

蔡英文、張榮豐、林碧炤所組成的小組於一九九八年開始運作時，我還是國安局副局長兼執行官，但完全不知道這個小組研究的狀況，他們期待從國際法切入，突破中共所主張的「一個中國」兩岸框架。殷宗文以後幾度跟我解釋說，我們在外交場合受到打壓，最大的原因是我們的主權不被他國認同，因此我們要請國外的國際法學者專家幫忙我們，強化「中華民國主權」論述。

這講法十分合理。我自己為中華民國主權在外交崗位上奮鬥那麼多年，當然贊同，主權論述有學術來做基礎是必要的，但不是李總統講出去的「兩國」論啊！請國際法學者來研究，該研究的國家是中華民國而非臺灣共和國，臺灣是地理名詞，不是國家的名字，要爭取的是中華民國主權而不是臺灣主權！這是極大的分別。在國際上，外國所以承認中華人民共和國或者中華民國，因為這是代表國家的中央政府的名字。

殷宗文支持蔡英文和張榮豐去找外國的國際法學者，因為蔡英文有國際上在這個領域的關係；研究幾個月之後，這個小組把初步的研究成果上呈，然而據我所知，他們寫的東西只是個初稿，不是很成熟，而且這個研究府院首長都未必知道，沒想到在德國記者向李總統提問「臺灣是中國叛逆的一省」時，突然就講出「兩岸是特殊的國與國關係」如此的新立場來，讓所有人都措手不及。雖然整個研究動機和背景都是因為中共的蠻橫，但如影響到全民安危，本身就值得研究了。

兩國論由李總統突然講出來時，我正參加辜公亮文教基金會的《嚴復合集》新書發表會，會中我同前行政院長郝柏村先生見面，他很明白地告訴我，李總統講的論點不妥當也沒有必要。接著「兩國論」影響擴大，中共反應強烈，共軍軍機飛到臺海中線，辜汪會開不成，臺灣股市跟著因中共的軍事動作而連日暴跌。

我參與兩國論危機處理

由於不僅中國大陸反應激烈，美國也跳腳，因爲影響到整個亞洲地區的穩定與安全。美國派美國在臺協會主席卜睿哲來臺灣了解究竟怎麼回事，李總統指示殷宗文、總統府祕書長黃昆輝共同主持會議，研究如何應對過來興師問罪的卜睿哲。

七月十四日，殷宗文指示我也參加應變會議，他在會中宣佈：「從今開始，我們請胡副祕書長來參加我們的會議。」這個會議，是研究如何應付卜睿哲及來自美國的壓力，並完成說帖；與會者，除了兩位祕書長之外，有行政院副院長、陸委會主委、外交部長、軍方代表副參謀總長、總統府副祕書長，還有辜振甫、蔡英文、許惠祐、張榮豐和伍世文。會前，憂心忡忡的辜振甫特地跟我講：「我感到有人要破壞辜汪會談，要我早些交棒。」

在那天會議裡，我除了奉命宣讀李總統先前告訴外賓的緣由是「爭對等」之外，並且說：「如果要維護特殊兩國論，我的感想是，美國嚴重看待此事是因爲中共跳腳，但中共憑什麼跳腳？因爲在歷史上成立另外一個中國是他們自己！他們在一九三一年就成立中華蘇維埃共和國政府，一九四九年又在中華民國版圖內成立中華人民共和國！面對美國的不滿，要先把這個歷史告訴卜睿哲；但現在要面對眼前的問題，我們要有個讓美國妥協、大家都能下臺的講法。」

由於共軍動員的事態嚴重，戰火有山雨欲來之勢，我提出我們應該以德國法學界的「屋頂論」——也就是兩岸仍在「中國」的屋頂之下，我方仍然是「中國」，江八點的第四點是「中國人不打中國人」使中共師出無名；另外，我們也應借重辜振甫先生在兩岸之間的聲望，讓他來加強溝通。會議結束後分工應變，殷宗文要我參與，而且等於擔負擬出說帖的主要責任。

結果那次會議有結論，是把特殊兩國論拉回來，講成「一個中國各自表述的另外一種講法」。也就是說，李總統雖然脫口講了特殊兩國論，實際上還是「一個中國各自表述」。這是我們的辯解，以此告訴美方讓他們能轉告中共，但也要讓老美有個印象，歷史上成立另一個中國的是中共。

中共表面雖然這麼強硬，實際上也不希望走向戰爭，因為中國大陸各方面的困難很大，不能輕啓戰端，其實一九四七年的中華民國憲法就是一個中國架構，因為那時中華人民共和國還沒有成立。所以二〇一六年曾任國臺辦主任的中共外交部長王毅才說要回歸憲法，就是這個意思，而我們主張依照憲法，一個中國就是中華民國。

接下來又有兩度說帖撰寫會議，我請殷宗文自己主持，絕大部分與會人士都認為說帖對象應以對美說明為第一要務；但我強調應該要讓中共有下臺階為重，因為當前情勢嚴峻——也就是說，我們應強調我方雖持兩國論，卻主要在於對等談判，日後我方的目標仍在統一，而且反臺獨。不過我的見解，與會者都不支持。

我認為無論從憲法、民族、歷史、兩岸現勢而言，走臺獨路線不僅不可行，而且會重燃戰爭災難，因此說帖應該明確地點出「不走臺獨」這個眞正關鍵。但會議連續開了幾天下來，文字上只朝儘量減少「兩國論」所帶來的衝擊，不願意納入我的建議。說帖就這麼完成了，將交由辜振甫發表。

辜振甫說帖不被中共與美方接受

七月三十日，海基會董事長辜振甫就李登輝總統所提「兩岸關係是特殊的國與國關係」舉行說明會，強調「特殊的國與國關係」就是兩岸一九九二年所達成「一個中國、各自表述」共識中，我方立場的表達。海基會在辜振甫談話的同時，將談話稿傳給海協會，但海協會反應甚不禮貌。

美國對辜振甫的談話也無支持之意，僅回應希望兩岸問題能夠和平解決，顯示對我方的失望。所以這次因應作爲，由於某些人的意識型態作梗，不僅沒達到預期目標，甚至反而提供了美國與中共改善關係的契機。

當兩岸關係因李登輝總統提出「兩國論」而緊繃時，九月二十一日凌晨南投突發發生大地震，我和惠英半夜被震醒，但家裡沒有什麼損失，僅地下室出現裂紋，天亮之後方知中部災情慘重。在地震發生前一週，我趁著惠英去體檢時，在家單獨爲國禱告，因爲這幾個月來，臺灣經歷了太多嚴重的狀況，禱告時忽然內心悲傷至極而泣，結果接下來竟然又出現大地震。

不過大地震卻轉移了注意力，也緩解了兩國論所造成的緊張情勢，中共原本正積極準備對臺軍事行動，由於大地震而延緩了戰爭危機。中共基於人道理由捐了十萬美元，數目不能和臺灣歷次對大陸賑災的慷慨相比，卻還對各國「感謝對中國臺灣的關懷」，也要求聯合國透過中共來施援助。我的感受是中共缺少高瞻遠矚的政治家，心胸實在太狹窄，如此作爲會讓臺灣人民極爲反感。

九二一之後，殷宗文要我立即南下勘災，我抵達中部，可以見得大地傷痕累累，這場大地震造成了許多待援的孤兒，惠英反應很快，立即指示華興中學收容這些尚在就學的孤兒，其中一些南投的孤兒還是吳敦義的夫人蔡令怡女士幫忙聯繫，送到華興，這事以後還獲得政府頒發獎狀表揚。

對李登輝總統無法認同

雖然兩國論的風波逐漸平息，卻讓我眞正認識了李登輝總統的想法與作爲，我沒辦法認同。不幸的是，我愛的中華民國，已經因爲李登輝總統帶領的方向而改變了，也因爲國民黨在路線上如此的分裂，造成嚴重後果。

李總統的政治立場原本並未偏離蔣經國總統穩健踏實而安全的路線，一開始我是支持的，但如果是強化臺獨論述就不好了。這完全不一樣，因爲我也學國際法，一看就知道兩者的差異，不能以「臺灣主體性」如此冠冕堂皇的名詞強化臺獨地位，臺獨原本就不存在，站在中華民族立場更不應是選項。

兩國論事件延燒之際，殷先生的健康出了問題。八月間，殷先生從醫院回到總統府，我剛從廁所出來，他拉著我到他辦公室，然後說：「我剛從醫院回來，檢查發現得到肺腺癌！」我很震驚，極爲關切他的病情。殷宗文接著說：「醫生要我做化療，我想這樣子，要跟丁懋時資政商量，請他來兼代國安會祕書長。」所以，丁懋時兼了半年國安會祕書長，殷宗文休養，讓病情穩定下來。

十一月間，僑務委員會召開八十八年（一九九九年）委員會議，世界各地的委員都來臺灣開會。政府非常重視這場會議，行政院長蕭萬長到場致詞，十四日則是外交部長胡志強和我分別做專題報告，我的題目是〈當前中共在海外統戰之剖析〉。

我指出，當前中共對我外交上的戰略佈局，包括「利用大國外交左右國際視聽」、「以經貿關係挖我友邦」和「全面阻撓我加入國際官方組織」，且中共已提升僑務工作到戰略層次，並把僑務工作做爲對臺鬥爭的一環，意圖把中華民國的籌碼完全擠光，最終在僑社實現「一國兩制」的宣傳。

我並說，中共爲了爭取僑界的向心力，已到無所不用其極的地步，在爭取僑領時，所採取的更是一切經費沒有上限，大家要提高警覺。由於我自己有在僑界和中共鬥爭的經驗，所以對於中共在海外的強力統戰，我提的具體回應就是「堅守民族大義」、「擴大民主成果」、「強化對外經濟」、「深化僑界服務，團結海外中間力量」和「積極參與國際社會」，因爲臺灣民主化的成就使得我們在國際間贏得支持，而強大的經濟則是我們和中共的競爭力量。

不過，來自新竹的僑務委員謝清志舉手發言，他批評我的講話八股，通篇「中共」不稱「中國」，違背了「兩國論」；又居然提「民族大義」，講什麼「海外中國」。聽他從臺獨角度抨擊，我心情平靜、面露微笑地向他致謝，幾位僑務委員紛紛發言說我講得對，並對謝君表示憤怒。我則說謝先生的話也很有他的道理，謝謝指教。這是個奇特的經驗。

謝清志是太空專家，也是海外臺獨組織成員，被李總統延攬返臺發展衛星。日後扁政府發表他擔任國科會副主委，兩年後我即將要去德國任職之前去拜會他時，他卻不斷地向我說抱歉。

李總統於十六日接見僑務委員時，再提「兩國論」。他說，他將兩岸關係定位為「特殊國與國關係」，是就法律和歷史事實，作清楚的陳述，對大陸政策和追求國家未來在民主、自由、均富下達成統一的既定目標，並沒有任何改變。他並告訴僑務委員們，「中華民國本來就是一個主權獨立的國家，有人要把中華民國改為臺灣共和國，我絕對不做這種事情。」這是他當眾講的話，並且明載於僑委會出版的《僑情簡報》第六期。日後看他的作為與談話，顯然和此時的談話內容差距極大，身為國家領導人層級不應如此，這是內心是否真誠的問題。

以後的陳水扁政府，更把海外華僑的聯繫經營，從「兩國論」角度做了進一步的限縮為臺僑，使得海外對中華民國的支持更為降低。

第十七章

陳水扁政府

辦大事者非精心果力之為難，而仁恕存心相忍為國之不易也。
——父親親書之格言。他的愛國心、氣節和勇氣，使他願為國獻身。

父親認為，國家的各級領導者，只有毫無私心、一心為國，國家方能向上提升；他知道「仁恕存心、相忍為國」者，不容易見到，也以此自勉。同樣的，面對不同政治信仰、不同價值觀的陳水扁先生，我並未從政黨的向背排斥他，而是先以《聖經》的話當面期勉與祝福，希望他把中華民國帶向新境界。

陳水扁勝選，被要求留下協助

一九五〇年在臺南出生的陳水扁，完全沒有經歷中華民國為中華民族奮鬥、求生存、爭取民族尊嚴的歷史，他所帶領的民進黨，更試圖走臺灣獨立路線。二〇〇〇年三月十八日總統大選投票，藍營的選民分裂之下，民進黨候選人陳水扁以四百九十七萬票領先宋楚瑜的四百六十六萬票，以不到四成的得票，當選了中華民國總統，國民黨候選人連戰得票三百萬票都不到。

結果揭曉之後的那幾天，整個臺灣情勢基本上是混亂的，憤怒的群衆包圍了國民黨中央黨部，呼喊李登輝下臺，不要再做黨主席。我思考何時離開國家安全會議，初步的想法是爲了國家安定著想，要等到陳水扁就職的前一天再遞辭呈。

我打算離開公職，殷祕書長說：「陳水扁是根據正當的民主程序選出，他會依據中華民國憲法宣誓就任總統，我們要做好的榜樣，我跟吳東明、劉炳華離開，你要留下來負責傳承工作。」在軍中和調查局一直表現優秀的吳東明是國安會第一副祕書長，劉炳華是第三副祕書長，殷宗文知道民進黨缺乏執政人才，卻擁有了政權，如果不幫民進黨穩定政局，恐怕整個國家陷入危局。這是殷宗文的指示，我是不是要接受？我與好友胡家麒交換意見，我們都同意，爲了中華民國，要冷靜下來觀察，暫時留在體制內。

以後見到錢復，他也勸我留在政府裡，認爲爲國家留下來，說不定「可免生靈塗炭」，想想看，陳水扁不過是另外一個李登輝而已！

四月間，我有個機會與宋楚瑜對談。他告訴我，當初是他任臺灣省主席卻被精省後，體會到李先生要走臺獨路線，才決定和李分道揚鑣；如今他很擔心國民黨會一蹶不振。另方面，宋楚瑜也明確說，我們的教育系統因李登輝的指示而搞臺獨，這對臺灣下一代、未來的發展不利，因爲臺獨是死胡同。

我建議宋楚瑜，應該和連戰合作。談到最後，宋楚瑜認為我不應外派，而要留在政府裡觀察，「我們都退了，那國家怎麼辦？」這和錢復對我的建議不謀而合。宋楚瑜也同意，時機成熟時就與連戰合作。四年之後兩人果然搭擋出馬競選，卻因三一九槍擊案而落選。

當時國民黨雖然敗選，絕大多數從政黨員都能盡力協助新政府接手執政，這也是國民黨愛護國家人民的表現，因此各部門都盡力做好政權交接，殷宗文也抱病定期主持移交會議，要求同仁把各種檔卷整理出來交給民進黨政府。這就是他所說的，要有好的榜樣。

我是否續留，一方面是我個人的意願問題，另方面也要看民進黨有無提出要求，因為國安會相當重要，治國理念不同的民進黨，如何能讓我參與他們的施政？實在很難想像，然而希望我留下來協助新政府的聲音不斷，不僅是擔心未治理過國家的民進黨會造成政局混亂，也有幾位國民黨領導者認為我留在政府高層裡可以觀察民進黨究竟要怎麼做。郝柏村及丁懋時等前輩，都認為我仍應留在政府裡，就在去留未決之際，扁營和我聯繫了。

我和內定出任閣揆的唐飛見面，他為了組閣事十分忙碌，因為要顧慮到黨的態度、陳總統當選人和李總統的意見，但他到底是老友，還是很親切。他說，他是以個人身分出任閣揆，因為黨部不支持也不支援。唐飛告訴我，當陳水扁邀請他做閣揆時，他當時就跟陳總統建議有兩個人不可離開政府，一個是程建人，一是胡為眞。他的考量在於程建人在對美外交關係方面極為熟稔，可以穩定對美關係；我則是可協助國安方面的情治運作——而陳總統都採納了。唐飛又跟我提到國安體系的人事，現在原則上是由駐日代表莊銘耀接國安會祕書長。我們談完，臨走時，我為唐飛禱告。

五月一日，殷祕書長再請簡又新向扁陣營表示，應找我面談，下午請蔡英文轉達。這天國安會召開內部會議，我發言盼望扁陣營新團隊也過來，因爲國家安全不能有須臾耽擱。

陳水扁隨後正式約我見面。三日下午，地點是租自致福電腦公司的臨時辦公室，陳水扁及幕僚都在裡面辦公，陳設簡單，有電腦桌、白板、一些書籍，我等候時，看到有兩本聖經。接下來請我上樓，見到了總統當選人。

選後與陳水扁先生首次見面

陳水扁先生對我說：「爲眞兄，對不起害你久等，要請你幫忙，接續國安會的工作。」我回答：「您是中華民國的總統，而我是公務員。」他敘了一下舊，然後問我工作背景，我講了，並且說在南非曾與唐飛同事過。他於是客氣地稱我「前輩」，也才知道我比原先想安排爲副祕書長的蔡朝明資深。

我跟陳水扁先生講：「謝謝您對我這樣看重，讓我繼續留下幫您忙，但您的同仁可能會面對我的不同意見。」他一拍桌子，說：「歡迎不同意見，就是要不同意見，才能check & balance，不能一言堂！」我再謝謝他送我《臺灣之子》一書，並說我父親不求生活上的享受，所以小時候也是沒看過冰箱的。

他說，這天早晨已告知美國在臺協會理事主席白樂崎先生（Natale Bellocchi），五二〇就職演說三原則，一是讓美方滿意，二是國際肯定，三是讓中共沒有藉口出兵。我勸他，要留意美國有意控制及影響你們。他說當然，但也不能不顧到他們的意見。

我來見陳水扁時，已經想送他一節聖經經文——〈彌迦書〉六章八節：「世人哪！耶和華已指示你何爲善。他向你所要的是什麼呢？只要你行公義，好憐憫，存謙卑的心，與你的神同行。」事先打好字，帶在身上。因爲我覺得陳水扁先生如果要帶領國家長治久安，並且一如中央研究院院長李遠哲在選前的推薦話，讓國家「向上提升」，則公義、憐憫、謙卑的心正是這位新科總統所需要的；我又想到前幾天祈禱後翻開聖經，立即看到的以賽亞書三十二章一節：「看哪，必有一王憑公義行政；必有首領藉公平掌權。」於是再把聖經翻給他看，並說：「陳總統，這是您助理的聖經，裡面有寫可以幫助執政的話，送給您參考。」我請他以爭取公義、公平爲重。陳水扁回答：「好，謝謝你。」他主動要我有事直接找他，不要顧忌層層報告。我問要聯繫誰？他說馬永成。這是初次見面，他的態度謙虛誠懇，十分親切，但氣色不是很好。我回到國安會，把會面經過向殷宗文報告，這事就定了。

晚上，沈正牧師來看我，他爲了我下午與陳水扁會面事，中午禁食禱告，事實上，他前幾天做夢，夢到我在原地移動雙腳，然後又移回原來踏腳處——換言之就是「原地不動」，挺奇妙的。所以，我和陳水扁之間，最初的互動是不錯的，這不是政黨向背的問題，我和許多國民黨員的想法一樣，誠心希望他順利執政，帶領整個國家走上坦途。那個時候，國民黨智庫負責人老友江丙坤請我加入智庫，但我說我已答應陳水扁先生，準備繼續在政府工作，維持國家的穩定。

扁主政，兩岸關係持續不通

陳總統任命了唐飛為行政院長、駐日代表莊銘耀為國安會祕書長，這都是原先國民黨培育出來的人才。莊銘耀很明白地跟我講，雖然他受陳總統邀請來做國安會祕書長，但他的心還是在於國民黨，他和我一樣，為的是讓國家繼續保持安定。

十九日，上午十點我到總統府送別連戰副總統；下午四點同樣的地點送別李登輝總統。李登輝在致辭時特別說，他在總統府不止十二年，連同副總統的四年，總共是十六年。聽他這麼說，格外令我痛心——中華民國給了他這麼長的時間，硬是被他治理成現在這樣！雖然李總統對我、對我家都很好，過去有很長的時間也是我尊敬的長官，但如今把國家帶到如此境地！蘇志誠也來和我握手，並說：「你辛苦了，還要繼續再辛苦。」看著他，我心中實在感慨萬千。

二十日，陳水扁、呂秀蓮就任中華民國第十任總統、副總統，我參加了殷祕書長移交莊銘耀祕書長的典禮。接著在十一點參加慶典，陳水扁總統就職演說中，最引起我關注的，就是他說：「海峽兩岸人民源於相同的血緣、文化和歷史背景，我們相信雙方的領導人一定有足夠的智慧與創意，秉持民主對等的原則，在既有的基礎之上，以善意營造合作的條件，共同來處理未來『一個中國』的問題。」他又說，只要中共無意對臺動武，他保證在任期之內「四不一沒有」，也就是「不會宣佈獨立，不會更改國號，不會推動兩國論入憲，不會推動改變現狀的統獨公投，也沒有廢除國統綱領與國統會的問題。」陳總統此刻講的話，其實是不錯的，特別是兩岸同一血緣、文化與相同的歷史背景，這就不應該主張分離，也就是臺灣獨立。

但是，中共的回應顯然是負面的。中共中央臺辦和國臺辦透過新華社發出聲明，指責陳總統在「接受一個中國原則」這個關鍵問題上，採取了迴避、模糊的態度；聲明並強調，一個中國原則是兩岸關係和平穩定發展的基礎。

二十二日，莊祕書長聽取國安會簡報後，約三位副祕書長談工作分配。我私下再與莊銘耀談，他說：「陳總統對你還信任，也希望你做發言人。」我堅辭，理由是我來自舊政府，所以外界不易相信，還是叫張榮豐擔任發言人吧，何況他是第一副祕書長。

扁政府上任之後，兩岸僵局持續，無法重啓協商大門，陳總統爲此焦慮。六月二十七日下午，他準備接見美國亞洲基金會會長傅勒（William Fuller）一行之前，先單獨約見我。他問我，要如何打開目前的困局？

我回答：「在五二〇就職演說時，您如果在『中國人』一詞上加『我們』，中共就沒有理由鬧了。」

「不可能！」陳總統馬上說：「中國是步步進逼的！」他說，以他的背景、環境、他能做到當前的情況，起碼是把局勢穩住了。他又說，李登輝的大陸政策並不成功，所以他不必照學；我們又談了一些情治及安全保防的事，我即告辭。我感受到，陳總統已體會到國政責任之重，兩岸情況的難爲，以及要脫離李登輝的陰影。

接著陳總統在會見美國亞洲基金會時，明確表達新政府願意接受海基、海協兩會之前會談的共識，即「一個中國，各自表述」；但如果所謂的「一個中國」就是中華人民共和國，這種觀點是臺灣人民無法接受的。不過他這麼一講，次日陸委會主委蔡英文馬上召開記者會，強調「一個中國，各自表述」，是形容當時兩會沒有就兩岸定位造成共識的用語，新政府接受此一用語，不代表立場改變，更不代表接受中共的「一個中國」原則。她的講話，外界視爲否認陳總統前一天之言。

陳總統上任之初，施政上就出現很大的問題，也就是對前朝政策沒有接續性。他基於選前對林義雄承諾反核，準備把立法院已通過預算的核四廠興建停下來，沒多久，唐飛就在我赴美三個月之際，因爲在核四廠是否續建上與陳總統的理念不同而離職，新的行政院長張俊雄和經濟部長林信義完全配合陳總統宣佈停建核四，結果在可能違憲之下，又宣佈續建，因此造成至少三十多億元公帑的損失。

擔任哈佛訪問學者暫離台北

九月，我赴美到哈佛大學費正清中國研究中心（Fairbank Center for Chinese Studies）擔任訪問學者，這也是我上任之初，就跟陳總統講過，並獲得他的首肯。陳總統在我出國之前約見，這次見面感受到他的面容、態度已顯現出權威來，但言辭中還是有客氣話。他問我到哈佛的計畫，我據實以告；他要我面對中共人士宜「不卑不亢」，也問我一些關於美國的外交及人脈問題。

我恭喜他下令掃黑已有初步成效，他則說下令成立偵辦尹清楓案專案小組是必要的，現在掃黑是考慮到明年年底的選舉，所以正是時候。最後，他希望我在哈佛多學一些，以「蔚為國用」。臨行之前，我在一個婚禮場合見到應邀證婚的前副總統李元簇，李前副總統私下跟我說，不要隨便辭職，儘量留在現在的崗位上。

在臺灣政治紛擾之中，我來到了哈佛校園，總算過了一段三個月做學問的生活。那個時候，斯廣正在哈佛大學法律研究所攻讀博士學位，我有如此機會能夠跟兒子一起倘佯在校園裡，眞是感謝上帝。我要斯廣把他的腳踏車讓給我騎，整個生活的步調慢了下來。

在哈佛遊學期間，我受到美國許多「中國通」教授的款待，一些是我原先熟識的，一些是

▶ 任國安會副祕書長期間赴美國哈佛大學擔任訪問學者，與奈伊院長（J.Nye）合影。

新認識的，他們的治學態度很令我欽佩。此外，我以〈臺灣的政府改變對區域安全之影響〉（Implications of Changes of Taiwan's Government on Regional Security）爲題發表演說，強調我們仍然會盡力維護地區安全。由於我是現職人員，聽衆擠滿了教室，反應甚佳。另外，我也得以到各圖書館細察美國國務院及中央情報局已解密的檔案，找出中美關係許多資料，尤其是一九六〇年代初期，蔣中正總統切望反攻大陸時，與美方各項聯繫的資料。這些對於我在二〇〇一年所出版的專書《從尼克森到柯林頓：美國對華一個中國政策之演變》，助益甚大。後來我才知道，這本書出版後，大陸學術界頗爲重視，在北京的中國社科院臺灣研究所還將此書列爲內部人員的基本讀物之一。

十二月，我結束訪問學者行程，十四日搭機返回臺灣那天，中午費正清中心主任 Elizabeth J. Perry 爲我舉行 farewell 餐會，這是爲我送行，他們稱我爲模範學者（Model Fellow），參加的幾位學者都是中心裡的中國問題專家，我以後才知道，費正清中心爲訪問學者舉行道別餐會是破題兒第一遭。

調任駐德代表

二十八日，外交部長田弘茂的機要打電話給我，說部長要和我通話，但我當時無法回應。二十九日，外交部新主任祕書藍智民在電話中詢問，部裡有意請我赴德擔任代表，我有沒有意願？

我想起田弘茂打來的電話，立刻回電給他。他說：「為眞兄啊，拜託你一件事情，你能不能去德國接金樹基？」金先生那時擔任駐德代表已經有八年。

我說：「為什麼？金大使做得很好啊，而且他是我的老長官，我也不會講德文。」

「不，金大使就要調動了，而且德國非常重要。我要強調的是，第一，金樹基我另外已有安排，不會傷害你與金樹基的關係，你放心；第二，德國的官員會講英文啊；第三，我坦白告訴你，有很多人想去都被我擋住，因為他們外行，而德國太重要了。我跟陳總統講得很坦白，陳總統也同意了。」他並沒有告訴我要把金樹基調到俄國去，不過這也是外交部的傳統，不會告知整個調動計畫。

田弘茂講得眞誠懇切，我很感動。回去後，我告訴惠英，並且和她一起祈禱，初步的感覺是應該接受。三十日，馬永成代表總統跟我商量，我說總統既然指示，那我二話不說自然接受。

二〇〇一年元旦，陳水扁總統發表元旦談話，表示盼與中共研究兩岸統合的架構，並維持兩岸永久和平。一月五日下午，陳總統約見，跟我談赴德出任代表一事。他說，歐洲是今後外交重要目標，德國在全球外交的重要性，僅次於美國、高於日本，希望我去發展關係，然後他要派「國安局軍人背景的人」來接我的位子，以補軍人背景不足的缺陷。

我除了報告當前在國安會進行的幾個專案外，並說：「我參加了基督徒的跨年禱告會，要基督徒為您禱告，今後您如遇到困難，可找信賴的人代禱，上帝愛我們這裡的人民，會聽禱告的。」他說謝謝，然後說：「教徒派到那裡（德國）剛好。」在言談中，陳水扁總統展現了自信、樂觀、有把握，送我出門時，拍我肩膀說：「任重道遠！」緊緊握了我的手。

我想到曾任經國先生安全室主任的池蘭森將軍，寄給我的聖誕卡上寫了一句話：「萬事都互相效力，叫愛神的人得益處。」（羅馬書八章二十八節）這話正是我的心情寫照，感謝主。

那個時候我已打算離開扁政府。爲什麼？經過幾個月下來，我發現扁並不聽我的建議，我曾以「加強我們國家安全的基本作法」爲題提出建言，最重要的建議是，以國安會的角度來面對我們的威脅中共，要改變中共的思維、觀念以及想法，才能增進我們的安全，而要改變就得接觸——但陳總統不聽，大方向還是以「兩國論」爲思考，要走向分離。扁口中說的和做的並不一致，我很失望。

神安排我遠離國內政局的紛擾、遠離基本理念完全不同的扁政府，到地球另一邊爲中華民國效力，我於六月二十一日赴德，重回外交圈。

赴德國之前，有個禮拜天早上讀聖經，我讀到〈詩篇一二一篇〉：

我要向山舉目；我的幫助從何而來？
我的幫助從造天地的耶和華而來……
耶和華要保護你，免受一切的災害；他要保護你的性命。
你出你入，耶和華要保護你，從今時直到永遠。

那天上午十點半到教會做禮拜，在讀經時，領會弟兄要求會衆翻開聖經讀經，就是〈詩篇一二一篇〉！等到我們六月要出發到德國，夏忠堅牧師爲我們全家餞行，他送給我一個卷軸，我一打開，裡面竟然又是〈詩篇一二一篇〉。我心裡逐漸明白，這是上帝用此詩來指示我赴德之後，更要倚靠神。

是的，上帝要我赴德工作，雖然不論內外都困難重重，但只要倚靠祂，祂必要保護我及我們全家。我赴德之後，就把卷軸掛在床旁，每看這詩篇對我說：「……我的幫助從造天地的耶和華而來。」就覺得眞的是如此，最後是關關難過關關過，終於是倒吃甘蔗，離開德國時，是雙邊關係最好之時。

第十八章 拓展對德外交

……十一時起飛，別矣！我親愛的成都人民，為洒一滴同情之淚，飛行五、六時，未得下降，轉降於中國極南端之海濱三亞。31

——父親於一九四九年十二月二十三日撤離成都，原先準備降落西昌繼續指揮作戰，卻因為天候因素及油量、機場考慮，不得不轉降海南島，因而引起蔣總裁及外界天大的誤會。

當父親從成都轉戰西昌，卻因不可抗力的天候因素改降海南島三亞，引來領袖及同僚的棄軍誤會，使得終他一生都含冤莫白。離開成都原屬規劃中之事，到哪落地怎麼會有如此的謗議？父親爲了繼續作戰而飛離了成都，我則代表國家飛赴柏林，進行外交戰。此刻的中華民國，因爲中共強硬地壓縮我外交空間，身爲外交官必須奮力以赴。

一九八九年天安門事件以來，西方國家包括歐盟和美國都對中國大陸實施嚴格的武器禁運，這對在臺灣的中華民國而言至爲重要，因爲中共的武力升級，首當其衝就是臺灣。但是，實施武器禁運多年後，這樣的政策在歐洲卻逐漸鬆動，特別是我出任駐德國代表之時。

我是職業外交官，雖然民進黨主政，不能因爲政治信仰的歧異而有所怠惰，因爲我效忠的是中華民國政府，所以一切努力都是爲了開拓中華民國政府的對外關係，增進國家人民的福祉。

除了歐盟外，歐洲各國對我國的重要性而言，德國第一、法國和英國第二、義大利第三。駐德代表處是一個大館，底下有副代表、兩個參事，以及經濟組、文化組、教育組、新聞組、科技組，都是各部派來的同仁。

高鐵造成的外交裂痕

二〇〇一年春天，我和惠英帶著斯漢抵達柏林時，德國執政黨是社會民主黨，跟綠黨結盟，所以社民黨施若德（G. Schroeder）做總理、綠黨黨魁費雪（J. Fischer）出任外交部長，都是我必須盡最大努力打交道的目標。一抵達德國，我就發現此行果然不容易。我期望與德國部長級官員見面，先從較不敏感的部門——環保部著手，結果立刻碰了釘子，環保部以「有政治顧慮」爲由給了閉門羹。於是我去約見柏林市長，甚至找了他同黨的議員去關說，強調與地方政府打交道沒有政治意味，沒想到他以拒不回答表示立場。

德國人的個性眞的很獨特，不認識時會覺得難以靠近，因爲實在很冷漠；但如果有機會彼此認識，冰塊自然溶解；如果贏得友誼，那就友誼長存。起初，對於每位我想建立關係的對象，如果碰釘子，我就不斷的寫信——我有個很不錯的德國祕書 Frau S. Goeber，把我的英文信全譯成德文，讓德國人閱讀起來方便，用他們的語文，再用中文簽名，讓他們印象深刻，幾年下來，我用各種機會起碼寫了幾千封信。

田弘茂部長講得很對，臺灣與德國之間的關係的確很不好，但這並不是我方代表處的問題，而是經濟關係，也就是高鐵案。

高鐵是臺灣史上最大規模的民間參與政府公共投資建設案（BOT），由劉泰英領軍的中華高鐵及由殷琪領軍的臺灣高鐵競標，中華高鐵與日本合作，臺灣高鐵則與歐洲合作，一九九七年由臺灣高鐵勝出。但是一位實際參與標案的熟知內情人士告訴我，臺灣高鐵取得標案，卻在李登輝總統一人意旨運作之下，要求殷琪把高鐵的車輛、信號系統等改換成日本新幹線系統，臺灣高鐵只好對以德法爲主的歐洲廠商違約，成爲歐日混用的高鐵，不僅造成日後技術上的問題，也使得德方對臺灣的不諒解。

德國和法國原本願意跟臺灣合作開發高鐵，然而明明已獲得優先議約權，這個標案卻轉給日本，因爲失信於德法兩國，也因此我一到德國就處處碰壁。我見到德國經濟部的主任祕書時，他很明白的地講：「我們德國不再跟你們談高鐵案，但是我們永遠不會忘記（你們的失信）。」

盡力開拓對德關係

德國和一般已開發國家一樣，駐在德國的外國官員要接觸政府任何部會，一定要先通過外交部這一關，所以我主要的聯繫與交涉都必須是德國外交部，第一個聯繫的是新任亞洲司司長Volker Stanzel，這位司長的妻子是臺灣花蓮人，雖然比他前任要對我國友好，但就因爲這樣，這位司長反而深怕他的同僚誤會。我不斷地爭取，他就到處防，我們努力之下，終於成爲朋友。司長夫婦跟我們交往非常謹慎小心，絕對不在公開場合，但到外交部卻願意接見，與這位司長發展出友誼後，司長請我和惠英帶大女兒斯慧，到他家共渡聖誕。

德國發展關係是這麼困難，我除了寫信之外，只能在家裡請客，以最誠意的方式交朋友。不到四年的時間，計算來客簽名薄，我們在家宴客達二千一百餘人次，至於在外宴客則難以統計了。

我們家裡以中國字畫佈置得典雅，德國外交部和我們關係最大的東亞處所有人都邀到家裡晚餐，這些人都跟中共大使館極爲熟悉，但我們只求加強關係，他們也樂於跟我們往來，因爲我們眞誠周到，餐點又好。我們一定有飯前禱告；餐後音樂表演，改由老三斯華和老四斯漢擔綱，如今他倆已成爲職業二重唱歌手，而斯漢還很會作曲。斯華雖已嫁至新加坡，女婿龍文正十分支持她的演唱事業，讓她隨時回臺表演。

德國人非常嚴謹，因爲沒有邦交，我就不能從正式管道見到部長及高層。我於是儘量設法利用各種可能的機會，厚著臉皮主動而且陪笑地在公開場合跟德國領導人見面，例如施若德總理見到六次，不是只打招呼，一定要談到話，而是實際的談話。

施若德總理執政以經貿利益爲優先，因此與中國大陸走得很近，幾乎每年都赴大陸訪問，但中共的人權依然被西方世界所關注，因此武器禁運也就持續。施若德總理雖然於二〇〇三年訪問北京時告訴中共總理溫家寶，歐盟解除武器禁運的時機已至，他會促使這項政策實現，但一直至施若德執政結束，武器禁運大陸依舊。即使德國與中共關係密切，我仍然要促進德國跟中華民國的關係，要取得德國人對中華民國的了解、友好和尊敬，不能輕視和侮辱我們，這是我身為使節、代表最重要的任務，我們的國格和尊嚴要維護。在德國，德國人一跟我見面就問大陸情形，他們認為臺灣與大陸只有海峽之隔，我們所知道的，更應接近眞實，且會毫無保留地說出來。而我在國安局服務多年所累積的知識，在這方面對我極有幫助。

見了未來的德國總理梅克爾

我出使德國沒多久，就約訪當時德國反對黨女黨魁梅克爾（Angela Merkel），她是東德人，如今是德國總理，也是世界級的領袖了。二〇〇一年九月二十六日下午，我帶副代表陳正治一起去拜訪她，地點在黨主席辦公室，她旁邊有年輕的外交顧問。梅克爾跟我晤談毫不含糊，她有備而來，桌上有厚厚的一疊資料，看得出來是有關亞洲、中國及臺灣的資料，我們的談話很自然用英文，因為她也是教授，英文非常好。她的態度很嚴謹、慎重，而且準備很多問題，首先問到兩

最佳駐外館處
2003 BEST MISSION
駐德國台北代表處績效卓著，經評為九十二年最佳駐外館處，特頒此狀以資表揚
The Taipei Representative Office in Germany has been selected as the best mission of the year 2003 for its excellent performance. In recognition whereof, this certificate of honor is hereby awarded.
Eugene Y. H. Chien
Minister of Foreign Affairs
January 6, 2004
外交部部長簡又新
中華民國九十三年一月六日

岸關係，其次問大陸未來的發展會如何，但對於臺灣方面卻問得很少。

我講到我們跟德國過去的友誼，因爲這些政要對過去並不會很清楚；其次談到我們對中國大陸的影響，以及我們內部的發展，在民主化的過程當中，我們成爲華人世界的典範，再來是我們要加強對德合作，這是完全符合德國及我們雙方的利益。我以曉芳窯的磁器做見面禮，很精緻。回去沒多久就收到她的感謝信，說我們的談話很有內容很愉快，對磁器也讚賞不已，我相信會引起她對中國文化的興趣。

後來又見了兩次面，第二次是在已成爲好友的前東德總理 Lothar de Maizière 生日音樂會上，音樂會擠得不得了，梅克爾進來，惠英迎上前去說：「梅夫人，妳比電視上更美麗！」她很幽默地說：「那是太不幸了。」第三次則在美國駐德大使寇茲（Dan Coats）離任餐會之時。

我一到德國所面臨的各種困難，到最後迎刃而解，只能說感謝上帝，讓我的盡力拓展關係有了成效；而且最孤立無援的情況下，也遇到友情的溫暖，其中同是基督徒的美國寇茲大使值得一提。

美國大使的友誼

我於一九八〇年代擔任北美事務協調會國會組長時認識了寇茲，他於一九八五年以衆議員身分率團赴臺灣訪問，留下很好的印象，從此成爲我家的友人，他以後當選參議員，並且是參議院軍事委員會成員，對我們幫助很大，後來他不再競選連任，重執律師業，但仍因信仰、情誼的緣故持續和我家維持友誼。陳水扁政府派我駐德之後，我給寇茲寫了一封信，信裡除了問候外，也把我即將赴德國出任代表一事告訴他。沒多久，寇茲就打電話到我家來，他在電話裡說：「Victor，我收到你的信了──你知道嗎？布希政府也派我到德國做大使！」

我感謝神，初到德國最艱難的時期，就有個非常有力的好朋友了。由於美國對德國而言，曾經是戰勝國也是占領國，所以美國駐德大使非常風光，德國政府的部長們一律拒絕我，卻渴望求見寇茲。

美國七月四日國慶酒會時，寇茲大使以正式請帖，邀請「Mr. Hu & Family」參加。起初，我想這是國慶酒會，我和惠英出席就好了。我們一到大使官邸，大群德國賓客在外面排隊準備進入，還得出示證件；但寇茲卻給了特殊待遇，我們不需排隊，他派了一位會說中文的祕書在會場外守候，我和惠英一抵達，就馬上通報。守在門口的祕書一查資料就訝異地問：「咦，怎麼只有你們夫婦來，孩子呢？」

「國慶酒會怎麼會要小孩來呢？」

「資料上有你的孩子們。」

我會了意，請司機回家把老三和老四接來。美國大使官邸裡冠蓋雲集，眾多賓客中只有兩個十幾歲的孩子，就是斯華和斯漢。我在一個房間裡，碰到一直想見而未能見到的外交部長費雪，費雪知道我是從臺灣來的代表後，當場臉上就垮了下來，我自然尷尬。這時恰好惠英過來，我把惠英介紹給費雪認識，這麼一介紹，費雪面對女士不得不換個笑臉，我就藉故走開，讓惠英跟他談話就好——這個時刻我完全只能靠太太。

身爲中華民國外交官，其間的委曲我是受多了，我只想加強雙邊的外交關係，卻必須面對對方不好的臉色，內心裡眞的是很難受，然而中華民國的尊嚴還是得顧到。出使德國這幾年，我一共三度見過費雪，都是在很尷尬的情況下打照面，因爲他明確堅持「一個中國」政策，我只能一面委曲求全，一面強化和他的綠黨主席和同黨國會議員的友誼去影響他。

重點是美國國慶酒會。事後寇茲太太瑪莎告訴惠英——爲什麼給我的請帖是請我們全家，因爲美國國務院基於美方「一個中國」政策的要求，訓令駐外大使不准請臺灣的代表到官邸、辦公室，駐外大使也不准去臺灣代表的官邸和辦公室。寇茲雖然曾任參議員，也是政治任命的大使，但駐德大使館的二號人物公使是國務院所派，曾正告寇茲大使不得違令。寇茲當時回說：「胡先生是我個人的朋友，我不把他當做臺灣代表，所以我請的是他們全家。」瑪莎和惠英共同參加一個基督教婦女團體，同時做講員，也是非常好的姊妹關係。

因爲德國和中華民國沒有邦交，所以我經常會碰壁，但德國人對美國大使可尊敬得很。寇茲曾明白向我表達過，由於美國的對華政策，他不可能協助我拓展對德國的關係；但他始終顧及到我的尊嚴，在言談和態度上絕對與我平等相待，也代表著弟兄的愛心。寇茲夫婦還應邀來我的官邸，與我方全體員眷共渡聖誕，以基督徒身分說明聖誕節的意義，使得所有同仁都很高興。爲了我們之間的友誼，寇茲寧可不遵從美國國務院的指令，經常牽著狗到我家來走動，不過他家的狗和我家的黃金獵犬小乖並不對盤，一見面就互吠。

寇茲大使幾乎和我同時離開德國大使職務。以色列大使在他們的大使館舉行餐會爲他餞行，他把我列入邀請賓客名單中，我因此進到以色列大使的官邸，那眞是門禁森嚴，因爲以色列對安全講究超過其他國家，外面就像城堡一樣。那晚梅克爾也參加了，整個晚上幾乎都是她在講話，她談笑風生，談的多是政局等等話題，但顯然沒把話題集中在主賓寇茲大使。

我就講了：「各位朋友，你們認識主客丹・寇茲的時間，不如我長！我是二十年前就在華府認識他了，他是一位對朋友忠實、對國家忠心、不因爲外在環境改變而改變自己的人。因此美國把這麼好品格、這麼多資歷的大使派到德國來，眞是對你們德國的重視啊。我相信，你們今天在這裡都是他的朋友，他也永遠是大家的朋友，跟我二十年來所經歷的一樣，他跟我的友誼是永遠不變的，你們也可以這樣的認識他、欣賞他。」講完後，全體賓客熱烈鼓掌。寇茲很感動，過來和我擁抱。

寇茲以後返美，又競選參議員成功，服務於情報委員會，成爲參院最資深成員之一，直到二〇一六年退休。後來，由於他的幹練和品德，美國總統川普（Donald Trump）又把他任命爲美國國家情報總監（U.S. Director of National Intelligence），領導美國十七個情報機構。

出使德國，可以說是外交「鬥爭」，我的首要方法是抓住駐在國的外交部。德國和中共有邦交，我們完全處在劣勢。我們只能靠理念結合，說我們的民主理念跟你們完全一樣，所以要幫我們；另外我還靠交朋友，我家在這方面一直是全家總動員。不僅請吃飯、送臺灣名產的紀念品，還跟德方政要的太太、孩子們交朋友，目的就是要請他們來幫助中華民國。也就是「鄰居外交、孩子外交、機會外交」。經過不斷的努力，總算扭轉了初來德國處處碰壁的局勢。不論在外交、經貿合作、文化交流以及國會聯繫，都順暢起來。

故宮文物展的臨門一腳

以「天子之寶」為名的臺北故宮文物展，於二〇〇三年先後在柏林及波昂展出，光是在柏林就有十二萬人次前往觀賞。故宮文物展得以成行，其實是早在一九九三年就由前故宮院長秦孝儀開始交涉策劃，十年後才終於有了眉目，而我有幸能在任內踢了臨門一腳。

這次展覽是由故宮以及德國方面對中華文化有深入研究的專家，挑選了四百件故宮寶物運送到德國盛大展出，有三個月在柏林、三個月在波昂，當中有一個月停展做為轉換之用。為了彰顯

▶ 與德國總統饒爾（Prof. J. Rau）攝於德國總統府（二〇〇一年）。

故宮文物來德國的重要性，扁政府特別建議由總統夫人吳淑珍女士參加開幕典禮，這又是一項考驗，她是中華民國第一夫人，所有的儀節都必須清楚。當然，我很感謝上帝的是，我也另外得到機會親自把我國第一夫人要來德國的事告知德國現任總統饒爾（J. Rau），饒爾恰要出國度假，因此也特別要我向吳女士轉達他的問候。我在德國一共見到饒爾總統四次，以這次談話最為具體。

吳女士在德期間，所有細節都很完美，剛好來德國的斯華還在開幕式中協助了英文翻譯。我們每晚開會，檢討細節；隨吳淑珍出訪的官員有總統府副祕書長吳釗燮，我請他主持會議，結束後才由我主持細節上的檢討會。在最後一晚的會議中，吳釗燮特別指出，這次訪問的一切安排，可以說是百分之百。由於故宮珍寶來德國展出，因此德國的普魯士文化資產基金會要在次年將一批德國十九世紀浪漫主義畫作運臺展覽，這是回饋展，非常棒的文化交流，可以見證我們在無邦交情況之下，是如何努力地維護尊嚴與達成外交效果。

對德關係逐漸開展，我並且在新聞組前後兩位組長周伯蘭和沈文強的安排下，多次接受德國媒體訪問。其中有一次是德國外交部分送國內外各相關單位的《外交雜誌》訪問了我，於二〇〇三年二月專訪刊出，這是《外交雜誌》發行四十四年以來，首度以中華民國駐德代表為封面，背景居然還有中華民國國旗，而內頁更大幅刊載我們國旗的照片，這一期刊出後，我很高興在沒有花一分錢的情況下，為我國家和國旗做了推廣。有趣的是，駐德各國大使看到這一期後，立即要求也要比照辦理，於是從下一期起，每期都有以一位大使和他國家的國旗作為封面。當然，中共大使館是很不高興的。我在那次專訪裡，介紹了臺灣的高科技產業，德國是我國在歐洲第一名經濟伙伴，我國則是德國在亞洲僅次於中國大陸和日本的第三個經濟伙伴；另外，我們能夠以自由選舉來決定國家領導人，顯示民主確實進步。至於記者詢問爲何不接受香港模式的「一國兩制」？我回答：「是因爲我們生活居住在民主社會裡，就要視人民的多數意願爲主，我全國人民都寧選維持現狀，而不願選擇香港模式的統一理念。」

這次專訪是上帝給我一份大禮，陳水扁總統知道後也特別給我來信，肯定有加。不僅如此，這期雜誌封面居然又被《OECKL德國各機構》次年（二○○四年）工具書，列入在「外國機構」系列之首，而且成爲這本工具書裡，唯一駐德外國人士的照片。

▶ 德國官方外交雜誌以無邦交的胡代表為封面（二〇〇三年二月號）。

▶ 德國各機關行號二〇〇四年度工具書在「外國機構」前選用了以胡代表為封面的「外交雜誌」作廣告。

幾乎每個德國媒體訪問我，必然交代我所代表的臺灣處於「外交的灰色地帶」，因爲德國在外交上不承認我們，所以「胡代表並不屬於外交團」；不過臺灣的經貿實力逐漸發威，如柏林日報以「一隻沒有特權的老虎」爲題報導臺灣與德國的關係就是典型，這篇報導很客觀地敘述了我在德國的處境、工作狀況、心情，以及臺灣的經濟實力。德國布蘭登堡電視臺訪問我時，還以我們的國歌爲背景音樂。

斯廣、斯漢對中華民國之愛

在我駐德時，斯廣自哈佛大學法律研究所以優異的成績獲得博士學位，他「繼承」了我的英文名字Victor。斯廣熱愛中華民國，在哈佛念博士時，把一面大國旗掛在宿舍房

▶ 長子胡斯廣於美國哈佛大學攻讀博士期間，在宿舍終年懸掛國旗（二〇〇〇年冬）。

間的牆上；取得博士學位後，立即有紐約知名律師事務所要聘用他，他談了條件，跟律師事務所講明做滿一年就要回臺灣服兵役。那家律師事務所和他的同學聽到他的條件，都說「Are you crazy?」——有這麼好的機會開展職場生涯，卻要在人生的黃金時間回臺灣服兵役，怎麼會有這種事？

但這是斯廣的選擇。二〇〇三年斯廣已準備好要回來，但不巧SARS疫情出現，我們接到外交部指示，所有在海外要返國服役的及齡男子，停止返臺。這個時候，斯廣已經辭職準備返國當兵，所以無法續留美國，因爲他沒有適當的簽證，就立即申請賓州大學華頓管理學院MBA碩士班，校方也馬上同意，他又重回校園，也因爲讀了商學院，改變了他的未來。

斯廣沒畢業就被高盛投資公司（Goldman Sachs Group, Inc.）延攬，在這段念書期間，律師事務所的女同事介紹他認識臺灣去的女孩子方慧蒂，是有美國公民身分的小留學生，非常能幹；他愛上她，也就成爲我的媳婦。如今斯廣已四十一歲，在高盛公司升任副總裁多年後，升爲總經理（Managing Director），負責全球教育支援，他受邀參加了許多公開演講會，跟他同臺的演講來賓，有一次是希拉蕊（Hillary Clinton），還有一次是柯林頓，現在他已開始自行創業。

雖然斯廣沒有機會服兵役，在芝加哥出生的小兒子斯漢成年後，也主動說要回來當兵。於是他大學一畢業就回來上成功嶺服兵役，前面幾個月是基本訓練，因爲他是心理系，成爲心輔官，年輕的兵問題很多，所以他在軍中也忙得不得了，忙著在心理上開導官兵，如今他已退役。

二〇〇三年十一月底，全球十八位館長年度返國述職，包括我在內都回到臺灣。總統大選即將於次年三月十八日投票，我離臺返回德國時，知道陳總統心目中的國家目標竟然在於臺獨，他講過「一邊一國」，這陣子競選連任，不僅繼續臺獨主張，而且造勢竟然走了險路，不惜冒著觸怒美國與大陸的風險，把公投法裡原先爲緊急狀況才使用的「防禦性公投」拿來綁大選，這種不惜拿國家公器來爲一人一黨之私，又危及國家的尊嚴與對外關係，實在令人難以認同。

究竟是哪一黨執政，不僅事關中華民國的未來發展，也對我的公職生涯影響極大，只有靜觀其變，等候選舉的結果。

31 《胡宗南先生日記》（下）一九四九年十二月二十三日。

第十九章

意外的變局

弟來西昌，為原定計劃赴義盡職，分所當然，前本奉准派機廿架運送弟指揮機構至西昌，以氣候限制轉道，空軍意外耽擱，遲誤大局，報命無由，愧對領袖，負疚莫白。……在待罪期中，弟唯有力整殘部，集結西昌，於大陸最後據點，拚最後一顆彈、流最後一滴血，以報總裁及總理在天之靈，用達知遇。32

——父親於一九五〇年初飛抵西昌，寫信給蔣經國先生。雖然我政府及蔣總裁已因父親的救援而安撤臺灣，而兩個月前，他的部隊在時機、形勢均已完全不利的情形下，才獲准從陝南強行軍進入四川作戰，蔣總裁卻又沒同意他的部署，以致失敗；但父親對於部隊在成都最後失敗，寫信表明自己應扛起責任。蔣經國收信後覆信安慰，並提及在臺北看到三歲的我，「活潑可愛」。

在變局中，往往可以得見內心所思及眞正的持守。父親如此，我亦願意如此。

二〇〇四年總統大選，三月十九日選前最後一天，卻突然傳出競選連任的陳水扁、呂秀蓮在臺南拜票時遭到槍擊，在陳水扁肚皮上劃出了一道傷口，使得選舉活動暫停，我留意到民進黨政府下令二十萬軍警留守崗位，不准投票。斯廣此時已在美國一家律師事務所工作，他打電話給我，爲國內大選情勢感到憂心。

兩顆子彈改變總統大選結果

二十日大選開票結果是陳呂配僅以不到三萬票贏得了選舉。很顯然的，在選舉最後一刻兩顆子彈讓民進黨有機會改變了結果，我極爲憤慨，因選舉並沒有眞正顯現出臺灣民意的向背，陳水扁總統即使連任成功，人格卻受到懷疑。

第二天是星期日，我參加柏林當地教會的主日崇拜，唱聖詩時忍不住淚流滿面。芬蘭裔牧師 Henry Paarsonen 在證道時，以耶穌履海，彼得學著走入水中卻因只見風浪而將沉，勉勵會友別看風浪要定睛在耶穌身上。他知道臺灣選舉的變局，這篇證道彷彿爲我而講。

但是，該盡的責任還是要做。我赴漢諾威（Hannover）參加ＬＰＤ展示會，這是我駐漢堡辦事處處長陳華玉的轄區。晚上七點開始的「臺灣之夜」，包括漢諾威市長在內有一千兩百位工商界人士到場，我致歡迎辭時，提及臺灣的總統大選開票結果是由陳水扁總統連任。接著我在主持代表處的「全德地區業務及資訊會報」中告訴同仁：「我們都是中華民國國家公務員，要守中立、守本分，既然派到這裡來，一定要盡力強化及鞏固對德國的關係！」

隔了幾天，《華盛頓郵報》刊出陳總統專訪，他在專訪中強調「現在已有民意基礎，可以不顧戰爭危險推動二〇〇六年制憲、二〇〇八年建國」，我隨即留意到總統府否認陳總統有「不顧戰爭危險」之言，但無風不起浪，陳總統領導國家已然不顧民族大義，而且不顧兩岸現實和人民福祉了，寇茲大使打電話跟我談及此事也很不以爲然。內心裡滿是感慨和遺憾之際，我起了辭職的考慮，不過好友沈正牧師打越洋電話來給我打氣，認爲我應從長計議，不要因爲國內突然出現的變局而請辭。

那個時刻，連戰與宋楚瑜確定無法對選舉結果翻盤後，宋楚瑜就邀約我辭職出任國民黨和親民黨駐美代表，而且如果我去的話，連戰一定支持，但我考慮之後婉謝，後來他們找了袁健生擔任國親駐美代表。我覺得既然已決定暫不辭職，就持續在德國爲國盡力。

原本排妥赴臺行程的德國前總統希爾（Walter Scheel）以健康因素爲由取消來臺，其實不只是希爾前總統對臺灣總統大選結果顯得猶豫，美國也是一樣，國務院的祝賀電文遲遲不發，反倒是美國AIT主席夏馨搶在白宮及國務院之前，兩度電賀陳呂的當選，因此惹惱了國務院官員，造成她的去職。

這段期間，外交部長簡又新因爲美國賀電事件而辭職。陳總統後來在自己寫的「歷史關鍵的九天」一文中指出，二〇〇四年總統大選後選後社會氣氛動盪，沒想到當時的外交部長簡又新並未主動處理美國祝賀他當選的賀電，他認爲賀電可幫助政局穩定，讓他氣得馬上換人。陳總統此舉，讓我知道後甚感可惜，我一開始就曾勸陳總統不要把美國的重要性過分提高，這是有傷國格的作法。

接替簡又新出任外交部長的是陳唐山，我在一九八五年因公返臺時，曾受舊識江春男之託，設法請有關部門解除陳唐山返臺的限制，沒想到現在他成爲我的頂頭上司。

扁政府堅持要以臺灣之名參加國際組織碰壁

二〇〇四年五月，又是中華民國向世界衛生組織（WHO）扣關之時。陳總統此次依然以「臺灣衛生當局」名義申請成爲十七日召開的世界衛生大會（WHA）「觀察員」。衛生署長陳建仁夫婦率團到歐洲，先在柏林停留；與他們餐敘時，得知他倆是虔誠的天主教友，我們談了許多，包括信仰、對孩子的教導、助人和讀經等，感受到心靈上的契合，陳夫人最後提議一起爲WHO入會案禱告。陳建仁夫婦是我所接待衆多訪賓中，除了牧師之外，在價値觀上與我們最接近的，但以臺灣之名想要加入任何國際組織都會招致中共杯葛，這回也不例外，依然沒有成功。

其實，雖然面臨中共外交打壓與圍堵，臺灣依然在國際上有活動空間，不過碰到民進黨政府想藉機夾帶政治理念，那就欲哭無淚。如我方想以觀察員身份參加WHA，請各國支持；原本從防疫的角度請德國支持，德國要不要幫我們忙？他們會的——但外交部來了訓令，要我們活動駐在國支持以臺灣名義向WHA叩關，涉及到政治意識形態，就會出問題。德國外交部的相關司長跟我講：「這叫我們怎麼辦？用臺灣名義加入，我們怎麼私下運作讓你們進去？」如此把參加WHA附帶一邊一國的訓令，是爲了國內的政治消費希望收割一些政治利益，卻反倒影響了與國人健康密切相關的入會，各會員國一定會根據聯合國決議文支持中共的意見，我們就被排除在外。爭取進入WHA投票，當然以令人難堪的懸殊比數失敗收場。

我方和德國談判雙方避免雙重課稅，也是因爲想要獲取政治利益，卻阻礙了達成雙方互惠結果的明顯例子。

德國和臺灣廠商在兩邊都必須繳稅，所以在二〇〇一年春天我還沒去時，陳水扁總統接見副議長索姆斯（Dr. H. O. Solms）就講了這事，希望兩國能夠通過避免雙重課稅的協定，副議長表示會幫忙，但失敗了。索姆斯停止努力，我到德國後沒放棄。

我找來有經驗的經濟組組長楊天晞，討論要怎樣讓這個案子起死回生。他就找律師想辦法，首先調查德商在臺灣因爲沒有協定而損失多少，弄清楚之後就根據這個資料請德商幫忙，一起去遊說國會議員，然後從國會施壓給德國政府，我跟楊組長去見德國總理的經濟顧問，獲得同情與支持，再從總理府施加壓力給相關部會，如此努力之下有了成效。

臺灣由外交部、財政部、經濟部組成一個團到德國來，跟德國的外交部、經濟部、財政部商量，雙方都有誠意突破，不過我們要以什麼名稱來簽署呢？討論之下，就以過去行之有年、較不會受到干擾的「Chinese Taipei」——中華臺北爲名稱，使用這個名稱，德方才會同意。

第二次討論在臺灣，德國外交部轉變，願意派官員一起組團來臺，因爲德國外交部主管司——新任亞洲司長Dr C. Hauswedell經過多次交往後，對我方甚爲同情了解，因此德國外交部也配合推動。遺憾的是，直到我二〇〇五年離開德國，這案子還是擱在那裡，因爲扁政府的決策者不願意用「中華臺北」而要用「臺灣」，德國說這樣的話不合他們一個中國政策，整個談判也就叫停。後來全案要在民進黨政府過了幾年下臺之後，才終於在馬政府主政時達成協議，造福雙方。

陳總統的「烽火外交」衝撞中共封鎖線，實際上爲了國內政治利益，卻造成臺灣更深的外交困境。我身爲外交官，深知外交工作必須長期經營、累積友誼，絕非所謂「突破」能夠成事；陳總統連任之後，民進黨上下受到「愈戰愈勇」的號召和鼓勵，不計代價地消費過去國民黨爲中華民國所累積的外交資源，使得我方在國際關係上愈來愈艱難。雖然對陳總統的連任感到難過，然而我身爲代表，對於該維護中華民國利益的事，還是要做。

二〇〇四年十月十日是中華民國九十三年國慶。我於二〇〇一年初來德國時，德國和中華民國之間的往來正處於艱困之時；所以，二〇〇四年駐德代表處舉行的國慶酒會，就顯得難能可貴，德國前總統希爾竟然在酒會當天答覆我的邀請願意參加，而且願意致辭，眞令我喜出望外，因爲他正是一九七二年德國與中共建交時的外交部長，所以他的出席有極大的象徵意義，也就是對我方民主政治的認同和對我駐德代表處的肯定。

前一年，由於我國在德國發生大水災時捐款並到災區慰問，德國政府特別破例派了現職的內政部次長來參加我們最有政治意涵的國慶酒會；這次更來了前總統並且致辭，創下了在德國國慶酒會的紀錄。

這場國慶酒會共有八百多位來賓參與，除了希爾前總統夫婦之外，我國多年來的忠實友人德中協會主席呂德（Wolfgang Lüder）、柏林使節團團長與各國大使們、教廷大使英杜（Endu）和許多國會議員都來了。我們先奏開幕曲與國旗歌，我接著以英文、中文和德文致辭，談到兩國關係近年來的發展，也提到陳總統在國慶文告裡對中共的善意建言——「兩岸可『以九二香港會談爲基礎』，尋求『雖不完美，但可接受』的方案，做爲進一步協商談判的準備」，並呼籲兩岸要以實際行動「管制武器」等。另外，我提到駐德代表處獲得我國外交部選爲派駐全球最績優的六個外館之一，得到來賓熱烈的掌聲。

▶ 惠英與德國總統夫人 Eva Koehler 合影（二〇〇四年，德國柏林）。

▶ 與德國總理施若德（G. Shroeder）合影，左為黃茂雄董事長（二〇〇五年）。

外交工作沒有捷徑，我雖不斷努力、想方設法方能有所進展，仍需靠上帝的恩典。

例如我還設法安排當時擔任臺北市長的馬英九，同柏林市長沃瑞特（Klaus Wowereit）見面，我剛開始時不斷碰壁，經過祈禱再來安排，竟然能獲得柏林動物園園長 Dr. Lange 的協助，在馬英九唯一有空的那天讓兩市市長在柏林副市長生日茶會上「巧遇」；然而這場會晤真的不簡單，也可以見得我們在外交上的困境。

外交部長陳唐山鄙言風波 埋下使星伏筆

馬市長來訪前後，我也接待了中華民國醫師公會理事長吳南河，他是陳唐山競選公職時的總幹事，回到臺灣之後，我接到陳部

▶ 請德國前總統希爾（Walter Scheel）夫婦（左三、左五）來宅晚宴，另客為柏林動物園園長朗格 Lange 夫婦（右二、右四）及朱副代表建松（左一）。

長辦公室林主任的電話，爲費心招待吳理事長致謝。然而上任才半年的陳唐山部長旋即於九月間因爲新加坡外長楊榮文在聯合國發言重申一個中國政策及反對臺獨，而在外交部接見「臺灣外館正名運動聯盟」時，以「鄉土」言語辱及新加坡的話，經過電視不斷播出，引起外交上的風波。

新加坡一向對臺灣友好，先前因爲李顯龍副總理即將出任總理，李光耀資政遂派李顯龍先來臺訪問，以讓他有直接觀察臺灣的機會；星方事先也跟我方首長講好低調，不要曝光處理，以免引起麻煩，沒想到民進黨政府卻把李顯龍來臺之事大張旗鼓地宣傳起來，導致中共斷絕和新加坡的數十種合作，甚至有些新加坡人在大陸還受到人身安全的威脅，新加坡因此必須表態了，在聯合國宣示反對臺灣獨立。

結果經陳唐山這麼一罵，不僅使得兩國的邦誼倒退到冰凍，我國的烏元彥代表自然難以行事，也埋下了我日後調往新加坡的伏筆。

在學術方面，經過三年多的努力，德國大學校長聯席會議於二〇〇五年三月正式與我方簽訂學術合作協議，解決幾十年來困擾雙方學術交流最棘手的學術認證問題，也爲兩國加強互派留學生舖平道路。而代表處的文化組長曹培林在這個案子上，立了大功。

德國是文化、科技大國，可臺灣卻不承認德國的學位證書，因而造成雙方學子的困擾。

我印象最深的就是，有位在柏林的音樂學院主修鋼琴演奏的劉姓女留學生即將畢業，畢業考試就是辦一場演奏會。我接到她寄來的請帖就去了，那天整個音樂廳滿座，她的琴藝眞是好，彈完鋼琴後，教授恭喜她演奏學位通過了，我也去向她道賀。

這位鋼琴家拿到的學位證書相當於臺灣的博士學位，她回臺後想到某個音樂學院任教，卻被拒絕，理由是德國的學歷在臺灣尚未被承認。她顯然很失望，寫了信給我，信裡說她在德國好不容易取得的學歷，在德國被視爲成就，臺灣這邊卻說她沒有碩、博士證書，無法給她教職。

我清楚她的遭遇，這種情況也可在其他學術部門，如臺灣學生到德國修習法律，回到臺灣法律學歷就沒用；尤其嚴重的是醫學，因爲雙方沒有相互的學歷認證，所以即使拿到德國非常先進的醫學學歷，同樣無效。我開始思考要如何突破我方與德國之間的學術彼此認證。德國有個大學校長聯席會議，這個組織的主席是前任的自由大學校長彼得·葛蓋納斯（Peter Gaehtgens），剛好是我的朋友，我去拜會他，請他無論如何要幫忙，他說好。這事前後醞釀兩年以上，最後在我快要離任時，居然達成了。

大學聯席會議主席葛蓋納斯帶著德國相關部門的專家教授組團來臺灣訪問，臺灣由公立大學聯席會議及私立大學聯席會議主席共同來接待，雙方一起開會討論，包括畢業學生如何互換，如承認已修習的學分，終於雙方都簽了字，我還特別打電話給教育部長杜正勝，請他成爲簽字時的見證人。這項協議對學術界有實質的幫助，比方說臺灣的法律系畢業生取得律師資格，可以到德國直攻博士。不同的科系都有相關的認證，尤其是音樂，拿到怎樣的證件，就等於怎樣的學位，能夠嘉惠莘莘學子是令我最欣慰的事。

調職新加坡，由謝志偉接手

正當我為各種外交業務奔忙之際，外交部突然來了通知，將我調任駐新加坡代表，接替人選則是謝志偉先生，並且指示我知會德國外交部。由於中華民國和德國之間沒有邦交，所以更換代表不需德國同意，我很快告知德國外交部相關官員：「我已被調到新加坡，就要離開德國了，新來的人選很重要的優點是我沒有的——他的德文講得好，所以請你們繼續幫助我的後任。」

有意思的是，幾乎是同時，二月六日美國寇茲大使才牽著狗、在一群德國政府派的保鑣陪同下造訪我家，親口告訴我，他即將離任返美重操律師業；沒想到我們之間如此深厚的友誼，竟然好到同時來德、也同時離開。

離德前，我很高興能完成三件事。一是在各相關同仁的共同努力下，我們經過七十多次遊說行動後，終於促使德國國會否決了施若德總理對中共武器禁運的解禁案，這其中谷瑞生組長功勞最大；第二件事是全德十六個邦我都訪問過了，與各邦都建立了聯繫，尤其看到了身兼德國聯邦參議院議長的杜林根邦（Thuringia）的邦總理迪特・奧爾索斯（Dieter Althaus）一同研商如何增進當地與臺灣的合作；第三就是經濟部何美玥部長率團來，德國不但分別派經濟部長、交通部長和環保部代理部長在他們的辦公室正式會談，而且全團三十多人進出柏林機場都免安檢，這種對我方的友好和尊敬，與我初來德國時有如天壤之別。

我的調動逐漸為外界知悉。國會友好小組主席羅斯博士（Dr. Klaus Rose）很不高興，他認為我做得很好卻被調走，而且他竟然是從中共大使館公使史明德那裡得知！國會祈禱早餐會得知我即將離開德國，議員和外國大使們都表達不捨，並且以路加福音十章二十七節耶穌的話勉勵：「你要盡心、盡性、盡力、盡意愛主你的神；又要愛鄰舍如同自己。」這對我而言當然是個提醒。比較本土的僑領李健夫在僑界春宴中告訴我，他已去電陳唐山部長，希望把我留在德國，「來者雖然會德文，但這並不重要，重要的是外交經驗、能力和熱情！」僑胞們的關愛令我感動。

新加坡駐德大使 Salveradjah 來電話恭喜我，他說他的政府已正式通知中華民國政府，同意我的就任。我這才知道，原來我國與新加坡之間因為陳部長的言論影響如此之大，以致於整整一個月沒有答覆對我的任命，其間的裂痕可想而知。

即使要離任，還是要全力以赴，為國家把握每個機會，包括開拓商機在內。我於二〇〇五年三月九日參加漢諾威電腦展的開幕式，這次電腦展的主題是「ＩＣＴ工業對人類的影響及重要性」，除了幾位電子公司的重要領導人之外，德國總理施若德也是主講人之一。會後有個小型餐會，我應邀參加，也因此第六度和施若德見面，這回他已不會像起初見到我就皺眉頭，而是遠遠就笑著先和我打招呼。

最後一次與施若德總理談話

我過去和施若德總理談話，他在演講時曾提到德國準備製作健保卡，所以我也告訴他，臺灣廠商可以合作。來德參展的工商協進會理事長黃茂雄設法進入餐會，我向施若德總理強調，黃理事長有製作健保卡的經驗；我隨即又把國人對中共人大即將通過《反分裂國家法》感到憂心，以及希望歐盟要解決對中共武器禁運之事都跟施若德總理提了，希望他發揮影響力，最後補上一句：「總理，請不要對中國（大陸）太讓步！」施若德總理則趕緊結束這次談話。黃理事長在旁邊看到整個過程，事後他讚佩我有此勇氣，對於十分親中國大陸的德國總理談了這麼多中華民國的期待。

陳水扁總統當選連任之後宣稱要建國，此舉引起了海峽兩岸的緊張，中共因而研擬《反分裂國家法》，準備以法律規定如果臺灣獨立就要「採取非和平方式」因應。陳總統二月底先是在與親民黨主席宋楚瑜會面時強調不宣佈臺獨、兩國論也不入憲；接著三月初又在另一個場合說在他任內「就是不可能把中華民國改成臺灣共和國，做不到就是做不到，李登輝如果現在是總統也做不到！」顯然他承受了獨派人士相當大的壓力；然而中共人民代表大會仍然在三月十四日通過了反分裂法。

陳總統任期剛開始時強調，臺灣除了中華民國國號之外，國內外各單位都要「去中國化」；但他的指示立即受到美國的質疑，認為這是改變現況之舉，我則為之嘆息。以當前局勢而言，臺灣走向臺獨是不通的路，而且極可能會付上戰爭的代價，我對陳總統的宣示不以為然，但對於臺灣受到中共的武力威脅，基於中華民國的一分子、代表中華民國出使德國，也感到憤慨，即使要調離德國，還是聯繫德國國會議員聲援我們。德國政府在國會的質詢下，正式表達對《反分裂法》的憂慮，成爲歐洲對中共此舉最先表達友我的國家。

我離開德國之前，代表處於四月底在柏林洲際飯店爲我舉辦歡送酒會，德國政要和各界貴賓有三百多位出席，星國大使、梵蒂岡大使、多國駐德使節以及七十多位國會議員都到了，中華民國和德國國旗在會場飄揚。這次也是我來到德國之後，第二十九次用德文演講。德國聯邦議會副議長索姆斯致辭時，說我「完成全柏林最爲困難的外交工作」。

謝志偉先生發表爲駐德代表，要來德國之前，可惜始終沒有同我聯繫，使我無從傳承經驗。臨去之前，我們所住的官邸留給新任謝代表，惠英不但整理得井井有條，還買了新被子、食品留給謝太太，讓他們不致一來就感到不便，也留下一封信，祝福他們有好的開始。

駐德三年九個月，對於德國友人的離別之情與推崇，我至爲感謝。在這些日子裡我除了親歷德國人守法、守分的民族性外，印象最深的還有三點：一是德人普遍重視歷史教育及教訓，到處都有各種主題的博物館；二是德國統一的十多年來，朝野均在努力縮小東西德因分裂了四十年而導致的生活、思想和習慣上的差距；三是「小我」德國和法國所領導的歐盟整合頗有成就，讓人處處感受到只要大家增加對「大我」歐洲的認同，則和平必可永續，經濟自會進展，而前途當然光明。然而未來駐新加坡，又是外交生涯一個新起點，我期待繼續爲中華民國盡一己之力。

32 《胡宗南先生文存》頁三五七。

第二十章

盡心盡力出使新加坡

壽如兄：

元旦手函欣悉，盛意拳拳至為心感，今年五月間匪如大舉來犯而兄認為外圍島嶼有顧慮時，弟願參加大擔島之作戰，屆時朝電夕來，同襄盛業。

弟 胡宗南二月十九日

——此函乃一九六一年劉安祺上將任金門防衛司令部司令官時，所收到之父親函。當時父親已以心臟病為由，婉拒出任總統府參軍長，但他卻願赴最前線領兵作戰。才過一年，父親就逝世了。

父親不求名位，情願赴湯蹈火赴最前線以求報國，這就是我的榜樣了。我身處外交前線，心中所思也是如何爲國爭尊嚴、求利益，不論是在國民黨政府或民進黨政府，被派到南非、美國、德國或者新加坡，都是如此。

中華民國如果要更換駐邦交國大使，依照慣例要先將接替的大使人選告知邦交國徵求同意；至於非邦交國，因爲沒有外交關係，只要告知對方外交部即可。不過有三個無邦交國家例外，分別是美國、日本與新加坡，依慣例均需徵求同意。

受到星國上下的歡迎

美國和日本在經貿、政治方面對中華民國影響太大，所以代表人選要事先徵求同意是可以理解的；新加坡則是自兩蔣執政起就與中華民國關係深厚，直到現在，依然維持既往。七月，我偕惠英前往新加坡任職。

新加坡有個紀念孫中山推動辛亥革命的歷史建築「晚晴園」，出使星國兩年期間，我多次造訪。晚晴園是同盟會會員張永福當年為他年邁母親所建的房舍，如今已改名為「孫中山南洋紀念館」──張永福是現任新加坡副總理張志賢之祖父。特別的是，晚晴園裡關於孫中山創建黃埔軍校的部分還陳列了父親的照片，是星方所選黃埔畢業的國民黨軍人中，唯一的一位。

其實，我會被調到新加坡，可以說又是上帝的安排，因為真的能夠直接幫助到中華民國的外交。在新加坡那兩年非常愉快，星國政府從上到下所有的門都為我打開，有如水到渠成，受到星方上下的歡迎，就如有邦交國家的大使般，要請見哪位政府領導人都沒問題，沒有任何限制。這些星國政要都很喜歡同我和惠英往來，雖然不能在公開場合表達什麼，但我們都是直接把部長們請回家餐敘，一家一家的建立起深厚的友誼，有些首長到如今十多年後，還每年用各種方式向我們致意。

提到新加坡，必然會想到帶領這個島國邁向現代的李光耀總理，我出使新加坡時，他已經高齡八十二，雖然已把執政棒子交出去，但仍以資政身分與聞國事，李光耀資政一共訪問過臺灣二十五次，這恐怕是外國領導人訪問中華民國的最高紀錄了。我早在七〇年代任外交部長機要祕書時就認識他了，以後多次往來，到了我奉派到新加坡擔任特派代表後，更有機會與他作了數次長談。

與李光耀資政的單獨會面

八月底，我未帶任何人，隻身前往總統府與李資政會面，這是我來到新加坡之後，第一次跟他晤談，他完全把我當老朋友看待。那次會晤，他顯得精神奕奕，而且特意在一個小時的談話中，先以中文談了半個小時，因爲他正在認眞學中文，我這個來自臺灣的朋友來看他，他就迫不及待地向我展示他學中文的成果。當天他和我談到臺灣的政治，可以見得他對政情極爲瞭解，而且對臺灣頗有恨鐵不成鋼的感慨。李資政對我很親切，其實我自己卻是極爲愼重，爲這次會晤準備很久，閱讀了許多資料，心頭難免有壓力，但有趣的是，當天早晨讀英文聖經，我讀到尼希米記第一章十一節這麼寫：「Give your servant success today by granting him favor in the presence of this man.（和合本聖經：主啊，求你側耳聽你僕人的祈禱，和喜愛敬畏你名衆僕人的祈禱，使你僕人現今亨通，在王面前蒙恩。）」這正是我的祈禱，而且和李資政見面，竟是如此的美好。

星國的人口有四分之三是華人，雖然受英語教育，但爲了保留亞洲文化傳統與價值觀，政府

▶ 新加坡總統 S.R.Nathan 伉儷親簽在總統府歡宴照（二〇〇七年）。

因此制定雙語教育政策，華人學生要修讀華文母語，及格才能上大學。我對李資政十分敬佩的是，從學習中文這件事來看，他年紀已經那麼大了，還不斷地學習、力求自我提升，他曾因此寫了《學語致用》一書，暢談自己學中文的心得。後來二〇〇七年我離職前向他辭行時，這位老先生竟在一個小時的談話中十分流利地全程用中文，而且毫無窒礙。他請了兩位中文教師，每個星期輪流跟他見面，教兩小時中文，其中一位在臺灣受教育，因此參加了留臺同學會，我認識後，又打聽出另外一位中文老師是新加坡國寶，漢學基礎非常好，我設法交往，希望兩位中文老師在教學時跟李資政多談談臺灣的政局和情勢，以幫助臺灣。

事實上，我在新加坡工作時，每一位星國政要在初次談話中，都向我強調當年蔣經國總統對新加坡的友誼和恩情，是他們永遠感懷的。這種飲水思源和念舊的美德，當然就是來自李光耀的榜樣；李資政曾經著書，提到臺灣時，詳述了蔣經國總統時代我國如何在一九六〇和七〇年代在新加坡剛獨立、最孤立無援時，慷慨地伸出援手，幫助這個友邦站起來。

惠英對我的幫助及受傷

惠英在我出使新加坡時，對我、對國家的協助更大。她有很好的語言天分，不僅英語好，潮州話、閩南語、廣東話更講得道地，我們到潮州會館、廣東會館開拓關係，全都靠她。我們拜會潮州會館，受到熱烈的歡迎，他們說我和惠英是中華民國成立代表處以來第一個來拜會的代表。潮州會館其實十分重要，因爲那時星國內閣和議員有三分之一是潮州人，其中外交、國防、商貿、總理部幾個關鍵部部長也都是潮州人，能不加強關係嗎？而有惠英發揮了她的親和力，讓我們贏得潮州會館的好感。

然而，惠英卻在最忙碌的時候受了傷，以後對她的健康影響深遠。

惠英先是於二〇〇三年當我們還在德國忙碌工作時，在官邸內從樓梯下來時摔倒，那時她跌坐在地上，半天爬不起來，我們去看德國醫生，從X光片子可以見得，那次跌倒把她尾椎骨摔成三塊，不能開刀，只能慢慢好起來，這是令她極爲痛苦的事，久久難以好轉。

兩年後我們到新加坡工作，二〇〇五年十一月十六日準備在家裡第一次正式宴客，主賓是新加坡即將外派的某政要，他因過去曾接待過我正式到新加坡訪問，並對我們兩國合作有貢獻，所以我一聽說他要外派，當即邀請他來家敘舊，又找了許多高層人士爲陪客。

那天早上事情很多，菲律賓女傭爲了晚宴以肥皀水清洗客廳，惠英才下樓梯看到地板溼滑已來不及了，後腦重重磕在大理石地板上，她躺在地上好一陣子才自行爬起來，上樓回房間躺下，只感到天旋地轉。女傭嚇壞了，哭著到書房通知我，我立即請周神助牧師的哥哥周神榮醫生到家裡來爲她檢查，看了她的瞳孔，然後再送醫院看有沒有顱內出血，幸好沒有。我請兩位她的新加坡好姊妹來家裡爲她禱告，她倆看了不捨立刻就哭了。惠英可說是爲國家受傷的，當晚的宴客也就延後一個月，這一跤對身體影響更大，後遺症在四年後才出現。

惠英在我的人生裡，爲我犧牲很多，她兩次犧牲事業、兩度犧牲學業，如今又兩度受傷，全是因爲我的工作。但我那時只有愛國的思考，一切都視爲理所當然，如今則是心存感激與不捨。

改善星國外長楊榮文與我外長陳唐山的關係

我到新加坡工作之後，沒有多久，就有機會改善了新加坡外長楊榮文和我國陳唐山部長的關係。其實我第一次與楊外長見面的談話是很特別的，當他回憶蔣經國先生對新加坡的貢獻時，我自然提到經國總統和我父親以及我自己的關係。楊外長很喜歡歷史，對我所提到的許多人事物立刻展現他的興趣與期待，談得愉快之際，於是勸我在新加坡服務期間也要蒐集一下父親的史料。我立刻說：「那除非我不忙。」

他問：「此話怎講？」

我說：「你們使我的工作增加忙碌，我們兩國是這樣好的朋友，你們如對我國的內政有意見，儘管私下表達，實在不必到聯合國公開講。」

楊外長立刻嚴肅的說：「你知道，我是外交部長，我要執行我國的外交政策。你知道我發言後，臺灣好些人打電話給我表示贊成。」

「可是你不必在國際場合干涉到我們的內政。」

其實我私心對他反臺獨的話也是贊成的，不過我是國家的代表，一定要嚴正表達國家立場。所以第一次談話不大愉快地結束，但楊外長顯然對我的背景和信仰發生了興趣，就在不久之後利用臺灣音樂家在他的天主教堂表演的機會，特別請我和惠英參加，安排坐在他夫婦旁邊，以便作一些深入談話，也就開始了我們之間的友誼。

八月間，陳唐山外長從中東要回臺灣，希望過境新加坡，停留幾小時。於是我立刻告知新加坡外交部說：「楊外長與我見面談話時，一再強調對於我們兩國關係『向前看』（不要在意LP事件），而現在是你們表達善意的時候了。」楊外長是虔誠的天主教徒，聰明幹練又有情感，立刻決定開機場貴賓室歡迎陳部長，並請他好友符致鏡議員代表他接機歡迎，同時說明如果不是過兩天就是星國國慶，外賓極多忙不過來，楊外長自己會來接機的。陳唐山見到星方的善意，十分欣喜，就趁著短短幾小時出了機場，到我國代表處來巡視，並勉勵同仁。路上我建議陳外長說：「星方已經表達善意了，一切向前看，所以現在該我們表達。我建議部長回去後，寄臺南芒果來送給楊外長。」陳唐山甚表同意，高興地點頭。不久之後，我們就很愉快地將兩箱香甜的臺南芒果分別轉給了楊榮文外長和符致鏡議員。楊外長很快回了一封誠懇的親筆感謝函，對臺南芒果極表欣賞。從此之後，這兩位外交部長的關係就改善了，兩國合作當然也就容易更上層樓。

遇上嚴重誣衊父親聲譽事件

二〇〇五年八月間，也就是我才到新加坡一個多月，一位臺灣教授好友來看我，告訴我網路上有介紹臺北一家出版社即將出版《毛澤東：鮮爲人知的故事》中文版，內容指稱我父親是共諜。

這本書已經上市，由曾做過紅衛兵的張戎和她的英籍丈夫合寫，原作是英文，書名爲《MAO：The Unknown Story》，我馬上到書店買了一本，一讀之下極爲憤慨。此書雖然主要寫的內容是批判毛澤東，然而其中數頁寫到父親時，竟然把父親與投共的國軍將領與大陸變色前後幾年陸續投共的衛立煌、邵力子、張治中並列，聲稱「Our investigations have convinced us that General Hu was a Red 'sleeper'（我們的調查讓我們確信，胡將軍是一個紅色臥底者）」。

張戎寫了父親在黃埔軍校求學、與共產黨作戰、來臺之後遭受要求房子未遂的監察委員彈劾之後，所有父親的忠誠以及苦難，在她的筆下都成爲論斷父親爲共諜的佐證。甚至連在大陸西昌最後一刻，父親經部屬力勸上飛機的那一幕，她都論斷父親如果不上飛機，就會投共。

對父親如此的說法就如同說岳飛和關公是奸臣一樣的顛倒是非。不要說父親去世這麼多年來，不論兩位蔣總統、來臺所有的將領，以及父親的部屬友人，從未懷疑過父親另有貳心，我所親見他與母親互寫的信函，均可證明他對中華民國與領袖誓死效忠的氣節。外界可以批評父親過去的功業，但是不能懷疑他的忠誠，這是毀損父親名節的行為。

我不容有人如此任意以想像的方式毀父親名節，於是立即連絡作者，可惜她回應消極，接著和父親生前的部屬與好友要求這家出版社不得出版此事的中文版；至於英文版也要求修正，連美國好友寇茲都做了協助。

此書的根本問題在於，張戎對事實的書寫完全是以偏概全。失掉大陸是因為國府在經濟、外交、戰略的失敗，國軍精銳又已在遼瀋、平津和徐蚌三大戰役中喪失；相反的，父親在陝西，親率他的部隊在最後關頭千里應援到重慶和成都，但因沒有任何支援與補給，與數量上、氣勢上不成比例的中共野戰軍交鋒，完全是孤軍奮戰，雖全部犧牲，但把政府救到臺灣來了，怎麼反而要他負責任？大批投共將領又怎麼說呢？

國內出版社懇切地請作者提供證據，她卻提不出來，於是最後決定放棄出版此書。這是我干預了言論「自由」嗎？《中國時報》報導了出版社的決定後，中國時報記者訪問中研院院士許倬雲時，提出問題——若僅因為胡宗南後嗣舊部的抗議，該書中文版就不能出版，則讀者在言論市場上是否失去了「公開質疑胡宗南的權利」？許倬雲院士回應是，《毛》書基本上屬於垃圾，不必為了保護言論自由而留下垃圾。[33] 許倬雲認為這本書史料和證據都談不上完成可信，不是學術著作，但很不幸地被誤以為是學術著作。

▶ 偕同子女斯廣、斯華參觀新加坡孫中山紀念館。攝於「黃埔軍校」部分，父親胡宗南照片前。

這半年多來，有許多親歷父親、深知父親行事爲人的部屬如孔令晟、謝久等將領出面講述父親行誼、有不少歷史學者如英國曾銳生、美國史景遷等都爲文指述張戎的謬誤，認爲她的書寫內容不值得受到重視；新加坡英文海峽時報訪問我，要我談談對《毛書》內容的看法時，我說：「我父親就像一條既深又廣的河川，浩然入海；那書就有如一顆小石子丟進河裡，對這河沒有絲毫的影響。」這是法國作家大仲馬（Alexandre Dumas）的話，我拿來剛好用上。

二〇〇六年三月二十五日，我返回臺灣，應邀到立法院外交委員會報告我國與新加坡之間簽訂自由貿易協定（FTA）的談判進程——李顯龍總理曾經坦白而又同情地告訴我說：「可惜你們錯過了最好的時機！」因爲早在二〇〇〇年，新加坡就善意地建議與我方開始談FTA，但民進黨政府堅持不用「中華臺北」爲我方名稱而無法開始，這一下就耽誤了十多年，使我方商品無法以優惠稅率入新加坡再進入東協，受損的是我國經濟和百姓的生活，眞正達成簽約要在六年之後的馬政府時代。

我很審愼地寫了書面稿，但關鍵處以及重要細節還是寧可不講，只以口頭做了些補充。報告完後，立委登記發言十分踴躍，但不論藍綠立委對我都挺溫和，沒有批評，反而多表示瞭解與體諒，前行政院長張俊雄[34]還特地聽完我的報告才走；最特別的是國民黨立委劉盛良一上質詢臺就展示了那本以我爲封面的德國外交雜誌，盛讚我在外交崗位上的努力，而且提了我父親胡宗南將軍是蔣中正總統讚揚爲大忠大孝的典範，値得全國人民學習。

整個質詢結束後，外交部國會聯絡室主管周台竹告訴我，他到立法院一年多，還沒有見到如此溫和的質詢。中午，外交部安排由我具名宴請外交、僑務委員會全體十三位委員，立法院長王金平特地從南部趕回來參加，外交部長黃志芳因此也到了，並且改由他做主人。藍綠立委對我的重視及肯定，讓外交部和立法院外委會的幕僚驚嘆，民進黨召集委員徐國勇還特別向我提起，他是北師畢業，那時母親是校長，所以是母親的學生。

其實那時我已面臨更大的挑戰，也是大是大非的抉擇——我是否要繼續代表陳水扁與民進黨政府，爲我所不能認同的政策說明與辯護？

烽火外交的商榷

我在新加坡時，陳水扁總統的烽火外交持續。我身處外交第一線，與中共鬥爭多年從不手軟，一切都爲中華民國的國家利益和國家尊嚴，因此對中共各種無情的封殺深惡痛絕；但從外交的角度來看，陳總統是國家元首，有他的身分與象徵，怎麼能以隨機方式尋求過境等各種理由降落到非邦交國家，並沾沾自喜？這實在是讓我國失去尊嚴的事。

二〇〇五年九月下旬，陳總統率團訪問了中美洲之後，先是臨時在阿拉伯聯合大公國落地，接著又因颱風襲臺而尋求另一個降落地點。黃志芳部長從阿聯打了電話給我，要我聯繫星國看看能不能在新加坡停留幾小時；我立即接洽星國外交部，但是這位外交部高層先是講週末聯繫困難，然後直接說「不方便」。那時新加坡總理李顯龍即將訪問大陸，想來不願增添麻煩，結果陳總統專機後來改降印尼，國內媒體以「颱風外交」名之，扁政府認爲這是「突破」！

二〇〇六年初，陳總統違背了「四不一沒有」承諾，宣佈終止了由我們國安局先進所辛苦研擬的《國家統一綱領》，他從競選連任開始就衝撞臺海局勢，也被美方視爲麻煩製造者，因此他準備於五月訪問中美洲友邦並向美國提出過境要求，美方一直拖到他預定啓程之時才明確建議，去程過境夏威夷檀香山、回程在阿拉斯加過境，而且只能加油休息，不能安排過夜或有任何公開活動。來回過境都不能踏上美國本土，使得陳總統一怒之下取消過境，也因此這趟訪問巴拉圭和哥斯大黎加的「興揚之旅」行程，成爲媒體口中最奇特的「迷航之旅」，因爲飛在空中，要到哪裡降落都不知道。

我在新加坡看到相關報導，陳總統的隨行記者等人員上了華航專機之後，都不知道要飛到哪裡，甚至連方向都要拿出指南針來看！堂堂中華民國總統到了國外，沒有受到歡迎，反而紛紛閉門不讓他進去，到處吃閉門羹。總統離開國門是代表國家的，國人竟然誰都不知道他要到去哪裡去，這不是可笑嗎？尊嚴何在？外交跟他國交往的目的，是要提升我們的實力，這才是我們的國家利益，最基本則在於尊嚴、國格，不能意氣用事，但是現在專機飛到空中，才到處聯絡降落地點，而且連技術降落都被拒絕，眞是情何以堪！

這段時間，陳水扁總統夫婦以及民進黨政府多位高層官員被發現涉及貪瀆而引起譁然。打擊貪腐舉世皆然，檢調開始偵辦，前民進黨主席施明德旋即發表公開信，要求陳總統辭職下臺，但陳總統顯然以倒向獨派人士主張來轉移焦點，得不到陳總統正面回應之下，八月十二日施明德在臺北發動百萬人倒扁運動，陳總統則爲轉移焦點下了國家認同的猛藥，到凱達格蘭學校發表談話重提「兩個中國」，且要重新考慮以臺灣名義直接申請加入聯合國；他並且不但要「去中國化」還要「去蔣化」。

十月十日國慶日，一個月未停的倒扁運動，在這天又喊出「天下圍攻」；同樣是國慶日，駐新加坡代表處也辦了慶祝活動，中午國慶酒會，星國軍政首長、民意代表和各國使節到了很多，賓客總共有四百五十人；國慶晚會則席開七十五桌，我們一家都到場，最後切國慶蛋糕並且合唱〈梅花〉時氣氛達到最高潮。我領導代表處熱烈慶祝國慶以及對國內政局發展的負面觀感，顯然已有親綠的一方報回國內。

二月十二日，國內新聞報導甫卸任參謀總長、目前爲總統府戰略顧問的李天羽即將赴新加坡接任代表。記者在報導上指出，陳總統派空軍出身的李天羽出使新加坡的用意，一是星國空軍是中華民國協助建立的，有歷史淵源；二是李極善交際，藉軍事外交可修補雙方關係。35

看到這些報導後，我心情平靜安穩，就等外交部正式通知，我該做的外交工作依然繼續，這天星民防司令陳贊誠夫婦邀我晚宴，次日則是與吳作棟資政晤面，這是早就約好的行程，我跟吳資政談了兩國合作，並且由於新加坡與印度關係密切，請他協助疏通我廠商們在印度所遇到的障礙，同時在座的還有星外交部副司長等人，吳作棟當場誠懇地答應幫忙，要我方提出廠商名單。

難以繼續代表扁政府

三月四日，陳水扁總統出席臺灣人公共事務會（FAPA）二十五週年慶祝晚宴時，宣示「臺灣要獨立」、「臺灣要正名」、「臺灣要新憲」、「臺灣要發展」以及「臺灣沒有左右路線、只有統獨問題」，所謂「四要一沒有」。我感到痛心疾首，這與他七年前初任總統時所講的「四不一沒有」背道而馳。我自問，總統言而無信到如此，豈能再與他共事？對於大使而言，如果這個政策的政治理念和政策和自己的政治信仰與確信相違背，那麼還要不要、能不能繼續執行政府的政策、指示以及作爲？我捫心自問，覺得很難。

四月，我終於接到調職令。不久楊榮文部長爲我餞行，他邀我到他家並代表新加坡政府贈我紀念牌，感謝我增進兩國關係的努力。我們談得愉快，等我要告辭時，他說：「關於你的繼任人選，我們考慮很久，覺得不適合，因爲李將軍是高階將領，在目前的兩岸關係之下，這身分是敏感的，所以我們準備拒絕。」我有些驚訝，但知道他會透過駐臺代表處傳達此一訊息。

六月五日，納丹總統（S. R. Nathan）夫婦在總統府（馬來語Istana）爲我夫婦餞行，並送我極有意義的紀念品。他握著我的手，並起立致辭表達不捨，要我隨時再回到總統府看他。我向李光耀資政辭行，他才剛自俄羅斯返星，滿面笑容地歡迎我，但對我要退休覺得驚訝。李光耀還是關切兩岸關係發展，他認爲應該逐步邁向統一，因爲時間長了制度總是會變的，而且以後中國的各方面發展會趕上新加坡；他並回憶：「一九九〇年代初，中國原先已對臺灣放鬆了，把重點放在國內發展！」「我曾在一九九三年時對江澤民說，你收回臺灣對你不利；香港如果一國一制，也對你不利！」

李光耀再談起臺灣忍不住又說：「臺灣現在不注意世界主流，極爲愚蠢！」「一個社會最好只能一種語言，臺灣反其道而行，大力推展各種方言，是不行的。」

就在各界排得滿滿的餞行宴中，我留意到陳水扁總統在美國反對之下，仍然執意宣佈要爲以臺灣加入聯合國爲題舉辦公投。新加坡外交部發言表示此舉是挑釁（provocative）而且不負責任的（irresponsible），然而陳水扁看來早已不在乎外界的觀感，也不在乎傷及我國對外關係，我當然感到痛心。

二十七日，新加坡各界為我們餞行，鍾仕達委員、臺北工商協會施至隆會長及各重要僑團都購桌參加，總共有二十六桌。我在演講中講了使星兩年總結三十二字感想：「審時度勢，盡心盡力；動心忍性，憂患常臨；百折耕耘，結實含苞；精誠所至，友誼長存。」惠英則以她在斐京約堡時代受託辨識痲瘋病人的故事，勉勵大家要及時行善；許多賓客十分感動，餐會結束時排隊相送。回想我從一九七〇年代第一次來新加坡迄今已經好幾十年，看著她從一個在許多地方都需要我國來協助的發展中國家，進步到當今亞洲數一數二的現代化社會，這不能不歸功於李光耀領導下，致力種族和諧、厲行法治、培養治國菁英、廣用世界人才、前瞻而靈活的外交，以及長期執政而有效率的執政黨。

隔了兩天，我接受《聯合早報》記者的訪談，那是先前新加坡報業控股總裁陳慶麟夫婦為我餞行時，我答應的。結果《聯合早報》次日以一個版的篇幅刊出專訪，其中我忍不住脫口而出的話，引起軒然大波。

33 《中國時報》文化藝術E8版，二〇〇六年四月十九日刊出。

34 張俊雄前院長在任內派我去德國，對我甚為愛護，後來退休後到監獄從事教化人心工作，尤令人敬佩。

35 二〇〇七年二月十二日聯合報A4版。

第二十一章

以白色恐怖之名

我當然要負責，失地戰敗，一個軍人只有以死謝國，我決心不出來，我的部下，我的參謀長對我說：「即使你死了，對國家又有什麼益處，這是最愚蠢的行動，使敵人哈哈笑的行動；留得有用之身，再謀報效國家，以贖前愆，這是最正確也是賢明的一條路，我來負責，代替你在這裡收拾殘部，徐圖再起，你可以放心罷！」他們甚至用自殺來勸我上飛機。我仔細尋思，他們的話很有道理，我悲愴地離開了他們。36

——父親於一九五〇年代，對香港《新聞天地》創辦人卜少夫談最後關頭離開西昌來到臺灣的經過。

二〇〇七年五月十九日是父親一百一十一歲的農曆冥誕，王曲七分校師兄們早早就準備齊聚追思，但我在新加坡，為善又忙於中原大學校務，都無法參加。為美在前一天以電郵告訴我，為善和我都不能到，頗令許多老人家失望；我電詢為善確定他沒法子來，於是立即搭機返臺，並告知外交部。

十九日這天，竟然有七大桌的故舊出席，他們擁戴父親，從與父親肝膽相照、父親對大陸淪陷毫無卸責之心，可以見得其來有自。

我的到場讓這些八、九十歲的老人家喜出望外。此刻正是陳水扁政府推行去蔣化正熾之時，主持餐會的大師兄孔令晟說，蔣公也是一般人，當然會犯錯；然而對於今日臺灣人民安居樂業的貢獻，總該有八十五分吧！劉燮林師兄則講了父親公而忘私的種種行誼。接下來他們請我講話，我於是從父親部隊的犧牲確保了政府和領導人撤退來臺，進而保衛了臺灣說起，並且指出以後史料顯示毛澤東因爲只注意到蔣中正和胡宗南大軍在大陸西南，未能及早攻下臺灣，日後感到悔恨不已。我也謝謝王曲聯誼會諸位師兄四十五年來不間斷地集會紀念父親，代表了立德、立功、立言的精神。這場餐會，香港鳳凰電視臺也來了，並且全程錄影。

二二八事件，蔣主席並未要求嚴懲臺民

孔老先生爲蔣前總統講話當然是有感而發，因爲這天臺北中正紀念堂被教育部強行改名爲「臺灣民主紀念館」，也引起了泛藍群衆和臺北市政府的抗爭。民進黨及獨派人士總以蔣中正先生爲「二二八事件元凶」，並以此爲號召，希望醜化他。眞是如此嗎？

其實一九四七年二月二十八日那天，蔣主席剛好與父親一起籌畫進攻延安，不幸的是臺灣發生爲查緝私菸而引發動亂，並且迅速衝擊到政府機關，暴民以前任臺籍日本兵爲主，開始燒燬官署、搶奪武器，不分老少童稚地殺害從大陸來臺的人士，是爲二二八事件。日後證實，也有臺共

參與其間。

次日上午在蔣主席官邸，高層將領與父親研究作戰方案，晚上蔣主席召集父親及國防部參謀次長劉斐到官邸一起研究攻略延安方案，蔣同意此方案，並定十五日展開行動。這是因為一九四七年初，國軍在山東等地連連失利，國內民心士氣及政府的國際聲望皆須重振。蔣主席在日記裡自記：「此時行之，對於政略與外交，皆有最大意義也。」以後，父親即率軍攻下延安。

此時臺灣的動亂有擴大趨勢，在國事如麻之際，也成為蔣主席必須分神關注的問題。他指示國防部長白崇禧赴臺宣慰，三月十日在中樞擴大國父紀念週的演講中，他明白指出，「過去一年來，臺省農工商學各界同胞原有的守法精神與擁護中央之精誠表示，其愛國自愛之精神，實不亞於任何省分同胞。惟最近竟有曾被日本徵兵調往南洋一帶作戰之臺人，其中一部分為共產黨員，乃藉此次公賣局取締攤販，乘機煽惑，造成暴亂，並提出改革政治之要求。」由於暴民及一些臺籍士紳組成「二二八事件處理委員會」要求取消臺灣警備司令部，繳卸武器，由該會保管，蔣主席嚴斥已踰越地方政治範圍。[37]他說，維持治安的部隊已於昨夜在基隆登陸，他也嚴電留臺軍政人員，不得採取報復行動，以期全臺同胞親愛團結，互助合作……始能無負於全國同胞五十年來為光復臺灣而忍痛犧牲艱苦奮鬥。

處理事件之軍人顯然有脫軌殺害臺人的報復舉措，消息傳回中央之後，蔣主席於十三日再電令陳儀，嚴禁軍政人員對二二八事件施行報復。電文內容如下：「請兄負責嚴禁軍政人員施行報復，否則，以抗命論罪。」[38]陳儀元亥復電：「已遵命嚴飭遵辦。」這就是蔣主席在二二八事件裡的角色與作爲，由此證明他絕非所謂的「元凶」。

蔣中正對中華民族與臺灣的關鍵貢獻

根據客觀的、連大陸史學界都認同的歷史事實，中國能夠統一，並且成爲不被列強宰制的國家，蔣中正先生有不可磨滅的貢獻。他領導了北伐，擊敗與帝國主義列強勾結的軍閥，因而維護了民族的尊嚴，中華民國也能獨立並脫離列強的宰制。其中最艱難的是領導抗戰，他在一些領導階層猶豫退縮之際，能獨排眾議，不跟日本妥協，奮勇領導全國軍民戰到二戰結束，反而成爲世界四強之一，這是蔣先生對中華民族最大的貢獻，而父親全程參與。我極感到光榮的是，從小就聽父執輩說，蔣先生在抗戰最艱難時曾憤怒地跟主張與日本妥協的政要們說：「你們如果都要妥協，我就去西北，和胡宗南一起抗日！」

蔣中正先生的貢獻還不僅僅只在中國，他代表中華民國與美英等列強成立聯合國，而且幫助日本維持天皇制度，協助了韓國、越南、緬甸等國獨立，把殖民主義逐出亞洲。

對於臺灣，蔣先生第一大貢獻是把憲法搬到臺灣繼續實施，這是立國的根本；其次他護衛臺灣，使得共產黨不致打過臺灣海峽；第三他在二戰廢墟中重建臺灣，對照之下使臺灣成爲赤色大陸的模範；第四，因爲他的安排與處置，使得臺灣能夠不致被共黨滲透。共產黨從二戰結束即已滲透到全國各地包括臺灣，他的情治單位在毛人鳳、葉翔之、陳大慶、沈之岳的領導下，破獲了共黨組織、抓到了爲數不少的共諜，確保不致成爲中共攻臺內應及亂源。

現在部分人士只說有「白色恐怖」，如果問有沒有錯抓，那是當然有錯，但爲什麼要堅壁清野的防堵共產黨及共產思想，這是爲了要對付共諜的滲透與顛覆，因爲蔣先生領導反共與抗戰，對於共黨發展組織和大規模群衆運動，經歷太豐富了。而父親自剿共時代開始，就體認要以政治力量對付中共，所以當他在西北主持第一戰區及西安綏靖公署的那幾年，國內到處有共黨背後操作、使社會不安的學運或工運、農運的群衆運動，卻從沒有聽說在他的轄區裡發生。

荒謬的「白色恐怖」受難者紀念碑

近年來臺灣部分人士以「白色恐怖」之名攻擊兩蔣戒嚴時期，有個奇特的狀況。一九九九年起，李登輝與陳水扁都公佈過「白色恐怖時期槍決名單」，而二〇〇八年三月陳水扁總統卸任前，又在總統府前落成了「白色恐怖政治受難者紀念碑」，把一九五〇年槍決的吳石、陳寶倉、聶曦、朱楓等四名核心共諜都列在其中，認爲他們是「政治受難者」。然而以後二〇一四年在大陸北京西山國家森林公園落成的「無名英雄紀念廣場」，卻爲吳石等四人立了塑像，媒體人黃年特別比較白色恐怖時期的受害者名單與中共「人民英雄」被槍決名單，發現有高度重疊。39

這顯示陳水扁政府建於總統府前的「白色恐怖政治受難者紀念碑」極爲荒謬，因爲絕大多數被槍決者犯人眞的是中共派來潛伏臺灣或吸收的地下工作者，目的是爲了顛覆中華民國、占領臺灣、赤化臺灣，也顯見當年的逮捕偵審目標指向共諜分子，這是保臺！現在臺灣怎麼會建碑和中共一起紀念呢？

對大陸來講，「無名英雄紀念碑」所紀念的是「爲共產政權犧牲的英雄」，紀念碑上的銘文更對當年赴臺潛伏、伺機而動的共諜做了印證：「一九四九年前後，我軍按照中央關於解放臺灣的決策部署，祕密派遣一千五百餘名幹部入臺，被國民黨當局公審處決一千一百餘人。」論者認爲，這是國共雙方綿延三十年的角力過程中，中共在「隱蔽的戰線」上極少見的挫敗。

依據中共解密的史料指出，毛澤東等中共領導人早在一九四九年年中就已籌畫在蘇聯的支援下攻臺，而「內應」是攻臺必要條件之一；這個時刻，蔡孝乾的「省工委」甚至向中共中央提出「攻臺建議書」，考慮季節風，設定以一九五〇年四月作爲響應解放軍攻臺行動的時間。

這些滅臺的內應危機，都因爲蔡孝乾被捕、地下組織遭破獲而瓦解，吳石等四名最高階的共諜也因而被查獲。所謂「白色恐怖」，是爲防共而堅壁清野的措施，雖然很遺憾的是也有無辜者受到株連，甚至是臺灣精英，但事實上也因此使得共產黨派來臺灣的地下工作者無法潛伏，讓中共的攻臺計畫無從執行。

如此的反共、防共當然有必要性，方使臺灣能夠有幾十年的安定、建設和繁榮。

臺灣某些人士一方面否定兩蔣以及國民黨過去對臺灣的防衛與治理，另方面卻又紀念共諜爲「受難者」，這是臺獨的觀點嗎？還是只爲了醜化蔣先生的政治目的，不惜悼念企圖武力攻占臺灣的內應、但被發現遭處決的共諜？這是政治目的扭曲了對臺灣貢獻的價值觀，所謂「白色恐怖紀念碑」在悼念主體與內容有疑義的情況下是否應繼續存在，太值得商榷了。

部分人士所提之對蔣先生負面言論甚至污辱性舉措，要不曲解歷史，要不就是對歷史的無知。因爲即使是傾獨的李登輝前總統自己，也始終認爲臺灣在四〇年代末期得以免於赤化，兩位蔣總統的因素不能抹煞；他並說：「歷史歸歷史，我不願在回顧歷史的時候採取批判的角度。」40

接受星媒訪問

二〇〇七年六月二十九日，新加坡《聯合早報》文字記者和攝影記者訪問我，由於新加坡奉行「一個中國」政策，媒體一向的立場是避免報導我駐星代表處的消息，所以當地的報業控股高層爲我餞行而主動表示願訪談我時，我立即答應了。專訪主題是臺星兩方關係的進展，我先和記者說好不談敏感問題。

專訪中，我回顧臺灣與新加坡雙邊關係發展，從蔣經國總統和李光耀總理時代就開始了，三十年前我隨同當時的外交部長沈昌煥先生訪問新加坡，新加坡還很落後，臺灣派了很多人才幫忙建設，並鼓勵臺商到新加坡發展；如今出使新加坡，發現星國政府勵精圖治、善用人才，已經成爲許多國家學習的榜樣。

我指出，正因爲七〇年代互信所奠定的傳統友誼，一直延續到九〇年代，新加坡才在國際形勢發展下與中共建交，即使如此，李光耀資政還是在他的回憶錄裡表示仍要維持老朋友的傳統友誼，這就是新加坡的立場；而中華民國的立場是，不論哪一位總統，都會維持和新加坡的關係，即使是民進黨政府上臺也是一樣。

記者問到當前兩岸關係。我回答，中國大陸在國際社會打壓臺灣，造成臺灣人民的反感，也催生了所謂「臺灣主體論」，大陸愈加強打擊力道，臺灣人民愈反感，於是兩岸關係就陷入惡性循環，所以兩岸關係緊張，大陸要負很大的責任，最明顯的例子就是世界衛生組織，WHO明明是人道、醫療性的世界組織，我方多年來申請加入，而且已經讓步到觀察員的地步，中共都不放鬆，以政治理由阻撓，結果就讓反對中共者在臺灣內部做文章。

鑑於陳水扁幾年來衝撞式的烽火外交，我認爲要改變當前兩岸如此膠著情勢，大陸方面首先要改變對臺灣的心態，我方也要改變外交工作方式；大陸不是說臺灣同胞都是炎黃子孫、骨肉同胞嗎？那就得拿出對同胞的態度來，當前的各種對待臺灣的作爲，只是讓臺灣人民更想分出去。

訪談即將結束，記者忽然問到我對半年來扁政府一連串去中國化、去蔣化的舉措，是否影響我在新加坡的工作？這很敏感，但也正是我的痛處，我自然而然的，就把內心的想法講了：「我有我的立場，國內都很清楚，我是一輩子爲中華民國的尊嚴和利益、爲臺灣人民的福祉而奮鬥的人，但我對目前一些政策是不贊成的。」我說我不贊成的政策包括這一年來民進黨政府積極進行的去蔣化和去中國化，還有教育部修改歷史教科書，試圖以教育手段美化日本殖民時期，把兩岸切割開來，「這種政策，很抱歉，我不能苟同。我們在外交上可以做得更穩妥，但是國內這種教育政策，我不贊同。我們明明是中國人，卻把『去中國化』搞到這種地步，是不對的。」

我感慨說，出使新加坡這兩年，深深感受到兩個國家對待歷史的不同。我曾去過孫中山南洋紀念館（晚晴園）十幾二十次，那裡不只是因爲我父親的照片在裡面，也是因爲展品內容豐富，很有教育意義，甚至對中華民國歷史也有很明確的交代，「這些歷史，都是我來這裡才看到的，這就說明了，新加坡和中華民國的關係是如此的源遠流長。爲此我特別要感謝新加坡政府和中華總商會支持和維護晚晴園，把這段歷史以如此生動的方式給呈現出來。

我說，以新加坡都在努力維護過去的歷史，扁政府憑什麼抹煞兩位蔣總統主政對臺灣的貢獻，而拉倒蔣公銅像？蔣公的功過，應該交給歷史來評價。

聯合早報刊出專訪引起波瀾

新加坡控制輿論甚嚴，我即將在兩天後離星，心想這些話未必會在我返臺之前刊出；卻沒料到聯合早報居然迅速地在次日大篇幅刊出專訪，除了有個標題講我「掛冠而去」和事實有出入以外，大致符合我的談話。這天，我與極富盛名的哈佛大學資深教授柯偉林（William C. Kirby）共餐，他當面邀請我離開公職後，同惠英一起都到該校擔任訪問學者，這是很好的提議，我覺得是日後一個不錯的安排。

不過，我心中所思披露之後，國內的批評與爭議也隨之而來，包括外交部在內。

七月二日，我返回臺灣。在新加坡樟宜機場，有大批旅星僑胞和新加坡友人爲我送行，還合唱〈我們敬愛你〉，令我感動。一位老先生激動地說：「你不愧是胡宗南將軍的兒子！」華航班機在臺灣時間晚上七點二十分飛抵桃園機場，我走公務門，通關前，同機來臺訪問但分途入關的新加坡東南亞學會（ISEAS）會長克薩瓦巴尼（K. Kesavapany）大使對我說：「我們新加坡人支持你！（We Singaporeans are behind you!）」通關後，大群記者已在外面守候，一出關門，記者蜂擁而上。我已有所準備，也就把整個訪談過程照實講出。

回到家，我馬上就接到一通電話，竟然是國民黨總統候選人馬英九打過來的。他講了對我安慰及鼓勵的話，令我和家人都十分感動。次日，王曲聯誼會會長孔令晟夫婦特別到家中來看我，代表所有父親的部屬與學生，表達對我堅決支持之意。不但如此，不久後我到銀行辦事時，經理一看到我的名字便到櫃台來向我行禮，而我到附近操場運動時又有不認識的人過來打招呼。

三日是禮拜一，我帶著女兒斯華，到外交部辦理退休手續。黃志芳部長不在，民進黨籍政務次長楊子葆相當年輕，兩年前曾派在法國做代表。他跟我交談，我在談話中，再度向他強調蔣中正對國家外交的貢獻。當天離開外交部後，我也就離開了三十五年的公職生涯。

二十四日，我與黃志芳部長晤面。我對黃志芳的印象其實非常好，因爲他待人誠懇，勤勤懇懇地做事，是標準的職業外交官，我眞正盼望各部會能爲國家用到好公務人員，他是其中之一，除了資歷略顯不足之外，擔任外交部長能力也不差。

我已經退休，黃志芳以及部長辦公室裡的同仁對我都很禮貌，黃志芳認爲以我的年齡來講仍屬年輕，希望未來能爲國家再效力。我那時不知道不久後黃志芳將面臨巴紐案的痛苦，忽然動念爲他禱告，爲他祝福並希望他也能信主；黃志芳很感動地告訴我，伊甸會總幹事曾以聖經的話「行公義，好憐憫，存謙卑的心，與你的神同行」來勉勵他，他雖然不是教徒，卻在做決策時謹記此言。我說：「如果能如此，上帝必定祝福。」

退休了，我是中國國民黨黨員，但過去在黨務活動方面一直沒有參與。陳總統及其政府不顧史實與國家安危施行一連串的臺獨作爲，我十分痛苦，完全無法認同。我拜會吳伯雄主席，希望能夠積極參與中國國民黨，協助馬英九先生競選總統，讓國家能夠安定、兩岸之間避免衝突。我說：「我們的黨一定振作起來，在您的領導之下，黨要振作！」講完因爲對時局、對黨的處境感慨太深，我情不自禁地落淚。吳主席非常感動，他除了希望我協助智庫運作之外，也說：「我要請你作黨的中評委。」

入聯公投引來辱國

這時陳水扁總統竟然開始推動以臺灣爲名的入聯公投，還說了其他一些辱國之言，結果這些言論引起中共與美方的關切，美方甚至講出臺灣與中華民國都不是一個國家的辱及我國格之言。美國國務院亞太事務副助卿還代表美國政府，表明美國不承認臺灣是個獨立國家，以臺灣爲名加入聯合國的公投是「沒有必要的挑釁」，我國的尊嚴也因此再度受到傷害。

九月十二日，我和惠英連袂赴美，一起受邀擔任哈佛大學費正清中國研究中心訪問學者，隔了一陣子，中國國民黨發表聘我為中央評議委員。

退休以來，到哈佛做研究才算真正緩下腳步，不過我仍然有機會接觸包括大陸官員在內的各界人士。我出國之前，前國安會祕書長丁懋時曾建議我，多多留意美國的兩岸政策，並且聯繫學者；其中大陸某現職高官希望同我見面，我同意了。這位大陸官員告訴我，中共和以前已經完全不一樣了，不但走的是市場經濟，即使在政治上也大幅改變，只要臺灣不主張臺獨，一切都好談；他特別以毛澤東為例，指出毛澤東其實就是一個政權穩固的基石，這也是中國共產黨比國民黨在思想意識型態上較強的因素——因為中共政權沒有否定毛澤東，就是不能把自己的存在否定掉。他也說，大陸到現在仍然普遍知道我父親，而且一提到父親之名，就覺得十分響亮。我則把父親百年誕辰紀念集拿給他看，並且談了父親與他的地域關係，也強調臺灣一直有雄心在各方面作大陸的表率，明年如果國民黨重新執政，兩岸關係有機會重新開展。

自美返國投票，馬蕭勝選

這一次重回哈佛，我和惠英除了到處聽課，與各國學者交換意見外，也到各圖書館蒐集資料，完成了一篇學術論文〈歐盟的推手——從世仇到密友的德法關係初探〉，這是我在德國服務期間就很有興趣觀察請教的題目——歷史上打了多次仗的世仇德國和法國，怎麼現在關係這麼密切？我內心的動機當然是爲了兩岸關係的前景。我也和惠英飛到加州，住在老同學盧濟坎家，得以每天到鄰近史丹佛大學胡佛圖書館抄錄《蔣介石先生日記》，我的目標是蒐集蔣中正和我父親關係的資料，當我讀到一九四九年中原板蕩，許多高級將領或不戰而潰，或離心離德之時，蔣總統讚許我父親爲「毫無頹唐絕望之色，實將領中之麟角」[41]時，心中實在欣慰。

爲了總統選舉，我和惠英特地於二〇〇八年三月飛回臺灣，二十二日到設在師大的投開票所投票，結果臺灣人民以二百二十一萬票之多，選擇了國民黨候選人馬英九和蕭萬長擔任總統和副總統，使得中國國民黨重新執政。

36 《令人懷念的胡宗南將軍》頁六六。
37 總統　蔣公大事長編初稿卷六（下）頁四〇〇。
38 同前註，頁四〇二。
39 黃年著《從梵谷的耳朵談兩岸關係》頁七十四，聯經出版社。李登輝與陳水扁政府公佈了一〇六一名白色恐怖時期的槍決名單，以此指責違反人權；後來在二〇一三年，北京也公佈了八四六名白色恐怖時期在台灣遭到死刑的地下工作者名單（另有一百五十餘人姓名未確認）。這兩份名單幾乎完全重疊。
40 鄒景雯：《李登輝執政告白實錄》，頁六十二。印刻出版有限公司二〇〇一年出版。
41 蔣中正一九四九年八月十六日的日記。

第四部

民族與民國

第二十二章

進入馬團隊

二十世紀全世界已無個人之自由，所爭者乃組織之成敗而勗成功——一、必須順民意；二、必須重視幹部之意見；三、必須納領袖於組織之中。吾弟過去在贛州、在上海，皆能卓然有所樹立，倘能推陳出新，領導組織，以從事於苦撐之役，兄必率眾景從，以為復興之助。42

——蔣總統於民國三十八年一月引退，父親致電蔣經國先生之建言。當時父親五十四歲，蔣經國四十歲。

總統大選之後，一個新局面即將展開。我對馬英九的新政府充滿期待，希望在馬英九率領國民黨的主政下，就如父親所言，群策群力使中華民國屹立不搖、臺灣能夠安定，兩岸關係也能趨於穩定，而且中國大陸能在與我們加強互動中受到我方文明素質的影響。

我因爲長久以來參與安全領域，對這方面人才也較熟悉，因此直接從美國打電話，向馬總統推薦吳東明出任國安局局長，吳東明在安全方面經驗豐富，是很適當的人選。但以後方知，吳東明自認爲年事已高，反倒推薦我，另外也有幾位高層在沒有告知我的情況下向馬總統建議由我出任這個職務。不過馬總統後來選擇由扁政府時代的國安局長，也是我的老同事和老友蔡朝明回任；但蔡朝明在一年之後就以健康因素請辭獲准。

馬總統在公開談話裡強調他要做「全民」的總統，也就是他會顧念到綠營支持者的感受，因此用人方面要打破藍綠。四月下旬，新政府人事陸續出爐，可以看得出馬總統的用心，其中臺聯前立委賴幸媛出任行政院大陸委員會主委，成為最出人意表的人事安排。賴幸媛本人雖然優秀，但她的臺聯身分和意識型態，自然與李登輝前總統關係密切，我有親人甚至一得知賴幸媛將成為陸委會主委後就哭了，因為很多國民黨人士都有同樣的感覺，馬總統卻在這個極為關鍵的位子上用了賴幸媛。

陳前總統因貪瀆被訴

陳水扁總統為求模糊貪腐問題而向臺獨靠攏，完全不顧我方的對美關係及對中共關係，使得美國官員出言侮辱我們的國家，這是我最在意的。馬總統主政之後，八月間陳前總統一家將二千多萬美金轉存瑞士一事曝光，由於這是他在任時就遭國際洗錢防治中心查獲，因此輿情大譁，扁家把鉅額現款藏在銀行保險箱一事也接連發現。

檢方早在陳總統還在任時就已發動偵查扁家貪瀆案，偵查行動延續至十一月，他也因涉案情節明確而遭羈押——回頭來看，被國外檢方發現、遭臺灣司法追訴，怎能怪罪馬政府，說受到馬總統追殺呢。陳水扁夫婦出事，大家看到電視上他家滿屋子是錢的影像時，我其實感到同情，吳女士半身不遂，來德國時我和惠英親眼見到她的腳因爲參加活動而浮腫，甚覺不忍；但如今卻發現他們夫婦雖然貴爲總統，內心裡卻極爲空虛，才會這樣的擁抱金錢，沒有中心思想，沒有信仰，人生沒有指望才會這樣。陳總統在才智上十分優秀，卻未能做個好榜樣，實在令人痛惜。

我隔年回到臺灣，得以有更多餘暇整理父親的遺物與查考父親生前的行誼，也應邀赴政治大學外交系及外交研究所任教，日子過得自在。惠英也得到臺北教育大學的任教邀請，但此時她卻發現自己的記憶力有衰退的現象，連過去最熟悉的「教育心理學」課程備課都感到吃力。

馬政府上任之後，接連遇上挑戰，行政院長劉兆玄面臨雷曼兄弟公司破產而引發的全球金融海嘯事件，他以發放消費券刺激消費度過危機；然而接下來二〇〇九年八八風災終於導致劉院長扛起政治責任辭職，由吳敦義先生繼任院長，美牛進口案接著成爲綠營抗爭標的。

此事是因爲美方施壓要求我政府擴大美牛進口，依前衛生署長楊志良回憶[43]，這個議題其實在扁政府時代就開始了，美牛遭質疑有感染狂牛症，人類感染會得新庫賈氏病（人的狂牛症），然而美國三億人口吃了幾十年自己國家的牛肉沒人得病，世界動物衛生組織也宣佈美國牛的狂牛症已受到控管，國家衛生研究院風險評估爲數十億分之一，民進黨立委卻不顧這些事實，公然宣稱美牛爲毒牛，並且展開長期抗爭，甚至霸占立法院五天四夜。美牛案初起沒多久，國安會祕書長蘇起即爲不斷的遭到抗爭而倦勤。

對馬總統的建言

二〇一〇年二月五日，我爲了蒐集資料作授課材料，和惠英到圖書館看書，正好看到總統府副祕書長高朗的著作，對我教書很有參考價值。沒想到第二天一早，我在家裡竟接到他的電話，心想這還眞巧，於是說：「我昨天正看你的書呢。」他笑了，約我見面，問我對兩岸與對美關係的看法。我們談了兩個小時，我提出不少意見，他說：「馬總統想跟你見個面，你自己當面向總統說吧。」

我於是花了時間準備，把這一年半以來對政府施政的觀察與想法寫了一整頁，都是我認爲當前時局應該努力的方向。我的建言如下：

——對美關係及兩岸關係都是工具，其最終目的是一方面壯大臺灣，提升臺灣人民的福利及安全，一方面影響大陸人民尤其領導階層的看法、想法及政策。因爲中華民國在臺灣的歷史價值就是要做中華民族的燈塔。

——執政黨要有大的方向和目標。更要積極強化宣傳及教育；而現在的趨勢是中共要成爲中華民國史的詮釋者，臺獨要成爲臺灣史的詮釋者。建議藉慶祝民國一百年的籌備，作出中華民國完整的有力論述，宣導中華民國對中華民族的貢獻，指出大家共同努力的方向，以團結黨員黨友，凝聚海內外共識與向心，並吸引大陸知識分子的同情，對中共當局構成自然的威脅。

——政府各部門必須加強合作及溝通。行政院各部會之間，部會與國安會之間，以及與立法院之間，一定要有暢通的聯繫管道。對民眾，則新聞局的功能要大大發揮。公務員要加強教育，不可推卸責任；主官要加強教育，要有承擔的肩膀。

——必須強化分層負責，不能允許凡事推到層峰身上的現象。建議（馬總統）節省時間精力，改善每日行程。

——建議以團結執政黨爲優先作爲，才能匯集力量及人才，才能提升主席的聲望。

——建議強化國安、國軍及外交人員犧牲奉獻的精神教育，也要改善對國安人員的照料，因爲他們是國家安全的最終保障，是國家實力的根本。

——建議對重要業務、對人的考核，都要兼聽，要有不同管道的消息來源，才能獲得人、事、物的眞相，才能避免被蒙蔽。

其中第一、二項，就是我體認當前兩岸領土、實力、對世界影響力均不對稱的情況下，中華民國要如何自我定位——臺獨或者臺獨意涵的一邊一國、兩國論，絕對不是選項，因爲不但違背民族大義，更會導致戰爭危機。這也是我就兩岸歷史、中華民族同文同種，以及當前兩岸實力消長、臺灣內部若干人士不顧臺灣安危阻撓施政情況下的思考。

馬總統力邀出任國安會祕書長

晚上九點，我到總統府面見馬總統，高朗也在，就我們三個人。沒想到一見面馬總統先客套幾句，接著就說：「你能不能回政府做事？」

「做什麼事啊？」我愣住了，完全沒有心理準備。

「國安會祕書長。」

「蘇起不是做得好好的嗎？」這是我的第一個反應。

「蘇起早已倦勤了，你放心，蘇起另有安排，我一定繼續用他。」

「我恐怕做不來哦，請您重新考慮，蘇起能力比我好。」

「唉呀，你不要客氣，我已經考慮很久了。」

我面色凝重，因爲這完全出乎意料之外，毫無欣喜之感。我來之前心理的準備不是這樣，我作過國安會副祕書長，知道現階段國家安全會議祕書長這個位子，是如何的重責大任，這不是開玩笑的事。

馬總統鄭重地說：「你這樣子戒愼恐懼其實是非常好的現象，你一定要答應我。」

這是我重回政府的關鍵。我當場沒法拒絕，只是誠實地把我正在著手的事情說出來：「但是我也還有規劃啊。教書的事倒是其次，我要爲我父親整理文件和寫傳，而且也要出國到夏威夷參加外甥女的婚禮。」我妹妹爲美的女兒王克葳優秀而爭氣，一直是我欣賞的孩子。

「你整理父親的資料可以等一等嘛，也可以請國史館幫忙，但國安會需要你早點來，什麼時候回來？」我告訴他，是這個月十九日。

「那就這樣，二十三日開始，你到國安會來。」

我知道國家有困難，我對國家安全也很有想法，而且我過去不論在國安局和國安會，所負責的業務就是國際和兩岸，馬總統找我也很合理，結果我寫給馬總統的那頁建言，反而沒機會給他，但這正是我認為當前政府需要的，其實也是我對中華民國定位及治理的觀察與理念。

當晚回家，我把這個事先完全沒有預料的事跟惠英講，我說我無法拒絕，理由很簡單，因為我做過副祕書長，也在外交部和國安局任職過，知道國安會的工作內容和業務是什麼，工作和人事都不陌生。然而惠英非常不高興，她說：「為什麼不先跟我商量？這會影響到我們全家。」所以對於接受新職，我和惠英都沒有喜樂，過了一天之後我就後悔了。

在當前藍綠尖銳對立、不講是非的政治環境下，我能否稱職出任這個要職當然是有疑慮的，尤其我自責為父親做的事才開始，怎能半途放棄了？實在應該堅持拒絕。我去拜訪兩位前輩，一是老長官錢復，一是監察院長王建煊，但他倆都積極鼓勵我接下這個職務。

王建煊是主內弟兄，講起話來直截了當。他說：「你不願意答應，你的顧慮是什麼？」我說：「我出來，會有更多鎂光燈打在我身上，引人注意，我一向行事低調，不喜歡引人注意。而且更注意到我的父親，我不願意。」

他問：「你父親做了什麼『見不得人』的事？」

「沒有，恰恰相反，他有很多事情被誤解，我想幫他平反啊。」

「那你怕什麼？」

「我不喜歡再坐高位。」

「這機會臨到你時，不可以放棄。」

「請你為我禱告。」

他就當場為我禱告。

我原本已決定把自己的時間全力放在為父親整理文字、立傳之上，內心裡已然脫離政治，外界多年來總拿錯誤的資訊攻擊或嘲笑我父親，父親在世時從不辯解，一切吞下，但我身為長子，絕不能讓他的名聲繼續被侮辱，所以這一直是我內心最痛苦、也最關心的事，對出任承擔如此重的職務實在很猶豫。但王建煊反過來跟我講：「你正好利用這個機會以這個身分來反駁，把眞相講出來。」

在夏威夷看到出任祕書長的電視新聞

十日，我依既定行程偕惠英飛往夏威夷，參加克葳的婚禮，許多親朋好友都來了。夏威夷時間晚上八點多，我在旅館房間和羅列將軍的兩位公子羅大楨、羅大銘兄弟見面，他倆是我從小到大毫無距離的好朋友，因為我們的父親在生死交關之際有捨命情誼。電視是開著的，突然臺灣的新聞節目播出蘇起記者會，講述了他在國安會時的作爲，然後說到了該離開的時候了，總統府發言人王郁琦接著宣佈由胡爲眞來接任國安會祕書長。羅大楨和羅大銘相當驚訝，馬上向我說恭禧；我隨即接到李子弋前輩的道賀電話，接下來電話不斷，都是表達欣喜、欣慰之情。除了政界以外，爲美打電話問我有沒有爲此禱告?當然有，還有多位牧長紛紛爲我禱告。

有您真好
攜手同行
馬英九
敬贈
中華民國總統府

十九日清晨，我和惠英返抵臺灣，新任國安局長蔡得勝及張蔚銘處長親自來接機。從這天開始就忙碌起來，我不斷地接見國安相關人士，當面懇談，務求儘早進入狀況。我和惠英當年的媒人周神助牧師說，我出任國安會祕書長，顯見神聽了禱告，這也是整個教會的事，我宜不斷禱告，仰望神。

二十一日是禮拜天。晚上九點半在總統官邸，同馬總統晤談到將近十一點，蘇起和高朗都在，可以見得馬總統如何勤政，他對我殷切期勉，希望我能儘速有所發揮。次日赴總統府，和馬總統、蕭副總統、吳敦義院長以及相關政府高層茶敘，蘇起也在，以示傳承。

二十三日，我正式上任，由蕭副總統監交。我致辭時講述了我是以戒愼恐懼心情接下祕書長之職，接著提一九七九年初中美斷交我續留外交部部長室，以及二〇〇〇年政權移轉時我續留國安會時的經驗，結果在經國先生主政之下，國家各方面蒸蒸日上；然而陳水扁總統領導國家八年，國勢卻江河日下，如今政權再次輪替，希望大家團結努力，爲苦難的國家盡力。

重新回到政府出任公職，在我的信仰裡居然也有預示。在馬總統找我之前兩三個禮拜，新加坡老友康希牧師（Kong Hee）特別派人來臺送我一份禮物，是黑色皮質公事包及厚厚的記事本，我收到這禮物當時就笑了，自言自語說：「你何必送我這樣的禮物？我現在是一介平民，根本用不著這個。」眞沒想到，等到馬總統找我後，我是多麼地需要用這兩樣東西。另外，馬英九總統經由高朗副祕書長找我之前的一個禮拜，周神助牧師在沒告知我的情況下就特別爲我禱告，要我回到政府裡去，沒想到他的禱告得到回應。

基督教界對我的期望甚殷，牧長們紛紛爲我禱告，甚至認爲我出任此職是翻轉國家的契機，這其實是對國安會祕書長的職權不夠了解的過度期望，然而竟然也因爲出任此職，使得我有機會讓總統、副總統、行政院長都聽到福音。

惠英邀請總統、副總統、行政院長聽福音

五月間，索羅門群島總督卡布依（Frank Ofagioro Kabui）伉儷到訪，在歡迎國宴中，惠英和我坐在監察院長王建煊、外交部長楊進添夫婦之間，馬總統、蕭萬長副總統、吳敦義院長、總統

府祕書長廖了以都同桌。惠英在談話中知悉王建煊院長將於下月在臺北基督之家證道，於是邀請蕭副總統參加，因爲蕭夫人及女兒也都是在基督之家聚會的基督徒；然後再邀馬總統和吳院長，廖祕書長和楊部長一併邀請。雖然蕭副總統說，基於安全理由，他和總統在外通常不會參加同一場活動，然而王院長那天在基督之家的證道有兩堂聚會，問題就解決了。

傳福音、邀請人聽福音，本來就是基督徒的責任，惠英能夠邀請到國家正副元首、行政院長到教會聽福音，這是神的恩典，也是國家之福。這是邀請國家元首參加的禮拜，我先後請沈正牧師、惠英的九弟林永錚牧師、周神助牧師、張茂松牧師、曾國生弟兄切切禱告，王院長也特地把講道內容改爲福音佈道，前一天主持基督之家的寇紹恩牧師、寇紹捷長老也赴王院長辦公室禱告，求神祝福、使用這次聚會，讓國家領導人能夠信主。我則禁食禱告。

六月十三日主日崇拜，王院長赴基督之家講道，馬總統、吳院長參加第一堂禮拜，蕭副總統、郝柏村前院長參加第二堂禮拜，我和惠英兩堂都參加。

王建煊院長以「點亮生命」爲題分享信息說，愈有權力的人愈有機會點亮衆多人的生命，今天在各教會努力爲執政掌權者禱告，希望他們心中充滿上帝的智慧，當他們「一拳打出去的時候」就能點亮衆多人的生命；然而眞正了不起的是耶穌基督，祂來到世上點亮許多人的生命，今天在世上不論多富有、多健康、多有學問或地位，總有一天倒下來，一口氣就沒了，每個人生下來最後終走向死亡，但是唯有相信耶穌基督，才不致死亡，反得永生。

聚會進行得順利而感人，我盼望福音的種子能夠在這幾位首長心中茁壯發芽，並得以成長、結出得救的果子，進而能讓我們的國家更好。

由於我在接任祕書長前十分猶豫，王建煊勉勵時說，接下這個職務正好可爲父親辯誣，結果果眞如此。國防部在爲全國各高階將領舉行研習會時，數次請我主講國家安全情勢時，特別要我強調父親的武德；接著適逢黃埔建軍九十週年，我又得以數次與陸官師生分享父親的故事。換言之，國安會祕書長之職眞的能幫助現代人更了解父親和他那個時代許多可歌可泣的事蹟，以及我國民革命軍的犧牲奉獻精神與貢獻。事實上，當前國軍也需要百年前建軍時的軍魂。

陳壽人將軍、李學正將軍與我父親的奮不顧身與家

我在這裡要談談陳長文律師的父親陳壽人將軍，以及李台醫師的父親李學正將軍。

陳將軍原本於一九四九年七月已和妻子及四個孩子都從大陸撤到臺灣，因爲我父親於九月重建第六十九軍，以胡長青爲軍長[44]，並且指派陳壽人將軍爲參謀長；陳將軍於十月接到國防部電令，命令他立刻回重慶擔任第六十九軍少將參謀長。當時中共已幾乎席捲整個中國大陸，中華民國控制地區只剩西南，四川僅存部隊還在做最後的抵抗，陳將軍沒有猶豫，立即飛行千里赴戰區，匆促到當年五歲的陳長文都不記得父親有沒有特別叮囑他什麼話。

陳將軍那年三十九歲，兩個多月後在成都隨部隊突圍時，於邛崍、五面山一帶爲掩護胡長青軍長所率主力，中彈殉職。多年以後，陳長文在媒體訪問時說：「那是一場沒有意義的戰爭，不

是嗎？那是非常非常沒有意義，這樣講是對爸爸不敬，我相信他當時有他的意義。我難以想像，是誰做出這個決定，要我爸爸回去？大陸淪陷了，這一批人爲什麼還是要去打那最後一仗？」

憶起過往，他心酸起來，跟我說：「父親不到四十歲爲國獻出自己生命也就算了，但吃苦的是我母親啊。」

再談旅居波士頓名醫老友李台，他的父親李學正將軍。李將軍也是已經到了臺灣，卻於一九四九年被父親邀去四川領導游擊戰，他義不容辭地去了，不幸失敗被俘後設法逃出，再領導游擊再被俘而就義。李家在臺灣也是咬緊牙關、艱苦奮鬥，才獲致後來的成就。

我父親也是這樣，他不顧妻兒，明知中華民國在大陸最後據點西昌守不住，但是他還是知其不可爲而爲，爲的是守住自己爲國盡忠、爲總裁效命的志節，即便成仁也在所不惜。他主動告訴蔣總裁，他要赴西昌指揮作戰[45]，然後於一九四九年十二月三十日下午二時，他和主要幕僚、通信設備，以及衛士一百零一人，分乘十架飛機，抵達形同孤島的西昌。

陳壽人、李學正和父親，以及千千萬萬效忠中華民國而沒有變節的部隊，都展現了願意將自己生命爲國獻上的軍魂，也只有如此精神，才能眞正保家衛國。

馬總統赴東昌閣

九月十六日，國防部長高華柱安排馬總統中秋節勞軍，馬總統在我們的陪同下飛往東引。東

▶ 二〇一〇年秋節馬總統慰問東引駐軍，在胡宗南將軍紀念館（東昌閣）內父親胡宗南與蔣中正委員長相片前合影。

引是我戰略要地，馬總統看了當地部隊，也特別去看了東昌閣，也就是父親的紀念館。[46]父親於五〇年代韓戰期間化名「秦東昌」前往大陳領導反共救國軍在江浙沿海打游擊，他去世後，婦聯會及國防部等單位奉蔣中正總統之命，於一九六三年在最靠近大陳的東引興建「東昌閣」以爲紀念，翌年元旦竣工。

東昌閣我在十幾年前來過，如今再看，見得國防部整修得十分現代化而且很具可看性。對此我要特別感謝高華柱部長在內的軍方各屆首長。馬總統聽駐軍介紹父親生平，然後在蔣中正總統與父親合影的巨幅照片前與我合照，他告訴我，他的父親馬鶴凌也曾經到過大陳來勞軍，見過我父親。我極爲感動，也感謝上帝，讓我在國安會祕書長這個位子上，能夠榮耀父親。

42 《胡宗南上將年譜》增修版，頁二三七至二三八。臺灣商務印書館，二〇一四年。

43 《聯合報》二〇一六年十二月二十七日A15版。

44 胡長青後來在西昌殉國，追贈上將。

45 父親於民國三十八年十二月二十六日晚上在海南島致電蔣總裁，他要赴大陸西昌：「請即飭空軍立派機二十架，專送本署指揮機構，仍赴西昌指揮，除分電顧總長外，敬電核示。職胡宗南亥宥戌建印」。國發會檔案管理局檔號BS018230601-0038-543.64-10602A。

46 父親化名「秦東昌」，「秦」是陝西的簡稱，他曾長駐於此；「東昌」為父親於西安之辦公處所「東倉門一號」之諧音。

第二十三章

兩岸關係與國安

我們建國建軍的工作，當從臺灣基地做起。湯以七十里，文王以百里，都是先固王業所基的根本，再圖發展；臺灣是反攻復國的基地，也是建國建軍的聖地，為我們大陸億萬同胞朝夕仰望之燈塔……效法總理當年倡導革命、推翻滿清統治的精神，號召海內外仁人志士，從事復國的神聖事業。47

——胡宗南：〈論人才與建國建軍之關係〉。此為一九五九年十一月，父親自國防研究院第一期畢業之論文。

父親生前已體認到要以臺灣爲大陸的燈塔，而我在馬總統主政下，被任命爲國安會祕書長，有幸進入燈塔核心服務。有鑑於扁政府時代國安會權力過大，所以馬總統非常有心地要回歸憲法所賦予國安會的任務、位階和功能，也就是說，讓國安會確確實實地成爲一個幕僚單位。在這個背景之下，不僅是蘇起，我的職權其實是必須自制且受限的，馬總統來找我時，就講得很明白——政治上的事我不必參與。

馬總統指示不碰政治

所謂政治上的事，也就是立法院的運作、在臺灣發生的人與事包括選情在內不需過問，真正要我努力的是兩岸和國際，而這兩項剛好是與我做了幾十年的工作有關。

另外一個基本態勢是，國家在民主化的過程中，總統的權力包括他支配預算的權力逐漸被稀釋——馬總統的施政承諾和繼承扁政府而來的許多建設預算項目，被立法院、被黨和地方政府、媒體、網路影響了。所以馬總統的權力受到很多限制，是外界沒有眞正感受到的；然而另一重大的限制來自馬總統自己。馬總統非常守規矩，他從憲政等角度自我設限，在我做國安會祕書長期間，他也常留意我有沒有「越權」。

國安會層級既高且重要，可是並無直接的權力，能做什麼事全看總統，馬總統自己又那麼地注意到分際，也就是說，我當祕書長之後，外界對我有很多的期待，但其實這個職務能夠在國政上發揮的空間沒那麼大，總統也希望我的角色僅在於建言，所以當馬總統要限制國安會，也就是限制他自己時，直接影響就是許多事情不易貫徹——這是制度上、架構上的問題。好在我在任期間，行政院正副院長和各部會首長，尤其各情治單位，基本上和我都合作良好，相信這與我過去從外交部基層做起到國安單位數十年間，與各界人士累積的友誼與互信也有關係。

我重回政府之後，必須儘快了解國際和大陸局勢的最新發展，以及國家安全的許多課題，要防止有心人士對我方的滲透，即使兩岸緊張情勢已因馬總統的政策而緩解，依然必須防範對岸和外國的情報作爲。如果看到了漏洞，就必須立刻亡羊補牢，我十分高興各相關同仁和單位都作出了貢獻。基本上，在保防工作方面，社會保防責成警政署負責；機關保防則是調查局；軍中保防是國防部的責任。權責機關都必須定期簡報成果。

許多外國駐華人士總藉著拜會爲名，對我政府人士個別接觸，我於是要求所有部會各級官員，均須在外交部同意之下，才能接見外國駐華人員，如果此等人士刺探我軍事要地或營區，尤應提高警覺，彼此通報。在這件事上，劉志攻副祕書長甚有成效。

而權力機關立法院當然也要兼顧，於是在我上任之後第三天，拜會了立法院長王金平。我想到的是低調，因此在國安會的國會聯絡人安排下避開了媒體，和王院長見了面，但意外的是，王院長親自來引導我進入擠滿媒體的會客室，結果變成公開談話，我被迫回答了記者幾個問題。

那天傍晚六點在總統府，我方撥出電話到新加坡，讓馬總統與李光耀資政單獨談話，我與外交部長楊進添都在旁邊。

我因爲二十年來與李光耀先生多次談話，知道他不但深謀遠慮，而且對我國確實有一份特殊的情感，因此不意外的聽到李資政主動對馬總統表示，只要我方與中共一開始談ＥＣＦＡ，星方就願意與我方談自由貿易協定（FTA）。這是星方的善意，但另方面也展現出我們必須面對的國際現實——也就是我們要先打通大陸那邊的關節，才可通往全世界。

兩岸關係是臺灣通往世界的關鍵

國安會最關鍵的任務就是兩岸關係。地大物博的大陸強權之旁，中華民國的立場與尊嚴何在？馬總統談過他從法的角度對國家的定位和兩岸關係的基本構想。

依據中華民國憲法和兩岸人民關係條例，兩岸是臺灣地區和大陸地區，中華民國憲法是一個中國，所以我們是站在一個中國立場，因為中華民國憲法施行時是一九四七年，中共政權成立是一九四九年，那時當然只有一個中國。馬英九總統強調，他的任期內，在憲法的架構之下，他的兩岸政策是「不統、不獨、不武」，「遵守九二共識、一中各表」的精神，「互不承認主權、互不否認治權」的立場，推動雙方的交往。他一再強調，他的基本態度是「以臺灣為主、對人民有利」，從這個方向來推動兩岸關係，整個方向是把雙方的機會極大化、威脅極小化，希望兩岸以和平的方式，找出雙方都能接受的結果。

大陸方面認同馬總統的兩岸關係構想。這其實是當前兩岸最穩健的政策設計，只可惜被許多有心人士污名化了。

二〇〇八年國民黨勝選後，六月份便由陸委會出面，重新開始兩岸協商。這是自一九九九年李前總統因提出「兩國論」致使協商中止之後，十年來的第一次。我進入國安會沒有多久，馬總統就提出兩岸往來的十六字箴言：「正視現實、開創未來、擱置爭議、追求雙贏」，以這十六字與大陸分享，那時有個外國的戰略家正在北京訪問，後來他來到臺灣，向馬總統說，他在北京聽到這十六字之後，高度讚賞。他強調，對臺灣安全最大的保障，就是友好的大陸人民！這個看法，與我在二〇〇〇年時，對陳水扁提出的建言完全一致，可以說是異曲同工。事實上，馬政府對於大陸人民的看法是，十三億的大陸人民都是同胞而不是外國人，只是沒有中華民國的戶籍而已。

ＥＣＦＡ是《海峽兩岸經濟合作架構協議》的英文簡稱，我剛進入國安會時ＥＣＦＡ談判已經開始，雖然我的前任蘇起和其他朝野友人都已奠定了基礎，但我仍然體會到過程的困難，我們必須對外跟大陸討價還價，對內還要面對綠營所謂「賣臺」的抗議譴責，雖然民進黨立委全力阻擋，仍然在二〇一〇年六月底，也就是我到任四個月之後完成了，由我當年在南非的老同事、海基會董事長江丙坤與大陸海協會會長陳雲林舉行第五次江陳會時，簽署了ＥＣＦＡ以及海峽兩岸保護智慧財產權協議，日後證明這些重要協議不但沒「賣臺」，而且對臺灣人民有利，農漁工商利益均沾，更是兩岸和平發展的契機！我眼見石斑魚銷往大陸、臺中的工具機在兩岸貿易中得到優惠的待遇，在大陸臺商的人身保障都得到具體的進展，也看得到馬、蕭、吳三位首長心情是多麼愉快。

ＥＣＦＡ完成協議，江董事長、高孔廉副董事長、經濟部施顏祥部長和國安會鄧振中副祕書長都功不可沒，陸委會主委賴幸媛也發揮了長才。

兩岸關係和諧方是臺灣之福

國安會必須研提維護我各種傳統及非傳統安全的長短期戰略，協調行政院各相關部會建立各種安全網；其中特別多次會同部會及學者專家研究如何利用大陸的崛起，來壯大臺灣的經濟及產業，促成兩岸雙贏。我們也注意到少子化的趨勢，而研究長期改善措施。

外交方面，國人一定要了解，在所有沒有邦交的國家，對臺政策一定是在該國的中國政策之下所做的考慮。因此，我們在非邦交國做外交工作，首先一定要審時度勢，要看哪些我們可以管控的條件，哪些是我們能力範圍外的條件，一定要分清楚，能做的儘量去做。

可以管控的外交條件，就是自己的國力和國民的表現，完全可以操之在我。記得我在一九七〇年代進外交部時，當時我國剛退出聯合國，中國代表席位被大陸奪去，緊接著許多友邦迫於形勢一個個斷交，那時我國人民到外國從事商務、旅遊，一定要取得簽證，要申請簽證不僅耗時、要付相當費用，而且還不一定拿得到；但經過幾十年努力，中華民國的國力快速增進，全世界都知道我們不僅在科技上協助了許多國家，國內民主政治的發展、教育的普及、人民素質的提升，更是贏得外國人對我國的尊敬。馬政府執政期間有一百多個國家給了國人免簽證待遇，歡迎國人前往訪問，這就是對我國表達尊敬，値得全體國人驕傲。

馬政府時代外交有進展的第二個重要原因，爲兩岸關係改善。前述新加坡就是一個例子，因爲穩定的外交環境，使得外交發展產生良性循環，外國跟我們來往少了顧忌。由於大陸不再跟我們爭奪邦交國，所以始終有二十幾個國家承認我國，以我們為「中華民國的中國」；而我們也不再爭奪中國大陸的邦交國，外交便不會成為零和競爭，也就是沒有片紙隻字的外交休兵。這就好像九二共識沒有正式的文件，又有如一九七九年一月一日後金門前線停止砲擊同樣沒有協議，都是兩岸的默契。

美國歐巴馬政府包括歐巴馬（Barack Obama）總統本人，多次讚揚馬政府改善了兩岸關係，形成了地區安定，美國政府非常欽佩與肯定。中共的邦交國紐西蘭和新加坡也就先後願意跟我們簽定不同形式的自由貿易協定；在這方面，國安會的鄧振中副祕書長、外交部楊進添、林永樂部長，經濟部施顏祥部長，和我國駐紐西蘭和新加坡的代表常以立、謝發達以及相關人員，都盡了力。

至於國際組織方面，當然距離理想還非常遙遠，但因為那時兩岸有起碼的政治共識，所以中共在政府間國際組織方面沒有特別的阻撓，我方也就有若干進展。例如亞太經合會APEC，領袖代表人選可以提升到以副總統層級如連戰和蕭萬長；而跟國人健康福利與旅遊最為相關的世界衛生組織WHO以及世界衛生大會WHA、國際民航組織ICAO，我們也能以某種形式參加，且受到一定的尊重，尤其是世界衛生大會，我們簽署了兩岸的衛生協議。

記得那時衛生署長邱文達等人每年獲得大會以部長名義邀請，有尊嚴地代表國家參加，在會中沉穩地向世界展示了我方在衛生方面的成就以及提出貢獻的意願，令國人揚眉吐氣；兩岸的衛生首長友好互動，這是多麼難得。我國衛生部長不但受到部長級的尊敬和待遇，並且以我國在衛生方面的作爲在會中具體表達，我們願意向全世界提供在醫藥方面的貢獻，這就是國家實力的表現。在這方面的努力中，我也請教了優秀的同仁如董國猷大使和他的夫人徐儷文大使，他們提供了寶貴意見。當然，這每年一次邀請的作爲是不夠的，再要有進展則要更深的政治互信才能達到。

我在國安會服務期間，陪同馬總統見了許多外國政要。除了美國方面各界人士一再讚揚馬總統之外，還有位大家耳熟能詳、目前還是非常活躍的日本政要到總統府拜會馬總統，我親耳聽到他說，兩岸關係的改善合乎日本利益，而與大陸關係改善，也是日本基本的外交政策。

新加坡李光耀資政生平最後一次來臺灣訪問，也是在我任內，當時他的身體已相當衰弱，離開臺灣時，是由我和新加坡駐臺于代表一同扶他上車、進入飛機的。記得他在臺灣時的談話，一再對馬總統的兩岸政策表示欣賞，而且對兩岸關係今後的發展充滿期待，他就是如此放眼全世界、關懷華人福祉的領袖。

李光耀在二〇一三年辭世，我已離開國安會，馬總統仍請錢復院長和我陪同他到新加坡，親自向李家的後人表達哀悼，並在李家家祭時，請李顯龍總理夫婦、李顯揚先生節哀順變。我從一九七七年起和李光耀持續的特殊緣分，也在此時劃下句點。

六十年來最好的兩岸關係

重回國安會一年之後，我對整體國家安全有了更清楚的概念，特別是最重要的兩岸關係與外交方面。馬總統領導國家以來，積極推動和解政策，在兩岸、外交、國防、經濟和社會各方面都成就斐然，特別是兩岸關係的改善，給了「活路外交」注入新活水。許多國家主動加強和我們的關係，又因爲外交有了新發展，臺灣就更有意願推動兩岸關係，成了良性循環。

我並不意外地間接知道，大陸那邊由於我作祕書長而對我們政府的走向比較放心。因爲我的基本意識型態——中華民族及中華民國優先——外界都非常清楚。

兩岸關係在馬政府時代是六十年來最穩定的。長久以來，中華民國遷臺之後保存了中華文化，讓大陸人民羨慕臺灣的風氣與人文，也更珍惜臺灣這塊土地；馬總統執政以來，吸引大陸許多年輕人到臺灣來，不論旅遊讀書，接觸到我們這邊的人，進而產生好感，都是造成兩岸和平的基礎。這是馬英九的兩岸政策一個重要貢獻，雖然沒有簽和平協議——其實馬總統不急，因爲他認爲即使簽了和平協議，隨便找一個理由就可推翻；可是兩岸也簽了以海峽兩岸經濟架構協議（Economic Cooperation Framework Agreement, ECFA）爲主的二十三項重要協議，基本上就有和平的意義在其中。例如，由於兩岸簽有共同打擊犯罪及司法互助協議，代表公權力的臺灣和大陸警察能合作，一起到大陸的邦交國去押解兩岸罪犯，分別回到臺灣和大陸受審，便是極好的「互相尊重治權」和平默契。

如此成果對臺灣的好，是無可否認的，不是一句「賣臺」就可抹黑。是馬英九總統所帶領的政府，兩位副總統、幾任行政院長、各部會首長，大家共同努力的成果。我親身參與其中，知道這不是一蹴可幾的事，而是經過辛辛苦苦的研究、折衝之下所達到的成果。

這是中國國民黨主政之下，維護中華民國國家利益所做的基本努力。依憲法，臺灣跟大陸都是中華民國的一部分，雙方有共同的民族血緣的關係，才能達成各種協議，因爲有這些協議才能夠更爲增進相互的了解，要比過去二〇〇八年之前好太多了。這是馬政府對臺灣、對整個中華民族的貢獻，雖然沒能造成更理想的時勢，但至少奠定兩岸的和平基礎，這個基礎直到後來民進黨政府開始執政才被破壞。

馬總統對兩岸關係的前景，其實是有想法的，只是我沒有機會再進一步請教。因爲他曾說過加強兩岸關係第一階段目的是爲了實踐民生和民族主義；而將來要提升兩岸的民權主義，這將是第二階段。這個概念說明馬總統想到了爲整個中華民族的發展而努力，遺憾的是後來的情勢發展，卻使得兩岸關係一步一步倒退。因爲我們的政府和我摯愛的中國國民黨不幸沒能早日全力改善媒體和教育的方向，以致年輕的國人愈來愈缺乏中心思想，居然連對自己的民族、自己的根都混淆了。

中華民國歷史與國家認同的教育問題

教育和媒體均非國安會的職掌，因爲那是行政院、立法院及教育部、文建會的業務，和中國國民黨黨部應注意的方向，我雖然極爲關心，但一方面我必須執行總統交代的任務，兩岸及國際便已占據了我所有的注意力，另一方面也實在不便過問其他業務。

有些中學教科書內容實在太過偏差，有歷史教材涉及臺獨意識及日本皇民史觀，這是從李登輝總統就開始的事，到扁政府時又予強化，有如共產黨統治大陸初期的「思想改造」；馬總統直到第二任期伊始，才要我也留意一下，我便立即邀集同仁，組成小組注意這個問題，亦與教育部取得聯繫並且持續表達對本案的關心，不幸後來因爲衆所周知的原因，沒能貫徹，而我自己也於二〇一二年離開了國安會，雖然又曾以資政身分一再懇切建言，仍未能發生效果，以致遺恨至今。

我非常幸運地能在國安會期間慶祝中華民國建國一百年。由於是中國國民黨執政，政府辦了許多慶祝活動，不論是總統的元旦講話或雙十國慶講話，都做了充分的準備和完整敘述。我在文建會盛治仁主委成功地盛大辦理三二九青年節紀念會之後，邀請了應邀來參加的革命先烈陸皓東孫女陸淑貞、秋瑾的外孫女王炎華和其他如羅福星、王生明等先烈的後代羅秋昭教授、王應文理事長等共聚一堂，一起午餐，以表示個人的尊敬。其中對於基督徒陸皓東我特別有感觸，因爲他不但是我國國旗的設計者，又是第一位爲革命而犧牲的烈士，而第一次革命的發動，就是因爲臺灣被割讓給日本。我以後在也是基督徒的U2偵察機飛行員陳懷生，於大陸上空殉職五十週年的紀念儀式上，並代表政府前往新店空軍公墓參加並致辭。回想當年蔣中正總統在士林凱歌堂爲紀念陳懷生而證道時，我就在那裡聆聽。

至於這兩年七七抗戰的紀念活動，由於受到馬總統的鼓勵，更見充實；父親在一九四五年代表第一戰區接受日軍投降的筆墨原件及其他物品，也都能在國父紀念館展出。由於父親一生服膺國父遺教，宣揚三民主義，他對他的物件能在國父紀念館展出必感光榮。

新加坡外長楊榮文一家來臺的感人故事

二〇一一年五月七日，新加坡舉行國會大選，原先獲執政黨提名的外交部長楊榮文意外落敗，這代表他必須辭掉部長職，許多人認爲他應是經常往世界跑的公務繁重、疏於經營選區之故。我立即邀他們全家來臺灣散心，他也很高興地答應了，並於六月六日和夫人 Jennifer 帶著十七歲的小兒子楊時弘（Fredie）抵臺，我以國安會爲接待機關，和惠英親自接機，他在臺灣時也見了馬總統和蕭副總統，以及自己安排見扁政府時代的行政院長蘇貞昌。

然而，楊榮文一家此行還有個期待——他們一家前往花蓮見了證嚴法師，希望見到捐髓給小兒子的捐髓者。Fredie 三歲時即確定罹患白血病，楊夫人以後接受訪問時說：「Fredie 三歲發病，隔年還出現不同的症狀，最後醫生告訴我，要活下去唯有骨髓移植！」「我們找遍了很多地方，都沒有適合他的骨髓，包括 Fredie 的三位手足。但我們不放棄，最後終於找到了，是在臺灣慈濟的骨髓資料庫。」二〇〇四年十二月二十五日 Fredie 在美國接受骨髓移植，復原狀況很好，但兩個月後發現還有部分癌細胞。爲了讓兒子完全康復，全家虔誠祈禱，就在一年半後，癌細胞不見了。

如今七年過去了，楊榮文一家特別是 Fredie 非常希望跟救命恩人見面，當面獻上一束花以及由衷的謝意。依慈濟規定，捐髓者與受贈者是不能見面的，但在楊榮文一家的期待下，證嚴最後破例，聯絡了捐髓者，那是臺灣海巡署巡防艇的海巡人員黃啓川。

楊夫人帶著兒子到基隆與當年五十八歲的黃啓川相見，Fredie 以及楊夫人 Jennifer 痛哭失聲，緊緊地擁抱了黃啓川，謝謝他讓 Fredie 健康的活著。我後來才知道黃啓川得知自己的骨髓和一位血癌患者配對成功之後，馬上同意捐髓；隔了一陣子，慈濟骨髓基金會又通知他，第一次手術並不成功，患者身上還是發現癌細胞，可能又要請他捐第二次，他完全沒有難色，待命準備第二次捐贈，不過隔了一陣子又通知他成功了，所以就不用再捐。

黃啓川奮不顧身的助人大愛，我非常感動，立刻告訴海巡署長王進旺，因這是海巡署全體的光榮，也邀請他們見面共餐；黃本人卻極爲低調，一再強調他這樣做沒什麼，不值宣揚。Jennifer 則對我和惠英說：「臺灣是世界上 Philanthropy（慈善）的 leader！」誠哉斯言啊。

47 《胡宗南先生文存》頁五〇一。

第二十四章

馬政府的遺憾

經國兄：弟之所以來大陳，為欲求一可死之地，免在臺灣而陷於自殺的悲慘之局，為共匪所笑！弟自知罪孽深重，但在大陸邊緣策動作戰，可死之機會正多，而贖罪之願望可達，故兩年以來，私心甚幸。今忽聞有調動之信，兩年經營，將予幻滅，大陸線索，亦將中斷，實為可惜之至。48

——一九五三年七月，父親正於大陳積極佈置在大陸敵後的游擊作戰時，卻被調回臺灣，他寫給蔣經國此信。蔣接信後立即飛往大陳親自陪同他回臺，他內心的「罪孽」，難道在於未能於最後關頭保住成都和西昌嗎？其實既是未能在西昌達成蔣中正總統期待之死節，又因為政府未能迅速反攻大陸、拯救同胞，讓他無從湔雪前恥。

父親的終生遺憾，是未能為中華民國捐軀，也未能反攻大陸，這是何等的志節！而我如今也有遺憾，那就是中國國民黨未能繼續執政，守護臺灣這片土地，而且受到對手黨予以違憲方式的重擊。因此，我也常常不免痛苦地檢討甚至自責，我在國安會祕書長任內雖然只有兩年七個月，沒有再三強力向馬總統建議關於「非國安會職權」的事，到底是對或不對？是不是太守分了？

馬總統於二〇一二年競選連任時，我還在國安會，對手是民進黨的蔡英文；選戰開打，許多情況因為選戰而遭扭曲。民進黨以及若干媒體則以無限上綱的方式攻擊馬總統和團隊，企圖以此影響選舉，結果是徒然的，當年總統大選投票，馬總統依然獲得大勝，當選連任。

馬總統勝選後我四度請辭

馬總統當選連任之後，亟思有所做為。他宣佈，他已沒有尋求連任的包袱，所以要從公平正義為出發點，「做對的事」。他把經建會主委任內表現不錯的劉憶如調任財政部長，然後支持劉憶如復徵證券交易所得稅，以實踐公平正義——有賺錢就要繳稅；幾乎同一時間，凍漲已久的油價和電價也要上漲，結果兩政策都造成負面效應，引發股市大跌、物價蠢蠢欲動，民調支持度也大幅下滑。劉憶如最終離職，馬總統的聲望也跟著受到影響，預先埋下未來四年執政障礙的伏筆。這些都屬於內政範疇，馬總統並未跟我談些什麼，但以油電雙漲來講，確實應該反映成本，甚至以價制量避免浪費；只是反對黨見縫插針，以抗爭污名化了政策，我看了只覺得痛心。

反對黨為反對而反對，不惜拖累臺灣整體利益，以遲滯馬總統施政；執政的國民黨內部也有矛盾，使得國民黨即使在立法院是絕對多數，卻無法貫徹馬總統施政，都影響了政府整體表現。

馬總統第二任期開展，卻是我考慮辭職之時，有兩個理由，一是我深以未能為父親整理好他應公諸於世的資料加以出版而慚愧；其次是為了惠英之故。

出任國安會祕書長以來，我忙得不可開交。但爲父親整理他的信件、遺作、出版日記以及圖文傳的事，卻時常縈繞心頭揮之不去，有時甚至午夜夢醒，一身冷汗，再也無法入睡，且自責不已。

另方面，這兩年來全副心力用在國事公務上，因此忽略了家庭。好在孩子都大了，斯慧和斯廣都有很好的婚姻、在美國闖出一片天，斯華在新加坡找到好工作，小兒子斯漢則返國服完兵役；然而惠英的健康出了狀況。

早在我尙未接任祕書長時，已感覺到惠英的記憶力有衰退的情況，她外表看來一如往常，然而最近發生的人與事卻很快忘卻，斯華對母親的狀況極感憂慮，於是把新加坡的工作辭掉，返臺照料母親。

我對惠英的情況當然擔心，幾年以後才經由醫院腦神經檢查知道惠英的病因，確定她是因爲在新加坡宴客之前的滑倒，後腦撞地所致。看到惠英因爲配合我的職務而健康下滑，我心想該是到了人生抉擇之時了，國安會祕書長一職，我不做應該還有別人能做，然而惠英的健康卻是沒有我在旁，毫無改善的機會。

於是在馬總統連任成功之後，我四度請辭。四月三十日馬總統約我單獨晚餐，主要是徵詢我關於國安會內部人事更迭的意見——他沒有談我這個位子該怎麼辦。我回答：「首先就是我應該被換掉。」他問：「眞有那麼急嗎？可否等外交部長等等位子換人之後再說？」

對於我來說，國家的重要性永遠高於個人，馬總統這麼一說我就不再堅持，心想要離任恐怕至少得再忙幾個月。五月一日，與高朗午餐，他雖已離開政府，卻仍經常與總統見面。高朗主動找我，只是要我「不要相信報紙所講的」，「總統其實十分稱讚你、肯定你！」這陣子，大陸竟然有消息傳來，非常盼望我能夠留任，不要換人，因爲如此才能確保兩岸關係穩定。這實在難以想像——因爲父親是中共的死敵，我又與他們鬥爭了多年，現在大陸那邊卻希望我來維護和平！過兩天，高層人士明朗化，我和國防部長高華杜均留任。不久，美國在臺協會處長司徒文（Bill Stanton）贈送一本美國藝術專書《America's Art》給我，在書中簽名時並強調對我「以奉獻、智慧、耐心及努力強化美臺關係」，表示他的尊敬及高興。我雖然期待卸任，但該是國安會祕書長職掌及能夠發揮的事還是要做，那就是來自東海和南海的挑戰。

東海南海的國土主權挑戰

中華民國在外交上必須維護國家主權，這就涉及了東海和南海。我在美國留學時參加保釣運動，四十年後我在國安會服務，仍然還要花腦筋保衛釣魚臺主權。只要漁民出海到釣魚臺附近，我們一定要讓海巡署出海保護漁民，因爲釣魚臺列嶼不論就地質或歷史事實來看，或從國際法原理來分析，都屬於中華民國主權範圍，是臺灣的屬島；但日本強占數十年，還得到美國的支持，而近年來用實力和日本明確相爭的，竟然是大陸的中共政權。所以我們一面要不斷地以海巡署的護漁以及外交部的聲明來彰顯我方的主權立場，將這個問題保持在爭議狀態；一面要提出我方的建議。

由於日本竟敢推動釣魚臺「國有化」，二〇一二年八月間，臺灣、大陸、香港保釣人士又計畫前往釣魚臺，馬總統指示國安會成立應變小組，由我主持會議。當時馬總統已於八月五日中日和約生效六十週年時，提出「東海和平倡議」，呼籲相關各方應自我克制、不升高對立行動，也希望各相關國家都能同時擱置爭議，以和平方式處理爭端，臺、日雙方因此彼此克制。香港保釣船出發同日，日本拋出善意，回應馬總統東海和平倡議，駁回了日本議員的登島申請；我海巡署第二天也沒讓香港保釣船入港補給。但香港保釣人士隨後被日方逮捕，國安會也為此三度召開，在我的主持下，決定迅速與日方溝通，並要求放人，也要外交部向日方澄清，我政府在東海議題上，主權絕不退讓，但未來仍以穩定區域和平為最高指導原則。

太平島是南沙群島中最大的島嶼，從一九四六年起就由我國接收，行政區隸屬高雄市政府管轄，但由於太平島的位置位處臺灣、菲律賓和越南三國之間海域，戰略位置和豐富的海洋資源，使得南海爭議始終沒停息，越南於六月二十一日通過《越南海洋法》，內文居然將西沙及南沙群島納入越南主權管轄範圍，使得我國的領土主權，先是釣魚臺，現在是南海，可謂碰上嚴厲的挑戰。

為了彰顯我國在南沙太平島的主權，我於八月三十一日率同總統府、國安會、內政部、國安局、環保署、海巡署、交通部、國防部共八個單位三十多位官員一起搭乘 C-130 軍機，飛了三個半小時，在上午十點二十分飛抵太平島。

在太平島上，我聽取海巡署南沙指揮部指揮官李上校簡報後，即對部隊及同行的各單位同仁講話。我指出，此行主要在於彰顯主權，顯示我國有決心保衛南疆，另外也要慰勉駐島海巡署弟兄及海軍人員，我國的南海經略原則是「主權在我、擱置爭議、和平互惠、共同開發」，我們堅守主權，也期盼南海相鄰各方都能呼應馬總統「東海和平倡議」的理念和精神，以對話代替對抗，以溝通化解紛爭，共用南海資源，促使南海成爲和平、繁榮、富裕的海域。

講完話後天候開始變壞，但我們行程還不僅於此，我和內政部長李鴻源、海巡署署長王進旺、國安局長蔡得勝分乘兩艘海巡署的巡緝艇，前往位在太平島東方三點一浬外的中洲礁勘查，此時海浪頗大、雨勢不小，我上礁時全身溼透，但我們還是奮力升起國旗，並由李部長發表談話。

再回太平島雨勢稍歇，副參謀總長嚴

▶ 國安會祕書長任內率內政部長李鴻源、海巡署長王進旺、國安局長蔡得勝等八個單位同仁登太平島、中洲礁彰顯主權（二〇一二年八月三十一日）。

德發建議立即返臺，因爲再下大雨就無法起飛了，於是我們飛返屏東，再以專機返北。近來南海的主權爭議不斷，我國政府部會首長和立委陸續計畫登上南沙太平島，就是希望未來一旦南海主權爭議國進入合作談判時，中華民國不能缺席。我強調和平，希望減少外界的誤解與敵意，也盼與中共有所默契；但是美方顯然並不喜歡，一位高層官員竟然跟我說：「你去就是挑釁！」我反駁說：「我到我國領土上發表演講，正是強調和平！」

馬總統在任內不斷強調釣魚臺列嶼和南海主權，也採取了具體的作法，因此也受到日本的重視，甚至在二〇一三年和日本簽定了漁業協定，保障了漁民在釣魚臺列嶼捕魚的權益，事實上也爲國際解決相關問題上，奠定了基礎。

我登太平島及立法委員接續登島，並且實彈射擊演習的作爲，除了美方之外都受到各界的肯定。再隔幾天，馬總統率官員及立委登上距釣魚臺僅約一百五十六公里的彭佳嶼，以宣示東海主權，我也隨行。在維護南海、東海的主權上，海巡署王進旺署長的能力和責任心令我敬佩，而國安會的鍾堅諮詢委員和楊永明副祕書長都作了貢獻。

卸下國安會祕書長重擔

九月十九日，海陸國安的高層人事大調動，我終於在這次調動中卸下重任，轉任總統府資政，國安會祕書長一職由駐美代表袁健生接任；海基會董事長江丙坤和我同時離職，賴幸媛也轉任駐世界貿易代表。江董事長在三十多年前與我同時在駐南非大使館分別擔任經濟參事和政治參事，如今共同爲兩岸問題盡力之後，同時交棒，也眞是緣分。國安會同仁得知均表不捨，除了國安會之外，國安局同仁會同各情治單位，特別爲我辦理了一次盛大歡送會，並送了別有意義的紀念牌，令我和惠英十分感動。

馬總統於我卸任時頒授我一等景星勳章，勳章證書讚我「悉力提供國防外交諮詢，襄助兩岸關係良性發展；積極推動東海和平倡議，暢申和平解決南海爭議；整合災防，救護應變機制，強化國軍戰技轉型精進，靖恭籌維，輔弼匡讚，鴻猷懋績，安邦定國，特授予一等景星勳章。」

我獲頒勳章其實是感慨的。我致辭說，在我兩年七個月國安會祕書長任內，由於有許多教會的牧長和朋友爲我們代禱，所以首先是上帝的恩典，其次是總統的領導，再來是各級相關同仁齊心的努力，才有如此的結果。

在那段日子裡，國家、政府都平穩渡過。《聯合報》每年年底都會請讀者票選當年代表字，馬政府執政的八年間，只有我上任的二〇一〇年前三名代表字「淡、穩、甦」；二〇一一年「讚、愛、創」讀者的回應最佳；下任時二〇一二年「憂、漲、轉」已開始有負面之勢，其餘各年皆是負面之字[49]，顯見臺灣社會面臨嚴厲挑戰，以致人心浮動。

這段日子的近身觀察，我覺得外界對馬總統誤會實在太大。他做了不少對國家有益的事，有些別有用心的媒體從來不報導，反而不停誇大地報導他的困難與缺失，而政府方面的宣傳偏偏又是如此無力，以致外界對他產生極大的誤解。他如此努力用心治國，卻被貼上各種負面的標籤，

胡前秘書長為真留念
中華民國總統
馬英九
民國一〇一年十一月十三日

▶ 九十七歲的岳母林方愛芳女士（坐輪椅）和內兄林建民先生參加授勛典禮，左一為次子胡斯漢（二〇一二年）。

其實只要看當前國家光景，就可知道當年馬總統對國家的貢獻了。

馬總統從早到晚忙，事必躬親，十分辛勞；在他的帶領下，許多政府高層經常在半夜接到他的電話指示，不過他對我卻是很禮遇，我在半夜十一點半以後不曾接到他的電話。我也勸他，不要把自己累壞了，許多事情不需自己去做，抓住大方向，細節就放心地交給別人執行，只要用人用得對，就可以放手。

馬總統讓兩岸關係打下基礎，增進彼此了解，且化阻力爲助力，我們外交及國際上也都有了尊嚴。而且，雖然在國內他被反對黨及若干媒體講得如此不堪，但是在國外及對岸都受到肯定，可以說，他在對美、日以及兩岸關係上，要比李登輝、陳水扁兩前總統執政時期好太多，尤其兩岸關係，是一九四九年以來最佳時期。

能夠到達如此地步，應該說兩岸領導人都有貢獻，大陸國家領導人胡錦濤主政下，雖然因陳水扁總統傾向兩岸分離而通過《反分裂國家法》，但馬英九總統上任後，由於有在兩岸領導人共同努力，獲致了前所未有的兩岸和諧關係。

在整個地球村，中華民國在馬總統主政時其實是個典範，不僅國內人民安居樂業，醫療照護方面連美國都稱羨，而且沒有恐怖攻擊，又有最好的人身與言論自由，我們也盡力協助需要我們伸出援手的邦交國。然而民進黨為了要執政，卻無所不用其極地杯葛施政，造成不少基於意識形態的抗爭，甚至成為日後政權輪替的重要因素之一，至於對臺灣有利或是害到全體人民，民進黨上臺執政後已可逐漸見到真相。

與民進黨同路的街頭運動蓬勃而起

我離開政府，馬政府持續受到挑戰。二〇一三年一月三十日，政府推出勞保年金改革方案引起大反彈，次日深夜，陳冲請辭閣揆，總統府宣佈改組內閣，由內政部長江宜樺接任行政院長。

接著軍中發生義務役士官洪仲丘退伍前因管教不當而死亡事件，引發了群眾運動，最後竟然促成軍審法於三日內草率完成修法，在承平時軍法審判體系全面移至民間司法單位，這是對軍中統帥權最嚴重的傷害。

跟著《海峽兩岸經濟合作架構協議》（ECFA）而來的「服貿」協議，著眼於允許兩岸企業相互往來，中國大陸的企業與企業主來臺，以增加臺灣的就業機會、改善臺灣勞工待遇，增加臺灣服務業的良性競爭；臺灣企業也可登陸部署中國大陸的服務產業，進而打開自由貿易的機會之窗。然而民進黨又以「親中賣臺」爲由，全力在立法院杯葛阻擋，進而在二〇一四年三月十八日發生學生攻占立法院的「太陽花學運」事件。

太陽花學運擋下了服貿的生效，也擋下了臺灣服務業赴大陸尋求商機的先機，三年之後，大陸已對服務業開啓新一輪的開放，臺灣的服務業赴大陸，現在必須與所有外資一起競爭，已將到手的良機竟然失去，實在太可惜了。

那時，馬總統先前已因柯王關說事件要解除王金平的立法院長職遭拒，而受困於「馬王政爭」，接著學生攻入民主殿堂時，又因在野黨護航及王院長的不作爲，因而造成學生占據立法院一個多月，嚴重打擊國民黨政府的執政威信。我看到公權力一再地退讓，心中極不以爲然，怎麼可以容忍民眾占據官署這種違法的事件持續?因爲民主必須以法治爲基礎。

太陽花學運結束後，二〇一四年四月，由前民進黨主席林義雄以絕食的方式向政府施壓，訴求的是停建幾乎已經完工的核四電廠。其實反核長久以來就是綠營及其周邊支持者的主張，由於極具理想性，甚至可以凝聚選票，打擊從務實角度而主張漸進、穩健減核的國民黨。林義雄的禁食造成一股反政府風潮，在各界壓力之下，馬政府竟然於四月二十七日決議核四一號機完工安檢後封存、核四二號機全部停工。

福島二〇一一年三月發生災變時，我還是國安會祕書長，經過調查，發現福島核電廠是六〇及七〇年代所建置、較簡易的核電廠，原本設計就並非完善，而臺灣的核四電廠要先進得多。我到國安會沒多久，就親自到核四廠看過，全盤了解整個安全狀況；其實核四的安全性極佳，設計時就考慮到地震與海嘯等問題。另方面，國內反核人士堅決要廢掉花了近三千億公帑興建的核電廠，但沒有想到對岸在浙江、福建都不斷地興建核電廠，萬一眞出了核災，臺灣同樣跑不掉——當然負責任的國民黨政府，已經和大陸方面訂立了核能安全協定。十分諷刺的是，引發臺灣反核風潮的日本，在馬政府宣佈封存核四電廠的那年十一月，就決定重啓核電，主因是無法承受廢核導致日本電價調漲兩成，衝擊民生與經濟，所以安倍晉三政府決定重啓。

馬總統即將卸任前，於二〇一五年十一月與中共總書記習近平，在新加坡舉行「馬習會」，兩岸領導人相會是空前的，不僅代表兩岸情勢緩解，地點選在新加坡，更遙遙呼應一九九三年在新加坡舉行的辜汪會談。由於馬習會是在新加坡舉行，我的感受更是深刻。而我親自邀請到國安會擔任諮詢委員的邱坤玄教授也能參與，令我十分高興。

會中，兩岸領導人重申九二共識，這是「一個中國」的內涵，但「各自表述」；至於「兩個中國」、「一中一臺」與臺灣獨立，都是《中華民國憲法》所不容許的。馬總統在會中籲請習主席降低軍事對峙的氛圍，習主席則強調飛彈部署非針對臺灣；他從歷史爲著眼，提出「共享抗戰史料，共寫抗戰史書」的建議。馬總統回應，對於抗戰史，我方保持開放的態度。

抗戰史該怎麼呈現，也正是我退休之後，十分在意的課題——目前在臺灣未受重視，在大陸則相當偏差。不過習近平的父親習仲勳卻講了國軍在國共內戰時作戰失敗的理由，算是相當持平。習仲勳在國共內戰時，擔任中共中央西北局書記及陝甘寧相關職務時，與張宗遜、彭德懷合作，與父親的部隊在隴東、陝北等地作戰，他認為共軍在大陸上所以會勝，在於爭取到人民的支持，因此後勤得力、兵源不缺。[50]我希望不僅抗戰史，國共內戰也應研究，共軍是何時、如何坐大，兵源和戰力強大到可以擊敗國軍。而我也願和共軍將領以及當年與父親作戰過的「元帥」和「大將」們後代，切磋內戰戰史的眞相。

二〇一六年的中華民國總統大選，國民黨由於施政上的失利加上種種衆所周知的原因終至敗選，讓民進黨完全執政。民進黨執政後，並沒有「吃果子拜樹頭」的精神，體認到過去中國國民黨政府對臺灣人民的貢獻，反而成立憲法上沒有列出的機構，還賦予超越部會權力的違憲手段，想讓國民黨永遠沒法站起來。

臺獨主張使臺灣永續發展出現危機

這麼一個偉大的黨走到這種地步，歷任的黨政高層都有責任，回想蔣經國總統的時代，是安和樂利、欣欣向榮的時代，那時社會沒有藍綠之分，也沒聽說黑金和官商勾結，大家都是臺灣人更是中國人，也都有以三民主義統一中國的偉大目標，但經過李登輝執政，臺灣不幸改變了。

李登輝前總統在任時，我頗有接觸，他有其理想、決斷與謀略，但顯然偏離了民族情感，使得臺灣永續發展出現危機。

兩岸人民原本就同屬中華民族，臺灣住民不管是先來後到都是中國人，對中國大陸福祉也有不可推卸的責任；但李總統以敵視的態度面對大陸，對內又企圖從下一代教育做根本的質變。

我留意到，從李登輝總統到民進黨陳總統主政下，教育部已修改教材，從小學開始就逐漸讓所謂「臺灣主體性」意識灌輸到下一代，原先在九〇年代李總統初步對國人提出時，其意涵還只是如何加強臺灣在國際的尊嚴，然而演變到現在，已傾向臺獨意識、臺獨內涵與主張，這是曲解了歷史、誤導人民對於民族的認知，當今臺灣年輕人普遍少有明確的「中國人」、「中華民族一分子」的觀念。這不只是對不起祖先，而且逆向而爲之下，未來恐怕使臺灣人民生活在屈辱之中。

對岸至今以臺灣走向分離藉口，好像站在民族大義同一邊，一再表示對臺獨不惜一戰，實際上除了「一個中國」主張外，也是怕民主思想在大陸本身發酵。當然，主張臺獨和大陸對臺敵視的若干人士是不是一方面互相敵對，一方面又在互相利用，希望早日消滅中華民國?這一點實值探究，也眞是國家安全問題。更加嚴重的是，如此臺灣與對岸走向分離的思考與企圖，直接影響到臺灣經濟發展，臺灣愈失去了許多經濟上的動能，愈使得年輕人失去在職場發展的機會，將會持續造成人才出走，也就愈加削弱我方的國力，換言之，推動臺獨的結果，反而使得臺灣無法永續發展。

官校的軍魂

民進黨執政之後，陸軍官校於二〇一六年六月十六日舉行九十二週年校慶。蔡英文總統致辭時講要提振軍人的尊嚴、要有犧牲精神，並且聲言國軍的效忠應不爲黨派而是爲國家，是中華民國國軍。可是，官校的根本靈魂與基礎是當年國父在陸軍官校成立的訓辭所講，要黃埔第一期畢業生成爲革命軍，而革命軍效法的對象就是革命黨。國父爲什麼把革命黨的位階放得這麼高，因爲革命黨的精神就是黃花崗七十二烈士爲代表的衆多烈士，以全然奉獻精神來建立中華民國。國父昭示軍校以此精神來建立，而且是名副其實的黨軍；而我要引以爲榮地說，父親當時就是在司令臺下聽訓的一員！蔡英文強調臺灣是民主國家，軍人要超越黨派；但她不知軍校過去傳統有其重要性，軍人的職責是保衛以三民主義立國的中華民國，陸軍官校大禮堂揭示了憲法第一條和軍人讀訓第一條，而這就是我國軍魂的來源！沒有軍魂，國軍部隊就無力保家衛國。

48 《胡宗南先生日記》（下）一九五三年七月二十八日。

49 二〇〇八年「亂、騙、慘」／二〇〇九年「盼、假、苦」／二〇一三年「假、黑、毒」／二〇一四年「黑、餿、油」／二〇一五年「換、變、騙」。二〇一六年「苦、變、悶」，但五月起已由民進黨政府執政。

50 《習仲勳傳》上卷，第十六章。香港中和出版公司，二〇一三年出版。

胡宗南同志已經在今天去世了！他是本黨一個忠貞自勵、尚氣節、負責任、打硬仗、不避勞苦、不計毀譽，革命軍人的模範。大陸淪陷前後，他曾經屢次寫信給我，說至今還沒有能夠求得一個死所，其意若不勝遺憾者。後來當他在大陳調職的時候，他又寫信給我說：「今後我恐無死所了！」宗南同志現在竟未能如其所願，使他自己的生命得到一個轟轟烈烈光榮戰死的死所，實在令人追思不置。他死已附於正氣之列，自不失為正命，亦可瞑目於地下了！

——一九六二年二月十四日父親逝世當天，蔣中正總統得知消息後，在國軍幹部會議親自宣佈了父親逝世的噩耗。後來我們才得知，父親逝世對蔣總統影響甚大，他心情鬱悶了好幾天，經周聯華牧師在講道中安慰後才改善。51

父親期待遵從領袖的指示求得死所，但終未能死於大陸最後戰場。蔣總統在父親去世當天，給了「革命軍人的模範」和「附於正氣之列」的評價，他懷念這位忠心的部屬，不僅隨即指示在東引興築東昌閣以爲紀念，五年以後又在澎湖爲父親立了銅像。

卸下公職之後，我終於有充裕的時間整理父母塵封已久的各種文件、書信以及日記，這是我多年來的心願。我先整理父親的部分，因為父親所留下的各種手跡，有許多與國史有關，這是必得下的功夫，可以留給史家研究之用。

整理父親文稿的動機

我之所以有極強、極深的使命感，要整理關於父親的史料，動機有二個層次。一是中華民國的歷史，正面臨嚴峻的挑戰——以中華民國百年歷史，前半段在大陸時期，正被執政的中共所扭曲，中共史學界刻意輕忽中華民國以及領導人、眾多志士，在統一全國、對日抗戰以抵禦外侮上對中華民族的貢獻，更誇大共軍在抗戰期間的參與，以此教育下一代；後半段在臺灣時期對臺灣的經營、建設而帶來富裕和安定，又遭民進黨及其支持者為打擊中國國民黨以求取政權而抹黑。這都是對歷史的人與事沒有客觀給予歷史評價，甚至背離了史實與情感。

其次，前些年來，坊間時有論述、出版品對父親的陳述偏離事實，我身為人子，更有駁斥、以真實史料導正文字傳述與記載的義務。

因此我一結束國安會的職務，除了商請幼獅書局再版母親寫的父母親戀愛史《天地悠悠》之外，又在臺灣商務印書館的提案下，出版了「胡宗南先生四書」，也就是《一代名將胡宗南》、《胡宗南上將年譜》、《令人懷念的胡宗南將軍》及《胡宗南先生文存》。這四本書早在父親去世之後就已先後完成，但除《年譜》之外，都未對外發行，如今重新修訂，增添許多我所發現的史料，更能記述關於父親長期為國奮戰及關鍵時期的作為與表現。這時，我母校政治大學社會資料中心進行史料數位化，以父親的史料作了第一場展出；接著，我又把父親幾十年來的日記，交給國史館於二〇一五年出版，所有父親的喜怒哀樂、對國家、對領袖的忠心與付出，對民國史的參與，在日記裡都可見得。二〇一五年也是大陳遷臺六十週年，大陳同鄉會特別宣佈父親是大陳的六大恩人之一，並請我出任紀念會主任委員，還出版了充滿史實的紀念專書，記載了父親的貢獻；二〇一六年，中央社並出版了父親的圖文傳《百戰忠魂》，裡面有許多珍貴照片，讓歷史現場重回國人眼前。而國史館還舉行了父親史料展，並且舉辦父親事蹟學術研討會。

我也更可以印證，當年父親如何為國家存亡，在關鍵時刻歷經艱難險阻率軍奮戰，當然有作戰勝利的喜悅，但也有一生揮不去的傷痛，那就是父親生前對蔣總統感到的虧欠甚至引為「罪孽」——為何沒有隨著中華民國巨大的挫敗，以死節在沙場馬革裹屍。我因此能夠體會他生前的抑鬱，也就是一九六一年中秋夜，親耳聽聞他在臺大校園裡的慨然長嘯，那是我稚齡時難以知曉的心懷。

一年前，父親的文字和出版品整理暫告一段落，母親的書信也持續整理中。一袋袋、一疊疊的信原本放在為善家裡，我退休之後他就轉交給我，因為我對過去幾十年的時空背景較熟，所以由我來下功夫較妥。這些信由母親不斷地交寄到駐地、戰區給父親，父親都妥為保存，為數竟有好幾百封，也可見得母親對父親的真情、父親對母親的珍惜。

我於半世紀之後小心翼翼地打開信封、抽出極薄的信紙展讀，母親以流暢眞摯的文筆寫了這些信，宛如時空膠囊般凝結住當年生活、戰時情境、對父親感情與內心的思量，如今躍入我的眼簾裡。也可以見得，我生於中華民國興衰存亡之時，成爲母親在愁苦中最大的安慰，也是她以親情牽住父親心緒的繫繩之一。

整理母親書信，發現關鍵一信

其中最關鍵的一封，讓我讀罷即刻落淚。

那是一九五〇年一月三日，在臺灣的母親從父親部屬兼摯友的趙龍文夫婦口中得知，過去那一週戲劇性演變——成都的轉進、蔣總裁對父親於海南島落地的不諒解、父親主動秉持著必死決心飛抵形如孤島的西昌，以求成仁。她不禁抱著我哭了。當晚母親就寫下這信，信裡不再是之前我讀過的許多讚許、勉勵、肯定以及分享親情等正面文句，而是勸告之後的堅決告知。她告知父親，她和他不僅連心，連命運也連結在一塊，如果他有什麼抉擇，她也會同命。她連我的去處都安排好了。

母親那時才三十六歲，和父親結緣、許下終身已有十五年，但結婚才三年多。她傳遞的訊息很清楚，相信父親不會不明白——她準備以自己的生命，換取父親珍惜生命；可以爲國戰到油盡燈枯，但不要自裁。

這是怎樣的父母啊，生命竟然與國運相繫，這種爲了國家興亡而奉獻生命的無私大愛，展現在私人信函的字裡行間，我眞是有幸成爲他們的兒子！

最親愛的南哥：

昨天下午趙先生和趙太太來了，從趙先生那裡才得知你已安抵西昌的消息，並知道了過去一週多來的一切情形。親愛的，我非常知道你的性格也明瞭你目下的處境，我沒有什麼話可說，不過我是你的妻子，是這世界上最愛你的人，而我的命運永遠和你的連結在一起的。想到你目前所感到的精神上的痛苦，想到你的孤苦奮鬥的情形，怎麼能不心疼、怎麼能不悲從中來。我拚命的咬緊牙關，但熱淚還是奪眶而出。我是無用地在客人面前抱著兒子的頭痛哭了。

夜裡我不能入睡，一切的思潮都湧上心頭。記得趙先生告訴我在最近兩個星期內，西昌是沒有危險的，而也許過了兩個星期我們有些部隊也可以聯絡上了，這樣就不但一切會轉危爲安，也許從此我們就可以重整旗鼓向外反攻，但願天從人意。如果能這樣，那就是國家之福、民族之幸了。萬一不能如此，而你的孤身陷在那裡，對軍事上已完全失了意義的話，我希望你無論如何要接受部屬和朋友的勸告，回來再說。我們只要還有臺灣，還有一尺一寸領土，我們都仍舊有奮鬥的餘地、仍有轉敗爲勝的希望。我們只要留著一口氣就都有爲國家民族出氣的可能的。尤其是你們軍人既然以身許國，就應該利用你的身心爲國家盡最大的任務、作最大的用處。

如果因一時的氣憤把個人犧牲了，那對於國家只有損失並無補救。這是非常魯莽和愚蠢的舉動，在歷史的眼光中，只能稱爲小忠而不能稱爲大智大勇大忠。只有盡量利用自己的聰明才智、自己的身力精神，永遠奮鬥永不消極以拚最後的勝利，就是勝利不可得也只有用盡自己的一切，直到像點盡的油燈一樣連燈心也沒有了一點油爲止，這才對得起國家對得起民族，而對於自己也才能算得是沒有遺憾。

我聽他們說你在成都時就不想出來了，我覺得勇敢聰明而忠心如你，實在是一時矇瞳了。死是很容易的事，可是死要得其時得其所。如果那時你眞的犧牲了，那在國家的觀點上就只有遺憾而已。親愛的，怎麼你會這麼糊塗的。現在我請求你對於此後的行動要再三思考，不要任性。你想蘇武牧羊十九年，其目的也就是在留得一身在，以備最後爲國使用，你難道沒有蘇武的聰明愛國嗎？你如把自己白白犧牲了，那共產黨才開心呢！他們正日夜計謀要想把你消滅了。現在我們可憐的祖國像你這樣的硬漢太少了，共匪在得意之餘就怕你們這少數幾個禍患，少了你，他們不正中下懷嗎？何況領袖目下處境也萬分困難，你是他的手足般的忠實部下，你對他也有無限的責任。不但目前你不能推諉你的責任，就是再艱難困苦的環境中，你也不能推諉你的責任的。親愛的，仔細想想我說的對不對。

我對你的一切勸告並沒有存在任何個人的僥倖心理。我的前途是非常明白的。萬一你有什麼不幸，那我就根本失去了生存的價值。那時候我自然知道怎麼處理的。當然最可憐的是小廣，他不幸而生在現在的中國，更不幸生在我們家裡而有我們這樣的父母。我想如眞的到了那步田地，我就想法托人帶到加拿大去請霆弟撫養他成人，因爲我絕不願他做蘇俄暴君的奴隸，我們死了也要我們的兒子做個自由人的。上帝如眞的有靈，祂也會保護他的。我的兩個弟弟對我都很友愛，他們一定能像自己的兒子一般，把他教養成人的。

現在當我們還不必要那樣做時，我請你千萬保重自己。親愛的，看上帝的面上，看國家民族的面上，現在不要急急的折磨你自己吧！我心碎了。

願你平安更祝你勝利！

你的生死伴侶，你的妻子　一月三日

母親早在一九四九年十月戰局混亂之際，因父親在戰場上隨時可能喪命，即已下定決心絕不獨活[52]，到了父親去西昌的生死關頭，她此信更是寫得鏗鏘堅定、層次井然毫無罣礙，這是願意獻出自己生命的終極之愛。

父親從來沒有提及，母親這封信對他的影響有多大，三個月之後，西昌已被大軍包圍，他也準備和僅存的國軍部隊一同作戰到底、戰死沙場之際，包括趙龍文祕書長、羅列將軍在內的部屬幕僚一齊勸他撤離以繼續爲國效命，他最後就如母親的期待，接受了勸告，回到臺灣。我現在才知道，促使父親保留一身回到臺灣，不止是羅列的志願代死，還有母親用她自己的生命，以死相諫的結果。

父親留得一命，後代枝葉繁盛

我的家庭因此完整，我沒有被送到加拿大，弟弟妹妹也來到世間，我們都能爲國家社會盡一己之力。我們的下一代也都闖出一片天，不僅信奉基督且熱愛中華民國，將自己所學貢獻出來，如今我與弟妹四人一共有九位子女，以及他們的下一代——迄今已有九位活潑可愛的孫子女。

父親去世十九年後，母親也辭世了。她和父親剛好相差十九歲，所以都是六十七歲離世，雖然都去世太早，但生命長短是一回事，都對國家乃至於臺灣做出了貢獻。來臺之後，父親繼續到大陳前線、澎湖領導部隊，多年所培養的人才對臺灣貢獻良多，以後他的學生友人年年開紀念會懷念他直到如今。母親對臺灣教育界很有建樹，這是她脫離家庭主婦身分之

▶ 我很高興孫女胡凱惠和胡凱莉現在雖然身在美國，卻是心在中華民國（胡斯廣攝影）。

後，爲社會獻出自己的專業，也因此在她去世三十二年後的二〇一四年百歲誕辰，懷念她的學生主動開紀念會，並且出了紀念文集，這是很不容易的事；她生前穿的十幾套旗袍，如今在文化大學闢櫃展示，使她的身影永遠成爲校史一部分。

可以見得，在生死一線間的抉擇，往後的差別有多大。這就是我雙親曲折而扣人心弦的故事，感謝主的保守與看顧，我引以爲榮；我也期待蒙主眷佑，讓臺灣以及海內外千千萬萬的同胞一起奮鬥，恢復父母親所鍾愛，中華民國及中國國民黨的光榮。

51 《周聯華牧師回憶錄》頁二〇五。聯合文學出版社，民國八十三年出版。

52 請參閱本書第一章母親寫給在加拿大的弟弟的信。

▶ 二〇一三年以來各單位所出版製作關於父母的書籍錄影帶等。

《後記》期許——我內心裡的中華之愛

胡為真

我一出生，這輩子似乎已註定要和國史聯結。因爲父親的緣故，我自幼見過兩位蔣總統，和他們談過話；以後又和李登輝總統、陳水扁總統、馬英九總統都有個人的接觸與往來，甚至蔡英文總統當年也是我在國安會任副祕書長時的同事。我因此深切體認中華民國的艱難與困頓，以這本傳記敘述我的家庭與公職生涯之後，我願再分享我的感想：

中華民國建國一百多年，歷經內憂外患。父親投筆從戎，在戰場上奮鬥了四十年，他那一代在蔣中正領導下，爲四分五裂的中國奠定了統一的基礎，成功護衛中華民族和中華民國的生存，並且在失去大陸之後，又於臺灣成功實施民主憲政，部分完成當年孫中山建立民主中國的期望。

我在外交和國安方面也爲中華民國服務了四十年，雖然和父親的犧牲不能相提並論，但和他的心志是一樣的——爲了這個偉大的國家和壯麗的山河，我們盡心盡力地發揚青天白日滿地紅、自由平等博愛的建國精神，切望光我民族，以進大同，俾不辜負千千萬萬爲民國和民族奉獻了生命的先烈，而這也是我這一輩許多同仁朋友的共同心聲。

我對中共統治中國大陸的看法

中共建政前三十年，即犯了許多衆所周知的錯誤，最嚴重的便是「三面紅旗」政治運動造成饑荒，導致數千萬人非自然死亡。文革之後，中共在一九七八年底的十一屆三中全會中通過決議，停止「以階級鬥爭爲綱」，在改革開放政策下，逐漸吸收了西方世界以及臺灣經濟發展的成功經驗，再充分發揮「大」和「後發」的優勢，不僅讓人民逐漸脫貧，也使各種建設突飛猛進，僅僅用了三十多年便讓中國躋身世界數一數二的經濟、科技和軍事上的強國，讓世人刮目相看。

中共在國防科技和經濟擘劃，以及各項建設、企業經營、藝術拓展、國際交流等方面的飛躍進展，都因爲延攬了世界一流人才方能有此成就，而且還有不少人才是早年國民政府或是近幾十年間從臺灣所培養的！所以我身爲中華民族的一員和中國國民黨黨員，對大陸能貢獻世界的這些成就也能引以爲榮——因爲這一方面代表孫中山總理的實業計劃逐漸獲得實現，甚至發揚光大，基本上達到若干民生主義的理想；另一方面，在對外關係上的許多作爲也可說是中國傳統濟弱扶傾，己立立人、己達達人的思想所引導，我多年來在臺灣所參與外交部門對開發中國家的各種協助，不就是出於這種中華民族傳統的動機嗎？

但中國大陸突飛猛進的發展也產生了極多的問題。由於只有中國共產黨握有權力及資源，權力使人腐化，法治常常有名無實，以致貪腐盛行，逼得中共這些年來嚴厲反腐、從嚴治黨，打貪對象竟然多到百萬人，這當然是制度和人性的問題；此外，中共嚴厲控制人民在政治、宗教、思想、言論傳播，也顯現了與自由、民主，及尊重個人的普世價值仍有甚大的距離。

臺灣是中華民族發展的前鋒

臺灣雖然缺乏天然資源，面積狹小多山，但中華民國卻曾經在這裡根據孫中山先生的理想，爲民族的發展走出一條維繫文化及民主憲政的路。

首先是在中國國民黨的推動下，維護了傳統漢字和關於中華道統四維八德的教育，又保存了在內戰期間運到的大批中國古文物；再加上臺灣與國際接軌得早而且普遍，因此能夠以中華文化爲根，本土文化爲枝葉，建立了有臺灣特色的中華文化，使人民基本上達到「富而好禮」，爲中華文化賦予了新而現代的意義。

其次，由蔣中正總統奠基，嚴家淦、蔣經國及李登輝總統以及各級政府的許多人才所發揚光大的民主憲政建設，已經在臺灣生根。臺灣能夠以投票選出最高領導人和各級民意代表，並且和平轉讓政權，顯示中國國民黨有誠意在臺灣推動民主化，而臺灣的選民也日趨成熟。在這個制度下，再加上媒體的活躍，使得人民的尊嚴受到維護，各種不滿都有申訴管道，使人權獲得了更大的保障。

臺灣另一項重大的成就就是國民義務教育的實施。由於蔣中正總統的先見，堅持教育上的普及和提升，才有臺灣後來的進步，也由於教育的成功和眞正自由民主的環境，人民的人權和尊嚴得以維護，公民社會蓬勃發展，善心人士遍地皆是，人和人之間有了基本的互信，讓中華民族的優點能夠充分發揮，今天全球竟有一百六十多個國家給了我們的國民免簽證或落地簽證、電子簽證的待遇，不正是對我們制度的肯定和對我們國民尊敬的最有力的證據？

中華民國因爲有臺灣，才能浴火重生；而中華民族因爲有在臺灣的中華民國，所以有實踐人權、民主等價値的希望。所有海內外愛中華民國的人們，更應當提升視野、立大志向，不僅僅注意臺灣的發展，更要持定身爲中華民族重要分子的心情，關注並參與整個民族的前途，包括中國大陸的發展，所以我們在加強對外關係及國家安全實力的戰略思考下，實宜繼續大力促進兩岸交流，讓雙方人民自然融合，支持大陸臺商參與各種建設，並改善當前環境，歡迎陸客陸生陸資來臺。

我們並應同時以中華民國的建國理想和憲法爲基礎，積極參與大陸研擬爲中華民族建立理想制度的努力，以我方軟實力的優勢，督促及影響大陸改善民權及法治，鼓勵其「勇於修正錯誤」，促進眞正的政治改革；而且要以在臺灣發展出來的獨特的文化優勢和文明素質，作爲提升中華文化的重要力量，還與大陸競爭中華文化的正統，也作爲改善大陸同胞的生活道德以及政治制度的催化劑。

中國人如果有雄心要在二十一世紀建立在世界上的領導地位，沒有積極注入臺灣過去幾十年來所培養的文明因素是不容易達到的，因爲外國人所尊崇的就是中華文明；大陸只有逐漸建立眞正的民主法治和尊重人權，才談得上作孫中山先生「民有民治民享」理想的繼承人，才能談到「以德治國，以法治國，以憲治國」；尤其不能壟斷對中華民族前途的擘劃，而沒有讓臺灣民衆參與。我方也才能更自然地如同馬英九總統在民國一〇三年的國慶文告中所提議，「與大陸及港澳人民攜手合作，交換（成功及失敗的）經驗，共同探索中國大陸推動政治經濟改革的最佳方案」，俾設計適合全體中華民族未來理想的憲政藍圖，讓中華民國當初的建國理想在大陸實現，中華民族才能眞正的振興。

近來我們在臺灣的民主制度充分顯示出它的侷限和缺點——二十年來我親見的種種發展，顯示在臺灣連最基本的國家認同都發生了混淆，這是我心中最大的痛。二〇一六年以後，由於中國國民黨的敗選，使得新的苦難更臨到在臺灣的中華民國。臺獨分裂勢力更加猖獗，並推行種種令人痛心的措施，中華文化在臺灣的發展也愈益受到扭曲和限制，使得我們辛苦經營過的國家和人民的安全愈來愈缺乏保障，臺灣因之失去作振興民族的標竿地位，更不易再讓海內外的同胞欣賞並嚮往。

這一方面是由於中共數十年來對臺敵對態度的反應，一方面則是國內外種種反動勢力有計畫推動的結果。所以，現在正是中國國民黨以及海內外志同道合的志士面對現實，同心協力，咬緊牙關，以臥薪嘗膽的精神，作長期奮鬥的時候。

我們有海內外忠於中華民國的人心和許多有正義感的年輕人，因此中國國民黨必須一面要痛切檢討近年來失敗的緣由，勇於向全民認錯並改錯，一面要力行強化思想作戰，強化組織到社會各角落，加強訓練到最基層，同時研究如何改進我們在許多方面走偏了的「民主」政治。黨要進行合縱連橫，結合海內外所有反對臺獨的力量，共同奮鬥，更要有「雖千萬人吾往矣」的決心與勇氣。有了堅強的黨和大量的同盟軍，才有國家復興、民族復興的可能。

我們一定要強化媒體和教育的作爲，善用網路和各種通訊管道，發揚中華文化，並把中華民國奮鬥的歷史眞相，不斷的對海內外人士尤其是兩岸的年輕人作宣導。意志集中了，力量才能集中——如果各方同志們能夠上下臥薪嘗膽，刻苦革新，重新贏得政權，重新經營對大陸的關係，在文化上、經濟上的民族融合過程中，臺灣與大陸以不同的軟硬實力彼此合作向國際提供貢獻，則中華民國必能欣欣向榮，中華民族也才能眞正得到世界的普遍尊敬。

信仰帶來盼望

當然，謀事在人，成事在天。這就使我想到我母親給我關於「天」的重要教導，就是引領我信仰基督。當我行年愈長，看多了中外古今各個政權和社會的興衰時，就愈能體會人雖然知道對錯善惡，卻總做不到擇善去惡的脆弱。試看大陸打貪和世界各國肅貪的種種事蹟，以及世界各國人民及政客爭奪權力常常不擇手段的誘惑，不就一再凸顯人性的軟弱，實在不容易靠政治制度予以矯正。耶穌的救贖正是針對人無法自救，所以讓軟弱的人性因爲「信」（就是接受）而有新的生命，也就是重生，才能逐漸有能力來面對各種試探和困難。

世上甚多偉大的理論和宗教，包括我自幼勤讀的四書，都揭示著極好的做人做事的「道理」，只可惜我們總是不容易達到書中的標準。而基督信仰則在給道理的同時，還告訴人「道路」，也就是教人透過基督得到力量，過聖別的生活，經過逐漸變化、模成，最後達到中國文化理想中「天人合一」的境地，從而賦予了生命的意義。

回想我的公職生涯，雖然盡了心力，也達到了一些目標，但更有太多遺憾以及不足之處，甚至缺失。看到當前國家民族的處境，想到父母親榜樣，對前途雖然基本樂觀，心中難免十分焦急，所以我實在盼望也祈禱那創造中華民族的上帝，能憐憫包括許多基督徒在內、千千萬萬烈士，所建立、所保衛的中華民國最後能夠復興，並帶動中華民族的復興。

《致謝》

我的父母和我都能在不同的崗位上爲國家服務，從而在不同的角度見證了國運的變遷，實在是難得的機緣和榮幸。本書雖然只是我們這個家庭在過去數十年中生活和工作的簡單紀錄，甚至許多故事和細節都因爲篇幅所限而不得不割愛，但其中的思想和感受相信也是現在海內外許多人成長過程中的共同心聲。因此，我願把這些親歷加以整理，在我們浩瀚的民族和民國史中留下一鱗半爪。

書中曾數次提及，我多年的心願其實是要讓世人認識父親宗南先生的眞實面貌和母親的茹苦含辛，自己當然是微不足道的；但經由多人勸說，才改以個人回憶爲主，從中去介紹我的父母。經過了幾年的工作，如今全書終於完成，我首先要感謝的是花費了大量時間精力，將我的口述資料用生動的文字表達出來的傳記作家汪士淳先生。寫書的這些年來，我對他的用心、對資料的推敲以及寫本書的使命感實在十分感動。飲水當然要思源，想到十年前能結識士淳，我便不得不感激那時推薦他給我的名學者潘邦正教授。現在本書終能出版，則要感謝老友余建新先生的支持，和時報出版趙政岷董事長，蘇清霖總監和謝翠鈺編輯的努力；尤其是蘇總監，曾爲此書多費心力並提供專業建議，令人敬佩。

我要感謝百歲的長輩前院長郝柏村和享譽海內外的歷史學者許倬雲院士爲本書作序，增加了讀者對我們這個時代的瞭解和本書的分量，只是二人對於父親尤其是我的溢美之詞，我們是絕不敢當。平心而論，我的家庭和其他當年在大陸和臺灣的千千萬萬家庭一樣，由於國運的變遷，一度處境危殆，但大家都幸虧有臺灣這個寶島，才能一代又一代的在其上成長茁壯，爲此當然要感謝臺灣這塊土地，並對主宰我國族命運的上帝感恩。

回想過去半個多世紀，我的家庭因父親的早逝而受到極大的痛苦，但也曾得到多人的幫助和關懷，讓我們永懷於心。多年來，除了在書中所述及的各方人士以及我們的親人之外，還有未能提到的很多師長、朋友或同學，對我的父母和我個人有恩；同時，在我所服務的政府各部門中也有許多同仁前後在個人辦公室中襄助工作，同甘共苦地服務國家和同胞，令人難忘，因此我也願藉此連同家庭長輩一併記下他們的大名，以表達家庭和個人的深深感激。他們包括：周士瀛、陳竹君、張陳秀德、徐陸寒波、戴費瑪俐（Mary Fine Twinem）、白寶珠（Marjorie Bly）、張學良、張秀亞、王文漪、潘振球、劉雲樵、杭立武、周鍾頎、黃佑、王敏敬、胡務熙、董萍、孟興華、陳壽觥、繆瑜、張志存、王偉照、蔡淑昭、劉貴美、陳墉、李鍾桂、張曉風、王占桂、李雙進、武良臣、劉蘊如、李其泰、陳治世、羅志淵、王春申、呂芳上、方鵬程、高希均、陳國祥、樊祥麟、張忠本、蔡義雄、曹德風、宋武城、周玉山、鄭期霖、邵旦明、房紹珍、黃寶珠、趙國材、陳文龍、周惠民、劉維開、徐滋芬、林祥瀚、趙淑芬、鍾國勳、孫修睦、陳全綸、徐樹華、陳雅蘭、戴曉原、楊天長、王明我、劉青華、宋秉文、胡朝榮等。以上有一些長輩都已經不在了，但我和弟妹仍常感念，此外甚至還有一些與機密工作有關，不便公開的無名英雄，他們的大名和事蹟也常在我心中。

盼望這本關於我和我家的故事能幫助世人更了解我們這兩代人的心志與情懷，更願海內外所有認同中華民國立國精神的人都能更加重視我們獨特而光榮的歷史，把所經歷、所認知的各種歷史真相化諸文字或圖像，傳揚到世界各地，也留傳給我們民族的世世代代，子子孫孫。

歷史與現場256

國運與天涯：我與父親胡宗南、母親葉霞翟的生命紀事

作　者—胡為真、汪士淳
責任編輯—謝翠鈺
校　對—胡為真、汪士淳、李雅蓁
行銷企劃—曾睦涵
美術編輯—李宜芝
封面設計—林芷伊
照片提供—胡為真

製作總監—蘇清霖
董 事 長—趙政岷
出 版 者—時報文化出版企業股份有限公司
108019台北市和平西路三段二四〇號七樓
發行專線／（02）2306-6842
讀者服務專線／0800-231-705、（02）2304-7103
讀者服務傳真／（02）2304-6858
郵撥／1934-4724時報文化出版公司
信箱／10899臺北華江橋郵局第九九信箱

時報悅讀網—www.readingtimes.com.tw
法律顧問—理律法律事務所　陳長文律師、李念祖律師
印刷—勁達印刷有限公司
初版一刷—二〇一八年五月四日
二版一刷—二〇一九年一月三十日
二版二刷—二〇二一年八月二十三日
定價—新台幣四二〇元

國運與天涯 : 我與父親胡宗南、母親葉霞翟的生命紀事 / 胡為真, 汪士淳作. -- 初版. -- 臺北市 : 時報文化, 2018.05
面；　公分. -- (歷史與現場叢書 ; 256)

ISBN 978-957-13-7387-4(平裝)

1.胡宗南　2.葉霞翟　3.臺灣傳記

783.3886　　107005198

ISBN 978-957-13-7387-4
Printed in Taiwan